녹색은
적색의
미래다

생태적 지혜를 위한 철학 산책

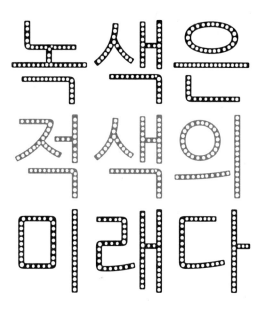

녹색은
적색의
미래다

신승철
지음

알렙

녹색과 적색이 만나야 하는 이유?

생명 위기 시대를 맞이한 한국 사회에서 '녹색과 만나야 하는 적색'과 '적색의 미래인 녹색'이라는 문제의식이 사람들 사이에서 싹트고 있습니다. 적색으로 불리는 전통적 좌파는 치명적인 아킬레스건을 갖고 있는데, 그것은 생산력주의라는 성장주의를 기반으로 일자리와 복지 등의 문제를 해결하려 했던 것입니다. 그러나 성장의 한계가 지구의 유한성으로 인해 분명해지고 생태적인 위기가 적신호를 보이고 있는 요즘이야말로, 이러한 좌파의 관점에 코페르니쿠스적 전회가 필요한 시점입니다. 특히 관계의 성숙을 추구하는 발전(development)의 노선과 외연적이고 실물적인 개발을 추구하는 성장(growth)의 노선 사이에서 좌파의 올바른 선택은 필수적입니다.

발전주의 노선은 코뮌, 소비에트, 평의회 등의 적색 관계망과 협동조합, 마을, 사회적 경제 등의 녹색 관계망을 동시에 사고하며 사회 변혁을 추구할 수 있다는 장점을 갖고 있습니다. 레닌은 당시 자본주의가 가장 성숙된 사회에서 혁명이 가능하다는 생각에서 섬광과 같이 벗어나 소비에트 관계망의 성숙이라는 발전의 노선을 발견하고 러시아 혁명을 성공시킵니다. 그러다가 다시 NEP와 같은 성장주의로 선회하고 이에 맞선 크론슈타트 수병 반란을 트로츠키를 시켜 진압합니다. 말년의 레닌은 발전주의를 고수하지 못하고 성장주의에 기반한 스탈린주의를 낳았던 것을 후회하며 죽음을 맞이합니다. 좌파들이 레닌처럼 발전과 성장 사이에서 주저한다면 자신의 미래인 녹색을 맞이할 수 없겠지만, 지구 생태계의 유한함을 받아들이고 관계의 성숙을 추구하는 일관된 발전의 노선으로 나아간다면 녹색을 미래로 받아들일 것입니다.

이 책에는 제가 녹색과 접속했던 과정에서의 사유의 경로와 프랑스 녹색당의 이론가 펠릭스 가타리의 사상이 녹아들어 있습니다. 2007년 저는 녹색당 창당을 준비하는 〈초록정치연대〉라는 모임과 만나서 여러 가지 실험과 실천을 하였습니다. 당시 박사 논문을 준비하고 있던 저는 생활, 생태, 생명의 문제와 위기의 대안으로 사고되는 공동체, 협동조합, 마을 등을 설명할 수 있는 방법론으로 펠릭스 가타리의 『세 가지 생태학』(2003, 동문선)에 주목하였습니다. 그리고 학위 취득 이후에는 동물보호 시민단체 카라에서의 활동을 통해서 동물권(animal rights)과 접속하여 2012년 한국에서 창당된 녹색당의 총선 시기 생명권 강령의 초안 작업을 했습니다. 이 일련의 실천 과정이 이 책의 중요한 문제의식으로 숨은 전제처럼 녹아들어 있습니다.

이 책은 여러 가지 주제의 문제의식으로 따로 구성된 것처럼 느껴지지만, 사실은 일관된 구도로 녹색에 대한 메시지와 의제를 담고 있습니다. 동물권, 소수자의 욕망, 주민들이 구성한 마을 공동체, 생태적 지혜 등이 하나로 어우러져 미래 진행형적 사유를 전개합니다. 특히 욕망가치론에서는 68 혁명이 문제제기 했던, 노동하지 않으면서도 욕망을 갖고 있는 소수자와 민중의 존엄성과 대안적 가치를 담고 있습니다. 욕망자본론이라고 불리는 이러한 마르크스의『자본론』에 대한 재독해와 새로운 해석은 노동가치의 패러다임을 벗어나 욕망가치라는 패러다임을 등장시킵니다. 이에 대한 문제의식을 처음으로 제기한 사람은 프랑스 녹색당의 펠릭스 가타리입니다. 또한 펠릭스 가타리가 생태 철학인 에코소피(ecosophy) 사상을 정립하기 위해서 요약해 놓은『카오스모제』의 문제의식을 재해석한 〈카오스모제 생태학-미학〉이라는 파트는 보이지 않는 생태계의 차원을 보다 깊게 사고하기 위해서, 에너지-화폐-정동의 흐름, 공동체의 화음, 반복이 만드는 기계작동, 무형의 가상성 등의 네 가지 차원을 드러냅니다. 카오스모제(chosmose=chaos[혼돈]+cosmos[질서]+osmose[상호침투])는 생태계가 보여주는 혼돈 속의 질서라고 할 수 있으며, 생태계의 보이지 않는 프랙털 차원을 지도 그리기처럼 개념으로 그려냅니다.

이 책은 펠릭스 가타리의 독특한 생태 사상에 기반해서 생명 위기 시대에서 우리가 어떻게 실천할 것인지를 다룹니다. 먼저 지율 스님의 100일 단식처럼, 네트워크나 생태계에서 분자 혁명이 전체 생태계에 돌이킬 수 없는 변화의 원천이 될 수 있다는 점을 말합니다. 또한 '천 명의 사람이 모이면 천 개의 마을이 생긴다'는 슬로건은 마을공동체지원센터의 홈페이지에 있는 아포리즘으로, 마을 만들기가 하나의 모델에 수렴되는 방식이 아니라, 각기 다른 특이성 속에서 다양한 방식으로 조성되어야 하는 메타모델이라는 점을 말합니다. 특히 생태계의 시너지 효과는 따로 떨어진 100그루 나무보다 연결되어 숲을 구성한 50그루 나무가 더 강한 항상성을 갖고 있다는 점을 지적합니다. 또한 공동체의 관계망 속에서 생태적 지혜가 발아되어야지 관계의 외부에서 관찰자나 감시자처럼 진리를 구성해서는 안 된다는 점에 대해서도 말합니다. 이 모든 개념의 구도는, 프랑스에서 녹색당을 만들기 위해서 13년 동안 활동했고 지방 의회 생태파 마지막 후보로 나섰던 펠릭스 가타리의 사상에 기대고 있습니다.

책을 준비하는 동안 '달공'이라는 이름의 아기 고양이가 연구실에 들어왔습니다. 쉴 새 없이 야옹야옹거리고 무릎이 저리도록 앉아 있는 작은 존재의 눈동자에서 생명의 색다른 면모와 신비감을 느끼면서 작업을 진행했습니다. 또한 연구실 앞마당에 상자텃밭에서 나온 상추로 아내가 점심을 준비했고, 그렇게 책이 발효되고 성숙했습니다. 이 책이 세상에 나와 빛을 보게 해주셨던 알렙 출판사의 조영남 사장님과 사랑하는 아내 이윤경 님에게 감사합니다. 또한 저에게 사상적인 동반자이자 정서적 도움을 주시고 지지를 해주신 윤수종 선생님께 존경과 감사의 말씀을 전합니다. 늘 후진 양성에 힘쓰시고, 저를 부지런한 아침형 인간으로 이끌어주셨던 홍윤기 교수님께도 존경과 감사의 말씀을 전하고 싶습니다. 이 책이 있기까지 언표 행위의 집합적 배치처럼 토론과 색다른 사고로 이끌었던 현광일 선생님, 유창복 님, 김효진 님, 공규동 선생님, 박상희 님에게도 깊은 감사의 말씀을 전합니다. 이 책을 통해서 녹색의 미래진행적인 사유와 함께 하시기를 바라며, 즐겁고 행복한 독서 되시기를 빕니다. 적색이 녹색을 만나고 자신의 미래로 생각할 때 상상치 못했던 시너지 효과가 생길 것이라는 점을 이 책에서 발견했으면 좋겠습니다.

2013년 8월
신승철

차례

1부

마을살이의 철학

2011년 여름, 필자는 『미시 정치』라는 책을 10명의 사람들과 함께 강독하면서 뜨겁고 정열적인 시간을 보냈다. 이 책은, 펠릭스 가타리가 브라질 여행을 왔을 때 발언했던 것을 수에리 롤닉크가 정리한 책이다. 우리는 짐짓 이해를 못했다는 듯이 소리 내어 읽기도 하고, 한 문단만 가지고도 서너 시간을 보내기도 했다. 이 글은 그때 논의되었던 많은 담론과 개념들을 정리해 놓은 것이며, 2011년 겨울, 《인천문화현장》에 실렸다. 미시 정치는 거시 정치와 다른 구도에서 움직이는 생활 정치를 의미하는데, 삶의 미세한 변화가 공동체에 초래하게 될 돌이킬 수 없는 변화에 대한 것이다. 『미시 정치』라는 책을 읽으면서, 사람들은 유쾌해지고 훨씬 부드러워졌다. 왜냐하면 자신의 소소한 삶을 변화시켜서 공동체와 마을을 바꿀 수 있다는 낙관적인 생각이 우리 사이에서 싹텄기 때문이다. 그래서 미시 정치가 이루어지는 곳을 찾던 중 성미산 마을 공동체와 접속했고, 도시 속의 작은 마을 공동체가 만들어낸 아주 참신하고 색다른 관계망을 들여다보게 되었다. 미시 정치는, 세상을 바꾸려면 사회구조를 바꾸어야 한다는 생각에서 탈피하여, 기계 부품들의 연결처럼 이루어진 사회 시스템 속에서 작은 기계 부품 하나가 다른 방향으로 움직여 전체 시스템을 고장 내거나 다른 방향으로 움직이게 하는 것에 주목한다. 미시 정치는 특이성 생산이 만든 정치의 또 하나의 이름인 것이다.

1장

부엌에도 정치가 있다고?

—미시 정치로 대안 만들기

혁명은 부엌에서부터 시작하며, 혁명은 라디오로부터 시작하며,
혁명은 커피 한 잔에서부터도 시작한다.
미시 정치는 모든 삶의 수준에서 혁명을 작동시킨다.

들어가며

공자께서는 '중용의 도리를 갖고 행하는 사람을 얻어서 가르치지 못
하면, 나는 반드시 기질이 광견한 사람을 얻어서 함께 할 것이다! 광자는
인의(仁義)의 실현에 진취적이고, 견자는 불인(不仁)한 일을 범하지 않을
것이기 때문이다.'라고 하셨다.(『論語』「子路」: 子曰 得中行而與之, 必也狂
狷乎. 狂者進取, 狷者有所不爲也.)

공자의 '광사론(狂士論)'은 진취적인 선비의 역할을 강조하면
서, 색다른 삶을 창조하고 개척하는 '미친 선비'라는 개념을 우리
에게 던져준다. 마치 미친 것처럼 무엇인가에 몰두하고 열정을 발

산하면서 흥을 갖는 것이 얼마나 필요한 것인가를 우리는 잘 알고 있다. 미친 선비에게 또 필요한 개념이 있다. 그것은 미시 정치(Micropolitiques, 微視政治)라는 개념이다. 미친 선비가 만들어낼 '특이성 생산'의 과정을 바로 미시 정치라는 개념으로 다시 번역해낼 수 있다. 특이성 생산은 아직까지 기억에 없던 어떤 것이 만들어지는 창조의 순간이다. 어떤 특이함이 생산되면 공동체의 연결망은 그것에 따라 자신의 형태를 변모시킨다. 그 속에는 진동자의 울림에 공명하는 떨림이 있고, 기존 색채가 변전되는 물들임이 있다. 문제는 어떻게 특이성을 생산할 것인가이다. 그리고 이 미세한 변화의 이야기가 미시 정치이다. 기존에는 큰 틀이나 전체의 구조를 변화시켜서 사회나 공동체를 바꾸려는 거시 정치적 기획을 갖고 있었다면, 부분이 어떻게 특이함을 생산해서 전체에 돌이킬 수 없는 변화를 만들 것인가가 문제이다.

『미시 정치』는 펠릭스 가타리와 수에리 롤닉크가 함께 브라질을 여행하면서 쓴 강연, 편지, 인터뷰 등을 모은 책이다. 이 책은『분자 혁명』의 후속판 성격으로, 귀중한 자료 모음집이다. 이 책은 당시 브라질 대안 운동의 미세한 움직임을 다룬 책으로 평가된다. 미시 정치는, 권력의 틀로 잡히지 않는 민중의 삶의 움직임이 역동적이고 변혁적인 함의를 갖고 있다는 점을 의미한다. 아래로부터 발흥한 항의하는 무의식은 가족, 병원, 학교, 군대, 감옥 등의 체제 전반에 대해서 문제의식을 갖고 다른 방식으로 삶을 구축하려 한다. 이것을 통하여 미시 정치는 다채로운 방향성 속에서 대안적 삶의

녹색은 적색의 미래다

형태를 수립한다. 그것은 전체가 변화해야지 지금 삶이 변화할 수 있다고 미래에 다가올 시간을 기약하는 것이 아니라, 바로 지금 현실에서 공존하고 있는 미래를 얘기하는 것이다. 예전에는 노동 해방 이후에 사회 해방, 그 이후에 인간 해방이 올 것이라는 생각이 있었다. 그러나 미시 정치의 영역에서는 모든 해방적 행동이 미래로 미뤄질 것이 아니라 지금 당장 만들어내야 할 특이성 생산의 영역으로 사고된다.

미시 정치가 새로운 화두가 되어야 할 이유는 사랑과 욕망의 힘을 통해서 세상을 바꾸겠다는 기획을 가지고 현실과 마주치기 때문이다. 기존 변혁 운동은 구조, 이성, 규범, 제도 등의 변화만이 가능할 것이라고 보면서 우리가 숨 쉬고 느끼고 교감하는 모든 행위 양식과 변혁을 분리시켰다. 그러나 미시 정치는 색다른 삶을 창조하는 것이 사랑과 욕망으로부터 시작되며 이를 통해 특이성 생산이 이루어지며, 이것이 전체 네트워크나 공동체에 심대한 영향을 줄 수 있는 행동의 시작이라고 얘기한다. 완전히 다른 의미에서의 세계 재창조가 가능하며, 다른 의미에서 세상을 인식하고 느끼고 지각하는 것이 가능하다. 미시 정치는 사랑과 욕망이 만들어내는 색다른 부드러움의 흐름을 통해서 배치를 바꾸는 실험이다. 우리가 살아가고 있는 현실은 유형의 물리적 현실과 무형의 가상적 현실이 함께 공존하는 유-무형의 현실이며, 대상과 주체 사이에서 존재하는 배치(arrangement, 配置)이다. 현실은 배치될 수 있고 재배치될 수 있다는 의미에서 주체성이 개입할 수 있는 여지가 있으며, 결코 구조와 같이 불변으로 존재하는 틀이 아니다. 그래서 해방은 사회 변혁 이후의 시간으로 미뤄지는 것이 아니라 삶을 살아가는 내재적인 과정이 된다. 그렇기 때문에 미시 정치를 통해서 흐름·관계망·상호작용을 바꾸는 것이 바로 배치를 바꾸는 것이다.

미시 정치와 마을 공동체─성미산 사례를 중심으로

미시 정치를 오늘날 화두로 삼는다는 것은 난감한 일이다. 누군가가 대변하는 재현의 정치에 익숙한 사람들에게 스스로의 삶을 살아가는 과정 자체가 하나의 정치로 표현된다는 것을 인정하는 것은 어려운 일이다. 예를 들어 '부엌에서의 미시 정치'는 한 번도 뉴스나 신문지상에서도 발언되지 않았던, 보이지 않는 영역의 문제로 치부되어 왔다. 그러나 부엌이라는 공간은 권력 관계, 계약 관계, 욕망 관계가 형성되어 있고, 물의 흐름, 불의 흐름, 음식의 흐름, 쓰레기의 흐름이 움직이는 오페라 공간과 같다. 어떤 여성에게 좌파 운동에 대해서 어떻게 생각하냐고 질문을 던지자, 그녀는 이렇게 대뜸 발언하였다. "그들도 똑같이 요리나 설거지를 안 할 거고 집에서 손가락 하나 까딱하지 않을 거예요!" 이 여성의 발언은 놀랍게도 미시 정치를 발언하고 있다. 부엌을 하나의 정치 공간으로 사유한다는 것은 무엇일까? 미궁에 빠진 미시 정치의 현실적인 단상을 찾기 위해서 성미산 공동체 운동의 '동네 부엌'이라는 기획

녹색은 적색의 미래다

과 접속한다면 조금은 쉽게 이해할 수도 있다. 부엌을 하나의 가정마다 배치된 사적인 공간으로 사고하지 않고, '동네 부엌'처럼 동네 전체가 운영하는 공간으로 사고하기 시작하는 것은 미시 정치의 대표적인 예라고 할 수 있다.

여러 가지 미시 정치의 영역들이 〈성미산 공동체〉의 사례에서 나타난다. 주류 미디어 속에서 사라진 지역 공동체의 살아 있는 호흡과 숨결을 담고자 하는 지역 라디오 운동인 〈마포FM〉도 미시 정치이다. "왜 정치라는 단어가 들어가야 하나요?"라고 질문하는 사람들도 있을 것이다. 정치는 사람들을 소외시키는 메커니즘을 작동시키고, 공동체의 역능으로부터 분리된 영역에 존재한 것이라고 생각하기 쉽다. 그러나 미시 정치는 아주 미세한 삶의 움직임 자체가 소외되지 않는 정치를 작동시킨다는 의미에서 생활 정치이다. 다시 〈마포FM〉으로 돌아가 보자. 이 지역 라디오는 지역의 독특한 음색과 화음을 들려주며, 생활 속에서 미디어가 차지하는 기존 형태와 다른 방식의 삶을 가능케 한다. 제리 멘더의 『TV를 꺼라!』라는 책이 던져주던 메시지들은 TV가 소비, 생산, 유통을 자극하고, 사랑, 평화, 행복의 매체가 아니라 폭력, 경쟁, 질투, 속도의 매체가 되고 있음을 지적하고 있다. TV에 대한 대안을 찾는 것은 색다른 삶을 창안하는 수준의 문제이며, 바로 미시 정치의 색다른 차원을 의미한다. 〈마포FM〉은 자본으로 움직이는 미디어가 아니라, 지역 공동체가 작동시킬 수 있는 간단한 기계 장치를 통해서 공동체의 목소리를 내기 시작한다. 그때 삶은 변화한다. 미시 정치가 작동되고, TV는 침묵을 지킨다.

이제 미시 정치의 의미가 조금은 구체적으로 다가오는 느낌이 들 것이다. 그렇지만 굳이 미시 정치라는 개념을 통해서, 그 프리즘으로 들여다봄으로써 얻게 되는 이득에 대해서는 조금 더 발언이 필요할 것 같다. 미시 정치는 지도 그리기처럼 그림을 그릴 필요가 있다. 새로운 영토들을 설계하기, 출구가 없어 보이는 영토들을 벗어나는 길을 그리기, 색다른 공간들을 구성하기 위한 전략을 창안하기 등등, 지도에 하나의 본거지, 전략적 거점, 행로, 탈주로, 집단이 서식하는 곳들이 그려질 것이다. 성미산 공동체의 〈작은나무카페〉와 같은 곳은 모든 소수 집단들이 서식하고 증식하기 위해서 전략을 논의하기 좋은 곳이다. 그곳에서는 커피향이 은은하게 배어나오고 창의적인 발언들과 따뜻한 정서적 교감에 따라 자신의 신체와 정서가 쉽게 변용할 수 있게 되는 것이다. 성미산 주민들은 보통 여기서 커피 한 잔을 오래 놓아두고 자신의 삶의 색다른 방향성에 대해서 논의한다. 이것은 미시 정치의 장이다.

자본주의적 문화는 포섭의 수단이 되고 있으며, 전문가의 방식대로 따라하거나 아마추어리즘으로 주변과 가장자리에 배치된다. 엘리트의 헤게모니 장악과 틀지어지는 격자들이 문화의 곳곳에서 등장한다. 그때마다 문화의 소비자가 되는 방식으로 자본주의의 격자와 틀에 맞추어 사는 것이 권장되기 마련이다. 미시 정치는 특이한 주체들의 생산 과정을 동반하며, 그것은 문화 소비 형태를 벗어나 색다른 문화 생산의 장으로 인도한다. 아주 특이한 공간이

위 〈성미산 마을 축제〉 중 차전놀이 장면.
아래 〈마포FM〉 마포주민노래자랑.

〈마을극장〉이라는 이름으로 성미산 공동체에 존재한다. 이곳에는 특이한 주체들이 역동적인 문화를 생산하고자 할 때 모여드는 곳이다. 여기에는 온갖 장르의 문화와 격자들이 부정되고 주체의 특이화 과정으로 역동성 있게 나타난다. 춤, 마임, 음악, 연극, 영화, 시, 몸짓이 주체의 특이한 움직임으로 나타나 마을의 정서에 유통된다. 변용이 시작되고 사람들 사이에서는 색다른 움직임이 갖고 있는 역동성에 따라 감응하는 주체성 생산을 도모할 수 있게 된다. 별명이 있는 공간, 목적지가 뚜렷하지 않으나 정열이 숨 쉬는 공간, 삶의 리듬과 화음이 살아 있는 공간, 이러한 공간이 미시 정치의 공간이며 바로 〈마을극장〉이다.

미시 정치는 색다른 부드러움을 발생시킨다. 기존의 관계망과 색다른 관계망을 수립하고 창안함으로써 지각 작용, 감수성, 성애 등을 새롭게 재조성한다. 부모들은 가장 창의적이어야 할 나이에 있고 감수성이 예민한 청소년기를 보내는 아이들에게 어떻게 대하며 소통할 것인가를 고민한다. 그리고 기존 가족 제도, 기존 교육 제도에서 아이들의 자율성이 보장될 수 없다는 것을 알게 되고 대안을 생각하기 시작한다. 〈성미산 대안 학교〉는 교육의 수준에서 나타나는 미시 정치를 가장 잘 표현해 주고 있는 공간이다. 자본주의의 입시 경쟁과 사교육 등으로부터 벗어나 대안을 꿈꾸었던 사람들이 조직한 작은 미시 정치의 공간이다. 이곳에서 아이들은 각각이 갖고 있는 특이함과 개성을 인정받으며, 생태 · 환경 · 생명을 느끼는 수업에 참여한다. 미시 정치의 수준은 아주 먼 미래에 다가

올 해방을 기획하는 것이 아니라, 구체적으로 대안을 직접 만들어 내는 과정을 의미한다. 대안이 가까이 오고, 상상을 넘어서 직접적인 형상이 되기 시작할 때 미시 정치의 기획은 작동하기 시작한다.

미시 정치를 작동시키는 공동체들은 역동적인 아래로부터의 움직임을 통해서 끊임없이 외부의 영향력과 자본주의 현실에 대해서 대응한다. 이러한 공동체들의 움직임이 자본주의 시스템에 가하는 작동 원리를 파악해 보면 미시 정치의 실천적 함의를 알 수 있다. 자본주의는 큰 틀이나 구조 등에 의해서 움직이는 것 같지만 사실은 작고 수많은 기계 부품들의 기능 연관과 작동 속에서 움직인다. 그렇기 때문에 하나의 기계 부품이 다른 방향으로 움직일 때 자본주의의 기본적인 구조나 틀은 끊임없이 수정되거나 변형될 수밖에 없다. 공동체가 독자적인 제도와 관계망을 가지고 기계 작동을 시작하면 자본주의는 스스로의 위치를 정정하거나 태도를 결정해야 하는 상황에 처하게 된다. 그러므로 배치의 심대한 변형과 이행이 존재한다. 공동체가 삶의 형태를 변화시키는 미시 정치를 작동하는 순간 끊임없이 모든 수준에서 혁명이 일어나게 된다. 그렇기 때문에 이러한 혁명 과정(혹은 개량 과정)은 거시 정치적 수준의 위치 이동이 아니라 미시 정치 차원에서의 배치의 변화로 나타난다.

미시 정치가 가능한 이유는 배치를 변화시킬 수 있는 역능이 민중과 공동체에게 직접적으로 내재되어 있다는 점 때문이다. 그러나 어떤 방식으로 배치를 정정할 것인가에 대해서는 아직 상이 떠오르지 않는다. 일단 네트워크처럼 연결되어 있는 사회 속에 살고 있는 현실에 대해서 염두에 둘 필요가 있다. 물론 이 네트워크는 자본주의의 필요에 따라 조성된 현실일지도 모른다. 네트워크는 서로 상호작용하며 연결되어 있는 씨줄과 날줄의 관계망이다. 네트워크 사회에서 배치의 변화는 어떤 특이점이 등장하여 전체 네트워크를 변형시키는 차원에서 사고되어야 한다. 즉 특이성이 공통성을 변화시키는 사회화학적 반응의 단초가 된다는 점이다. 공동체는 이 네트워크로 연결된 사회의 '특이성 생산'의 영역으로 존재함으로써 배치의 변화에 심원한 영향을 준다고 할 수 있다. 미시 정치를 수행하면서 배치를 바꾸고 싶어 하고 대안 운동을 고민하는 사람들이라면 어떤 헤게모니를 행사하려는 방식이나 동일한 지반을 복제하려는 방식의 운동으로부터 벗어날 필요가 있다. 오히려 배치를 바꾸는 미시 정치의 수준은 자신을 특이한 주체성 생산의 영역으로 사고함으로써 연결되어 있는 공동체에 돌이킬 수 없는 변화와 화학 작용을 일으키는 것을 기획하여야 할 것이다. 이전의 기억에 존재하지 않았던 아주 특이한 것은 네트워크 사회를 변형시킬 수 있는 가장 중요한 기제라고 할 수 있으며, 특이성 생산이야말로 배치를 변화시킬 수 있는 가장 중요한 작동 방식이라고 할 수 있다.

미시 정치가 아주 어려운 영역이며 아직 손에 잡히지 않는다고 하는 사람들이 아직 있을지 모른다. 아니 아직 비중감이 느껴지지 않을 것이다. 사실 자본주의를 변화시키려는 변혁을 생각하는 사람들이 거시 정치라는 가시적인 영역에서 혁명 운동을 생각하

녹색은 적색의 미래다

기 쉽다는 것은 잘 알려져 있다. 거시 정치와 미시 정치의 관계를 생각해 보면, 거시 정치는 미시 정치를 대변하는 역할을 하는 것이 아니라 수많은 수준과 영역에서 벌어지는 미시 정치의 일부로서 작동할 뿐이라는 사실을 염두에 두어야 한다. 결국 거시 정치의 수준에서 세상은 바뀌지 않으며, 가장 결정적인 변혁과 대안은 자신의 삶의 수준에 있는 문제들을 직접적으로 고민하고, 새로운 연결망·흐름·상호작용을 만들려는 시도에서부터 출발한다. 혁명은 부엌에서부터 시작하며, 혁명은 라디오로부터 시작하며, 혁명은 커피 한 잔에서부터도 시작한다. 미시 정치는 모든 삶의 수준에서 혁명을 작동시킨다. 그러므로 혁명 운동이 없을지라도 혁명가가 없을지라도 혁명은 작동한다. 그래서 혁명을 하자는 것이다.

미시 정치와 마을 만들기 사업

최근 시골과 도시에서 벌어지고 있는 일은 마을 만들기 사업과 사회적 기업이다. 이 두 가지 영역의 사업은 공동체가 이제 화두가 되고 있는 시대임을 보여주고 있다. 그러나 이 사업들의 문제점 또한 드러나고 있다. 공동체 기반의 사업 모델이라고 하는 커뮤니티 비즈니스 모델은 공동체의 관계망이 갖고 있는 특성을 잘 이해하고 수행되는 사업이 아니라, 오히려 공동체를 파괴하고 국가에게 전유시키는 방향성으로 나아가는 데 문제점이 있다. 자본과 국가는 공동체가 갖고 있는 시너지 효과에 착목한다. 그러나 대부분 이 시너지 효과가 어떻게 형성되고 발전되는지에 대한 상이 부재한 상황에서 관행적인 사업으로 머물고 있다.

먼저 마을 만들기 사업이 진행되는 시골의 경우에는 기존에 공동체의 경제를 구성하던 재래시장이라는 경제적 관계망의 파괴, 농촌의 도시화 경향과 내부 격차의 발생, 신자유주의적 질서가 침입해 오면서 발생하는 농촌 공동체 환경의 파괴 등에 직면하고 있다. 이런 상황에서 마을 만들기 사업은 마을의 공동체적 관계망을 관이 주도하여 인위적으로 만들 수 있다는 기획이다. 그러나 관에서 나오는 자금이 어디로 흘러들어가고 누가 수익의 대상자가 될 것인가의 여부에 대부분의 사람들이 관심이 있고, 대부분 전시 행정과 같은 결과물을 만들어낸다. 또한 일종의 '선수'들이라고 할 수 있는 전문 기획자들이 알지도 못하는 여러 가지 기획을 가져와서 사람들에게 강의를 하고 졸린 농촌 사람들 앞에서 여러 가지 아이디어를 쏟아내는 절차들이 기다리고 있다. 이런 방식의 마을 만들기 사업은 사실 공동체 관계망을 파괴하는 자본의 객관적인 흐름과 함께, 공동체 관계망을 관행적 제도로 재조성하는 인공적 질서를 만들어 포장하는 '디즈니랜드식 전략'이라고 할 수 있다.

공동체의 관계망은 인위적으로 조작되거나 만들어질 수 있는 것이 아니라 흐름·관계망·상호작용이라는 그림의 구도 속에서 배치된다. 이 배치를 마치 지도를 그리듯이 표현한다면 복잡계의 형상을 띠고 있으며 특이성 생산을 통해서 새롭게 관계망을 혁신하는 미시 정치의 주제가 된다고 할 수 있다. 공동체 관계망은 생태계의 관계망처럼 다채로운 관계들이 조성되고 보이지 않는 움직임에 의해서 작동된다. 이 공동체 관계망은 부분의 산술적 합을 넘어서 그 이상의 시너지 효과를 갖게 되는데 그 이유는 관계성 창발의 힘 때문이다. 예를 들어 나무 100그루의 산술적 합보다 50그루의 숲으로 구성된 생태계가 외부에 대해서 더 강하게 견딜 수 있다는 것을 보아도 알 수 있다. 이러한 보이지 않는 움직임인 흐름·관계망·상호작용으로 이루어지는 공동체의 연결망을 전문 기획자의 기획에 의해서 만들어낼 수 있다는 것은 완전한 오산이다. 오히려 기획되어야 할 것은 공동체의 연결망이 갖고 있는 기존의 배치를 혁신하는 특이성 생산이 관계망 자체에서 나타나도록 독려하는 일이 될 것이다. 이러한 미시 정치의 기획이 없는 지역 사업은 주민 동원형 사업의 특징을 보인다.

이러한 관계망 속에서의 특이성 생산을 통해서 공동체 관계망을 혁신하는 역할을 수행하지 않는 마을 만들기 사업은 공동체의 본성과 특징을 이해하지 못한 기성 제도의 한계를 드러내 보이는 것이다. 물론 제도는 생산될 수도 있고, 제정적인 지원을 받을 수도 있다. 문제는 자신의 내재적인 역량과 내부 관계망의 자율성이 먼저 존재해야 하며, 그러한 내부 역량에 의해서 배치되어야 할 부분이라는 것이다. 그것이 아니라 공동체 외부에서 조직된 인위적인 관계 맺기는 마을 공동체와 무관한 행사, 즉 전시적 행사에 불과하다. 이 속에서 마을의 누군가가 돈을 더 가져갔다는 이야기며,

누가 마을 만들기 사업의 최대 수혜자이냐 등등 경제적 이해관계가 기존 공동체 관계망조차도 위협한다. 공동체에서 관계망 창발의 내생적 힘에 기반하지 않은 사업은 지속 가능하지 않으며, 지극히 공동체적이지 않은 자본주의적인 관계망들을 만들어낼 뿐이다. 특히 공동체 구성원들 사이에서 나타나는 특이한 움직임이 마을 만들기 사업의 기본적인 재료가 되어야 함에도 불구하고 미시 정치의 중요성을 파악하지 못한 상황에서는 특이성 생산의 가능성이 아니라 각본과 시나리오가 등장한다.

미시 정치와 사회적 기업

그 다음으로 언급될 부분은 사회적 기업이다. 사회적 기업 역시도 마을 만들기 사업에서 보여주는 한계를 답습하는 경우가 많은데, 그것의 근원에는 미시 정치와 관계성 창발, 특이성 생산이라는 세 가지 기본 요소의 부재에서 기인한다. 일단 한국 사회에서 사회적 기업은 고용의 창출이라는 것과 맞물리면서 공동체 관계망의 특성을 활용해서 고용 숫자를 늘리려는 자본과 국가의 전략을 의미한다. 이것은 대안적 노동이라고 할 수 있는 돌봄, 나눔, 재생, 살림, 모심, 보살핌, 섬김 등의 형태의 정동노동으로 존재하는 공동체적 노동을 어떻게 볼 것인가의 문제로부터 자유롭지 않다. 그러나 현재의 사회적 기업은 수익 모델을 중심으로 한 노동 형태와 화폐의 순환만을 생각할 뿐 공동체 내에서의 물질·에너지·정서의 순환을 생각하지 못하는 경우가 많다. 그렇기 때문에 공동체 내부의 정동노동(情動勞動, affective labor), 욕망노동(欲望勞動, desire labor), 비물질적 노동(非物質勞動, immaterial labor)이 어떻게 순환하는지를 고려하지 않은 채 자본의 관계망 내에서 판단하는 경우가 많다. 그것은 공동체의 관계성 창발의 시너지 효과에 착목하면서도 공동체가 갖고 있는 노동의 본성의 변화에 대해서는 주목하지 않았기 때문이다.

자본 역시도 공동체가 갖고 있는 시너지 효과에 주목하며 예상 외의 효과를 덤으로 얻기를 원한다. 그러나 공동체의 관계망이 갖고 있는 특이성 생산보다는 돈 되는 방향으로 흘러간다. 그렇기 때문에 대부분의 사회적 기업이 봉착하는 문제는 일종의 딜레마 상황이다. 공동체의 특이점에 주목하면서도 수익을 생각하지 않을 수 없는 점에서 협착되고 고정되는 것이다. 한국 사회에서 사회적 기업은 제3섹터의 커뮤니티 기반이라고 할 수 있는 협동조합 등의 지원을 받지 못하고, 그저 맨몸뚱아리로 자본과 관계해야 한다는 점에서 공동체적 기반의 취약함을 보인다. 그러한 취약함은 지속 가능한 모델을 수립하는 데 한계를 드러내 보이며, 미시 정치의 필요성을 강력히 드러내 보인다.

미시 정치는 관계망·흐름·상호작용이라는 배치 속에서 지도를 그려내면서 공동체와 관계하며, 특이성 생산을 통해서 관계망 내부에서 혁명을 일으켜 배치를 바꾸는 행동양식을 보인다. 미시 정치의 기획은 자본이 갖고 있는 의미와 언어, 움직임을 고정시키고 응고시켜서 자본으로 결정하여야 한다는 강박관념에서 벗어나, 흐름을 달리하고 움직임을 달리하는 공동체 내부의 배치를 드러내 보인다. 공동체 내부의 '흐름'이라는 요소는 에너지·화폐·물질의 흐름을 순환적 입장에서 바라보는 것을 의미한다. 이러한 흐름의 시각으로 보면 사회적 기업은 자본이 공동체를 착취하는 것이 아니라 공동체가 자본을 착취하는 절대적인 흐름으로 나아간다는 관점을 수립할 수 있다. 그리고 이러한 관점에서 공동체 내부의 관계망 창발과 이에 따른 특이성 생산이 절대적 흐름을 만들 수 있는 원천이라는 점을 알 수 있다.

그렇기 때문에 사회적 기업은 당연히 수익을 목적으로 해야 하며 고용을 목적으로 해야 한다는, 현재에 유통되고 있는 관점의 역전이 가능하다. 오히려 공동체 내부에서의 삶의 배치에 착목해서 특이성 생산이 절대적으로 지속될 수 있는 모델이 가능한 것이다. 창조와 생성의 특이성 생산이 절대적으로 지속되는 사회적 기업만이 지속 가능한 것이라고 볼 수 있다. 기존 관행적인 사회적 기업의 모델이 지속 가능성에서 취약함을 보이는 이유는, 그것이 수익 모델의 압박 때문이 아니라 그 내부에서의 특이점을 상실하면서 균질하고 편편하며 고정되어 있는 자본주의적 관계망에 편입되었기 때문이다.

사회적 기업과 마을 만들기 사업을 분석하다 보면 가장 기본적인 질문 즉, '공동체란 무엇인가?'라는 점을 끊임없이 던지게 되며,

미시 정치라는 색다른 과제를 제기해야 한다는 점을 알게 된다. 미시 정치는 아주 미세한 움직임이라서 손에 잡히지 않는다고 얘기할지도 모르지만, 그것은 아주 구체적인 이야기이다. 생각이나 태도를 바꾸기 전에 관계망을 바꾸고 배치를 바꾸는 작은 행동양식이 필요하며 그것이 지역에서의 삶을 바꾸는 원동력이라는 점을 미시 정치는 얘기하고 있다는 것이다. 전체론(holism)이라는 생태론에서의 논의를 읽다 보면, 부분이 전체로 연결되고 순환되고 스스로의 몸체를 자기 생산하는 생태적 현실과 접속할 수 있다. 미시 정치는 더 나아가 부분의 미세한 작동의 변화가 전체에 돌이킬 수 없는 변화를 줄 수 있다는 점을 얘기하고 있다. 세상을 바꾸는 것이 미세한 작은 분자의 변화에서 출발한다는 가타리의 주요 개념인 '분자 혁명(molecular revolution)'이 공동체와 네트워크 등에서 아주 심원한 변화의 원동력이다. 미시 정치는 완전히 다른 지역 사회 내에서의 삶이 가능하며, 다른 형태로 재조성된 공동체의 혁신이 가능하다는 점을 얘기하고 있다.

미시 정치로 지역 사회에서 주민 되기

지역 사회에서 미시 정치의 관점을 수립하는 것은 아주 미세한 변화가 전체 공동체, 네트워크, 사회를 변화시킬 수 있다는 자신감을 갖는 것에서 출발한다. 공자가 '미친 선비'라고 얘기했던 진취성의 표명은 이제 미시 정치라는 색다른 지평과 접속한 활동가 유형의 색다른 인물들을 만들어내고 있다. 잘 생각해 보면 1980년대 노동운동 현장 내부에서도 미시 정치적 요소가 많았다는 것을 기억할 수 있다. 이때는 정말 치열하고 살아 숨 쉬는 현장성이 있었던 뜨거운 시절이었다. 어찌 보면 미시 정치는 이러한 치열한 현장성의 색채에 사랑과 욕망의 색다른 부드러움을 입힌 것이라고 생각해 보면 좋을 것 같다. 지역 사회에서 활동하는 지역 활동가들은 자신의 활동을 설명해야 할 단어를 찾지 못하는 경우가 많다. 그리고 자신이 어떤 정치를 하고 있는지에 대해서 얘기하지 못하고 그저 거시 정치적인 담론을 빌려다 쓰는 경우가 많다. 그러나 미시 정치라는 개념은 지역 사회의 색다른 정치를 설명할 수 있도록 만들어준다.

미시 정치는 대안이 아주 먼 미래에나 가능한 것이 아니라 지금 당장 만들어져야 할 영역이며, 그것을 만드는 것이 특이성 생산이라고 얘기한다. 이 특이성 생산이 어떻게 가능한가라는 부분에서, 공동체적 관계망에서 색다른 무엇인가를 산출하는 관계성 창발을 말할 수 있다. 특이성 생산이 일단 이루어지면 공동체와 네트워크는 서로 연결되고 물질과 에너지의 흐름을 갖기 때문에 돌이킬 수 없는 변화를 이룰 수밖에 없다. 그렇기 때문에 세상을 완전히 다른 의미에서 재창조하여 특이한 삶의 유형을 창조해 내는 것이 대안의 생산과 아주 가깝다. 미시 정치는 재현의 정치나 문화적 구경꾼으로 만드는 자본주의적 관계망을 넘어서 가장 아마추어적이며 특

녹색은 적색의 미래다

이점으로서 존재하는 주변적인 풍경을 조립한다. 아이, 동물, 식물, 광인, 장애인, 노인, 여성, 이주민 등이 이러한 특이점으로서 등장하여 공동체적 관계망을 혁신시킨다. 공동체의 순환과 재생의 흐름이 특이성 생산과 관계망 창발의 절대적인 흐름이 되어 자본과 국가를 이용(착취)하도록 만드는 것이 미시 정치의 목적이다. 미친 선비의 진취성은 미시 정치와 크게 다르지 않다. 지역 주민들이 생성과 창조, 특이성 생산의 순간을 만들 때마다 미친 선비의 진취성, 즉 미시 정치는 다시 언급될 수밖에 없다.

이 글은 2012년 가을에 서술되었는데, 당시 〈서울시 마을 만들기〉가 여러 가지 실험적인 사업을 착수하는 상황이었다. 〈서울시마을공동체지원센터〉라는 중간 지원 조직과 〈마을넷〉이라는 공론장의 형성이 한창일 당시에, 주민들 사이에서 활동가 조직과 모임이 만들어졌고 싹을 틔웠다. 당시 서울시 마을 만들기 사업의 기층 활동가들 사이에서는 기존 활동가와 주민을 이분법적으로 분리하는 근대적이고 재현적인 활동 모델에서 탈피해야 한다는 아래로부터의 요구가 있었다. 이에 따라 《인천문화현장》의 편집장이 마을 특집을 기획하던 중에 '마을과 단독성'이라는 이 글에 대한 기획과 구상에 이르렀다. 2012년 〈성미산 마을 기초 조사 사업〉이라는 현장 연구에 참여하고 있던 내가 이 글을 쓸 수 있는 적합한 사람이라고 판단하였는지 나에게 청탁이 왔으며, 이러한 요구를 스피노자의 단독성 개념과 공동체 관계망의 쟁점으로 구체화하게 되었다. 여기서 철학적 개념으로서의 단독성(singularity)은 특이성, 일의성, 유일무이성, 고유성과 동의어이다. 우리가 발 딛고 있는 마을에서의 관계와 만남의 순간이 단 한 번밖에 없다는 실존의 의미를 관통하는 활동이 되지 않는다면, 자본주의 문명이 만들어놓은 똑딱거리는 비루한 일상을 조직하는 재현과 표상의 기획으로부터 벗어나지 못할 것이라는 점이 이 글의 진단이다. 이 글은 《인천문화현장》 통권 31호에 실렸으며, 인터넷을 통해 배포되기도 했다.

2장

마을에서는 도대체 무슨 일이 벌어지는가?
—마을과 단독성

재미있어야 한다. 유쾌해야 한다. 미끄러지듯 사람들의 배꼽을 뒤흔들어야 한다. 그것이 바로
단독성 생산이 갖고 있는 강력한 힘이다.

마을 활동가의 실존과 단독성

"무대가 내려지고 불이 꺼진다. 그러면 자유롭도록 저주받은 존재인 나와 대면할 시간이다."

우리들이 실존과 대면하는 순간은 늘 시작과 끝, 간주곡에서 나타난다. 의미와 무의미의 경계에 서서 '자신이 도대체 무엇을 하고 있는가?'라는 생각에 사로잡히게 되는 경우도 있다. 대면의 순간을 피하기 위해서 술잔을 기울이거나, 김밥처럼 자신을 말아서 배고픈 저녁 시간에 술안주 삼아 대화하기도 한다.

예전에는 이런 실존적인 질문에 사로잡힌 사람들을 비아냥거리거나 비판하는 것이 마치 미덕처럼 여겨지던 때도 있었다. 그러나

내 존재가 세상에 단 하나뿐이며, 내가 경험하고 실천하는 사건 역시도 단 한 번뿐인 순간이라는 진실을 느끼게 되면, 자신이 기계적으로 똑딱거리며 구조화했던 활동 양상이 무너져 내리는 것을 체험하곤 한다.

그러나 여기서 존재가 일의적이고 단독적이라는 진실은 허무에 대한 접속이 아니라, 삶에 대한 접속을 의미한다. 권력을 통해서 맹목적으로 앞으로 나아가거나 구조화된 활동 속에서 겨우 버텨내는 것이 아니라, 자신을 한없이 내려놓으면서 밑바닥까지 향하는 마음이 없는 한, 이런 실존과의 대면은 쉽지 않다.

'활동'한다는 것은 살아 있다는 것을 의미할 뿐만 아니라, 세상에 단 한 번뿐인 순간을 만들어내는 퍼포먼스와 같다. 그처럼 활동가 자신이 가진 존재의 단독성이 드러나는 순간이기도 하다. 만약 자신이 원하지도 않은 일을 기계적으로 반복했다면, 마음속에서는 "나는 누구인가? 나는 어디에 있는가?"라는 실존적 질문이 자꾸 머릿속을 맴돌게 될 것은 당연하다. 반대로 자신이 구조화된 사유 속에서 연대기와 같은 활동 양상을 마치거나 시작할 때, "내가 왜 이것을 해야 하는 거지?"라는 질문이 나타나는 것도 당연하다.

여기서 필자는 마을 활동가들의 활동 과정 자체가 자신의 단독성과 실존에 무관하지 않으며, 그것을 적극적으로 표현하는 과정임에 주목할 것이다. 보편-특수-개별로 향하는 변증법적 조직화의 원리나, 재생산과 같은 틀 짓기나 주조 방식이 더 이상 통하지 않는 단독자들 간의 사건으로서의 마을살이를 조명했을 때, 활동

녹색은 적색의 미래다

가 자신의 실존적인 질문에 대한 해답을 구할 수 있기 때문이다.

늘 새로움으로 다가오는 사람들, 늘 색다른 사건으로 다가오는 일상, 지금 여기 단 한 번뿐인 나 자신과 타자들이 만들어낸 활동은 동일성의 반복이 아니라 차이의 반복이며, 이것이 만들어낸 화음과 리듬일 것이다. 상대방을 뻔한 사람으로 알고 새로운 사건을 늘 있는 일과표로 느끼는 것은 새로움을 추구하는 활동이 아니라, 단독자인 자신의 실존과의 대면을 책임질 수 없는 것이다. 세상을 재창조하기 위해서는 존재의 단독성으로부터 출발해야 한다.

마을살이의 단독성과 활동가들의 재현성

마을살이는 늘 새로움의 연속이며, 우발성의 마주침이 새로운 사건을 만드는 과정이다. 마을의 구성원들은 마을의 대표성을 표상하지도 않고, 마을 일반의 이해를 대변하지도 않는다. 그저 자신이 느낀 만큼 행동하고, 자신이 감성적으로 느낀 바를 전달한다. 어찌 보면 마을살이는 삶의 진실을 담고 있다. 우리가 공동체에게 남겨줄 것이 정서, 감정, 느낌과 같은 지극히 무형적이고 비물질적인 것이라는 사실을 말이다.

마을에서의 삶은 단 한 번뿐인 순간이다. 그래서 주민들과 활동가들이 만나고 주민끼리 만날 때 어떤 대표적인 표상을 재현하려고 하는 것이 아니라, 자신의 존재의 단독성 혹은 특이성을 표현하고 교류한다. 그렇다고 이러한 관계가 완전히 사라져 버리는 휘발성의 성격을 갖는 것이 아니다. 미시적인 것 속에서 기억 블록들이 생성되어 작은 역사가 되고 흐름이 된다. 그러나 이러한 기억 블록들은 거대 역사의 서사 형식들이 만들어내는 재현의 방식에 따라 기록되고 구조화될 수 있는 것이 아니라, '이것일 수도 있고, 저것일 수도 있는' 즉, 의미가 고정되지 않는 비표상적인 흐름이라는 점이 중요하다.

흔히 "역사는 흐른다"라고 말한다. 역사는 역사가들에 의해서 표상의 재현으로 쓰인 것이 아니며, 비표상적인 흐름이다. 여기서 역사 얘기를 왜 굳이 하는가 하면, 활동가들이 역사가의 방식인 표상에 의한 재현의 방식을 채택하고 있는 경우가 많기 때문이다. 활동가들은 역사가 되려 하지 않고 역사가가 되려고 하는 경우가 많다. 마을살이의 역사가가 되려고 하는 순간은 자신의 이론과 생각, 활동의 목표와 지향성 등에 마을살이를 도구화하는 경우이다. 이 경우에는 단독성으로서의 존재와 개체의 세계는 보이지 않는다. 당연히 흐름의 일부가 되려고도 하지 않는다.

활동가들이 표상과 재현의 세계에 주목하는 이유는, 가장 의식적인 실천의 양상으로 그것이 손에 잡힐 듯이 보이는 세계이기 때문이다. 그러나 마을살이는 무의식과 같이 보이지 않는 세계의 감수성이 교차하는 공간이다. 그렇기 때문에 보이지 않는 영역인 무의식의 구성체로서의 마을을 바라보지 못한다면, 의식적이고 확실한 것에 집착한 나머지 모든 것을 표상과 재현의 세계로 만들어버린다. 그렇게 되면 유일무이하고 소중한 마을 주민들 개개인들의 단독성은 완전히 사라져버리게 되는 결과를 낳는다. 물론 이런 방식이라면 훌륭한 역사가는 될 수 있다. 그러나 마을살이는 이른바 면서기와 같은 역사가를 기르는 활동이 아니라는 점은 분명하다.

어떤 선사가 달을 가리키면서 호통을 친다. "저 달을 보라고 했더니 왜 내 손가락만 보느냐!" 불교의 선문답은 고정관념으로부터 벗어나기 위해서 여러 가지 설정을 한 아이러니적인 대화를 유도한다. 문제는 마을에 대한 활동가들의 의지와 의식이 확실하다는 것이 오히려 고정관념으로 자리 잡을 수 있다는 점이다. 모든 마을 주민과의 만남이 순간순간 소중하고, 주민 개개인들이 뻔한 존재가 아니라 단독성을 가진 존재라는 점을 간과한다면 어떻게 될까? 분류하고 구조화하고 의미화하는 재현의 질서만이 보일 것이다. 그러면 이것을 의식하는 활동가들은 어느 누구보다 고정관념에 사로잡힌 사람이 된다. 그리고 계몽적 절차를 통해서 이 고정관념을 전파하려는 방식으로 마을에서 교육을 한다면 마치 그 고정관념으로서의 표상과 재현이 진실인 것처럼 느끼게 되는 것이다.

주민 되기: 일의적인 사건의 세계에 초대합니다

마르크스가 독일 관념론과 관조적 유물론을 넘어 실천적 유물론을 정초하고자 했던 「포이어바흐 테제」에서 "교육자도 교육받아야 한다"라고 언급했다. 과연 누구에게 교육받아야 하는 것인가? 약간의 의문이 든다. 여기서 나는 계몽이 아닌 역행적 진실과 마주친다. 교육자는 아이에게서 배워야 한다. 이것을 다시 적용해 보자면, 활동가는 주민에게 배워야 한다는 사실이 피부로 다가오게 된다. 주민은 무지몽매한 대중이 아니라, 이미 모든 것을 알고 있으며 새로운 사건을 만들어내는 단독성의 존재들이다.

조금 더 이 논의를 더 진행해 보자면, 활동가의 주민 되기가 없고서는 재현과 표상으로부터 자유로울 수 없게 된다는 사실이 다가온다. 주민 되기는 그저 주민의 입장에 서는 것이 아니라, 주민의 단독성의 존재와 접속하는 순간을 의미한다. 우리는 재현의 정치, 대의제의 정치에 대해서 문제의식을 갖고 있다. 남들을 저주하기 위해 부두인형을 달아두듯 대중을 배치하는, 이런 정치 모델이 낡았다고 생각하는 사람들이 대부분이다. 여기서 우리의 구성적 실천을 더 진행해 보면, 우리가 누구를 대표하거나 대변할 것이 아니라 주민 되기를 통해서 단독성의 존재로 향해야 한다는 점이 점점 더 현실로 다가오게 된다.

마을살이가 유일무이하듯이, 주민 되기는 활동가로 하여금 세상에 단 한 번뿐인 존재이자 늘 새로운 존재로 자신을 만드는 과정이다. 나는 언젠가 지역에 사는 한 친구를 만났는데, 지역 발전이 거의 없다고 투덜대면서 주민들에 대해서 그렇고 그런 인간들, 뻔한 인간들로 묘사하는 것을 들었다. "누구 집은 숟가락 숫자도 다 안다니까!"라고 하면서 상대방이 어떤 창조적 잠재력을 가졌거나 세

녹색은 적색의 미래다

상에 단 하나밖에 없는 단독성의 존재란 점을 인정하려고 들지 않았다. 마을살이는 이것과는 완전히 다른 것이어야 한다는 점에서 우리는 모두 동의할 것이다. 그러나 활동가들 마음속에는 이 지역에 사는 친구가 갖고 있는 생각들과 유사한 생각들이 점점 잠식해 들어오는 것을 느끼는 사람들도 있을 것이다.

활동가들의 주민 되기는 마을살이를 일의적인 사건으로 만들어 낸다. 단 한 번뿐인 사건, 그래서 색다른 의미를 갖는 사건으로 만든다. 마을살이에서는 늘 새로운 일들이 펼쳐지고 단순히 활동가들의 계획이나 일과표에 따라서 조직되는 것이 아니라, 마을 주민들과의 우발적인 마주침에 의해서 새로운 사건들이 만들어진다. 사건은 이념이나 이상의 모사물이 아니다. 과거로 회귀하면서 주는 낭만적인 드라마도 아니다. 사건은 완전히 새로운 배치와 새로운 지형이 우리 사이에서 만들어지는 것이며, '우리 사이'라는 보이지 않는 영역에서 빚어지는 단독성의 생산이다.

활동가들은 '너', '나', '우리'라는 책임 주체를 호명해서 사업을 맡기고 완수하는 모델에 익숙하다. 그러나 주민들은 책임성을 부과하는 것이 아니라, 우리 사이에서 무엇인가가 만들어지는 과정이 먼저이다. 사건은 이 속에서 만들어진다. 누구로 고정된 사람들의 생각이나 계획이 아니라 같이 생각해 대상이나 주체가 애매하면서도 '함께 그리고 사이에서' 만들어진 것이 사건이다. 활동가들은 마을살이의 사건을 만들고자 하는 사람이지만, 사건의 단독적인 의미보다는 마치 잘 계획되고 조직된 일과표에 따라 조직되면 만들어질 수 있는 것으로 오해하기도 한다.

마을살이는 단독성의 존재들이 만들어내는 유일무이한 사건들로 구성된다. 마을살이에서 회의와 같은 시간은 보편성으로 짜 맞추어져서 재구조화되는 회의 자리가 아니라, 단독성의 존재들이 우발적으로 마주쳐서 그 사이 공간 속에서 새로운 생각과 실천을 조직하도록 만드는 회의 자리여야 한다. 즉 사건이 발생되는 시간-공간-에너지의 좌표여야 하는 것이다. 이를 위해서 활동가들은 주민 되기를 통해서 사건을 도모하고 촉진시키는 단독성의 존재로 재탄생하여야 하는 것이다.

공동체 관계망과 단독성의 관계

마을살이를 하는 활동가들에게 하나의 의문이 생길 것이다. "공동체적 관계망과 단독성은 어떤 관계를 갖는가?"가 그것이다. 공동체적 관계망은 보편적인 모델이 아니라 공통성이라는 개념으로 사고될 수 있다. 공통성 개념은 공동 선, 공통 부, 집단 지성 등을 사유할 수 있는 교두보적인 개념이다. 즉, 공통성은 보다 상위적 위계로 향하는 보편성을 통하지 않고도, 개체와 수평적으로 관계할 수 있는 개념이다.

공동체적 관계망을 재현과 표상으로 사고하다 보면 보편의 이해나 요구로 번역하게 되는 경우로 향한다. 그것은 결국 국가주의

녹색은 적색의 미래다

로부터 자유로울 수 없는 사고에 머무르게 된다. 그러나 공통성의 경우에는 공동체적 관계망을 보편 표상으로부터 자유롭게 사유할 수 있다는 장점을 갖고 있다. 구구절절 설명하다 보니 왜 이런 얘기를 하게 되는가에 대한 원래의 논의로 돌아가야 할 것 같다.

스피노자는 공통성과 단독성(특이성)의 관계를 통해서 공동체적 관계와 단독성으로서의 존재를 해명하려고 했다. 아주 짧게 표현하자면 '단독성을 사랑하는 공통성'이라고 서술할 수 있다. 이것을 이해하기 위해서는 마치 생태계의 종 다양성과 같은 상황을 떠올려보자. 공동체에서 단독성이 나타나 공통성에 영향을 미치는 것은, 생태계처럼 구성된 공동체적 관계망을 다양하고 풍부하게 만드는 것이라는 점을 이해해야 한다. 보편성이 개별성과 동일화되거나 대립하는 모델로 설명하던 기존 근대의 사유 방식과는 달리, 공동체 내에서 아주 특이한 생각이 나타나거나 특이한 행동이 나타나는 것을 공동체는 아주 좋아하고 자신의 관계망을 풍부하게 만들 수 있고 관계에 활력을 줄 수 있는 것으로 받아들이는 것이다.

더 나아가 공동체적 관계망에서 활동하는 모든 주민들은 이미 단독성의 존재들이며, 모두 특이하고 유일무이한 사람들로서 의미를 갖는다. 단독성 없이 공통성은 의미가 없다. 활동가들이 공동체적 관계망을 말하면서도 결국 보편성의 표상을 생각하고 실천하는 경향을 띠는 것은, 단독성의 존재로서 주민과 활동가를 생각하지 않기 때문에 빚어진 일이다.

회의 자리에서 각각의 단독성으로 인해 이질적으로 조각조각

나고 중언부언하며 느리고 비효율적인 대화가 오간다 할지라도, 공통의 공감대 속에서 일관된 방향으로 향할 수 있는 잠재력이 공동체적 관계망 속에 있다. 만약 회의에 효율성의 잣대를 들이대고 각각의 단독성의 존재들을 틀 지우고 구조화하게 되면 회의는 빨리 끝날지 모르지만, 그것을 직접 해야 할 주체성은 생산되지 않고 자치 역량은 축소된다. 그저 일로 다가오고 실천의 일과표가 짜이게 되는 결과를 낳게 된다. 단독성을 사랑하는 공통성이라는 구도는 마을살이가 어떻게 진행되는지에 대한 스피노자의 스케치라고 할 수 있겠다.

개별성과 단독성의 차이점

마을살이를 개인의 욕구와 이해로부터 시작한다고 생각하는 사람들도 있을 수 있다. 그러나 개인을 생각할 때 개별자로, 마을을 생각할 때 보편자로 생각한다면, '전체의 이해와 이익에 종속된 개인'이라는 생각으로 잘못 나아갈 수 있다. 우리가 군대에서 대오를 형성하고 행군을 할 때 "개별 행동을 하지 마라."라는 명령어를 들었던 기억이 있다. 그것은 학교에서도 마찬가지였다. 설마 마을살이도 이런 군대와 같은 모형에 따라 움직인다고 오해하는 경우는 없을 것이다. 마을은 보편-특수-개별의 변증법적 포섭 모형에 따르지 않는다.

녹색은 적색의 미래다

2012년 〈성미산 마을 축제〉 한마당.

　우리가 어떤 대화를 할 때 '너'와 '나'라는 분명한 개별자로서의 책임 주체를 고수하기 위해서 대화하지 않는다. 우리는 대화할 때 변용하여 상대방 입장이 되고, 경청하여 존재를 분열시킨다. 그래서 너와 나 사이에서 누구 것인지 불분명한 것이 생긴다. 그것을 우리는 소유권이나 책임성을 따지지 않고 공유 자산이라고 불렀다. 집단 지성의 탄생이나 공통 부의 출현은 모두 개별성과 보편성의 공식이 아닌 우리 사이의 문제에서 출발한다. 사실 자본주의의 탄생도 공통 부를 형성하고 있던 도제조합이라는 초기 협동조합의 형태를 배신하면서, 이것은 내 것이라고 주장하기 시작하며 고정관념을 유포했던 초기 자본가로부터 비롯됐다. 근대 자본주의의 옹호자들은 고정관념을 유포하기 위해서 사적 소유를 할 수 있는 개별자로서의 개인을 만들어냈다. 그러나 협동조합이나 마을 공동체에서는 고정관념이 아니라 나도 아니고 너도 아닌 흐름을 만들어냈다.

마을 공동체는 "개별 행동을 하지 마라."라고 말하지 않는다. 공동체는 개별을 모으고 수렴해서 하나의 목소리로 만드는 덩어리진 집단의 공식에 따르지 않는다. 마을은 개별자로서의 개인의 문제를 대변하기 위해 보편성을 수립하자는 문제가 아니라, 세상에 단 하나뿐인 단독성 사이의 관계의 문제이다. 관계 속에서 만들어지고 창안되는 많은 것들은 개별적이지도 보편적이지도 않다. 개별과 보편이라는 공식이 성립하려면 어떤 고정관념으로서의 준거 집단과 기준이 있어야 하는데, 우리 사이에서 만들어지는 것은 기존의 기준과 준거에 따른 것이라기보다는 새롭게 탄생한 특이하고 단독적인 것이기 때문이다.

여기서 마을 공동체는 개별자로서의 개인과 보편자로서의 마을을 등장시키는 방식이 아니라, 두 사람만 모여도 그 사이에서 관계의 흐름이 생겨나기 때문에 마을이다. 그래서 마을은 근린 공간이나 거주지가 아니라 우리 사이에서 만들어지는 관계의 문제이며 무형의 것이 된다.

근대화 과정에서 농촌 공동체를 떠나 도시로 이주해 온 노동자들은 대부분 개인의 자유가 없는 폐쇄적이고 친족적인 관계망으로부터 벗어나기를 원했다. 그들의 머릿속에는 개인성 혹은 개별자로서의 자유가 있었다. 다양한 스토리들이 있다. 월담해서 애인이랑 도시로 도망가 노동자가 된 이야기나, 가출해서 부모로부터 벗어나 노동자가 된 이야기 같은 것이 예이다. 이러한 농촌 공동체의 이미지 때문에 사람들은 마을 공동체를 생각할 때 개인의 자유와 개별성을 생각하게 된다.

　사실 우리가 생각하는 마을 공동체는 유형이면서도 무형의 성격을 갖고 있다. 마을이 관계망으로서 무형적으로 존재하기 때문에, 개인과 전체 간의 수직적 위계와 포획의 틀이 아니라 사람들 사이에서 벌어지는 다양한 관계 맺기를 의미한다. 쉽게 얘기해서, 즐겁게 살고 싶어서 마을인 것이다. 사실 시민으로서의 개인의 자유는 마을 공동체에서는 이미 전제되어 있다. 마치 보편적인 인권을 전제로 해서 생명권이 주장되는 것과 같은 원리이다. 이를 기반으로 하여 마을은 더 나아가 우리 사이에서 만들어지는 공통 자산과 집단 지성을 만들어보자는 것이며, 우리의 단독자로서의 하나밖에 없는 인생의 기쁨을 관계 속에서 느껴보자는 것이다. 그래서 개별-특수-보편의 변증법을 넘어선, 단독성과 공통성의 관계인 것이다.

단독성을 넘어 단독성 생산으로

마을살이를 단독성의 존재들이 만들어내는 사건으로 조명하는 것은, 늘 새롭고 색다르게 사는 마을살이의 활력과 재미를 의미한다. 마을살이는 적당히 자신을 어필하면서도 낮추는 일명 '만두를 빚는 과정'도 있을 수 있고, 아주 새로운 대화 소재를 발견한 나머지 밤새 대화하다가 돌아와 놓고, 다음날 아침 일찍 또 연락하는 'feel 꽂힌 과정'이 있을 수 있다. 유쾌함과 활력, 재미를 통해서 마을 사람들의 단독성의 깊이와 폭에 접속하는 과정은 권투선수 무하마드 알리의 말처럼, '벌처럼 날아서 나비처럼 쏜다'라고도 표현할 수 있겠다.

마을이라는 공동체적 관계망의 활력은 단독성으로부터 나오는 것이지만, 우리 사이에서 단독성을 생산하는 것도 그것 못지않게 중요하다. 사람들을 여러 번 만나다 보면, 익숙한 것 속에서 재현과 표상의 개념들이 생기기 마련이다. 늘 똑같은 주제로 반복해서 대화할 것이 아니라, 둘 사이 혹은 여럿 사이에서 새로운 주제를 놓고 새로운 사고 실험을 한다면, 단독성이 생산되는 체험을 하게 될 것이다. 그러므로 단독성은 존재의 잠재성과 같은 것이 아니라, 우리들 사이에서 생산해야 할 색다르고 세상에서 단 하나뿐인 흐름과 같은 것이다.

단독성(특이성) 생산에 대해서 해명하는 것은 무척 어렵다. 공동체의 무의식적 구성체의 보이지 않는 과정에서 아주 필이 꽂히는

녹색은 적색의 미래다

무언가가 나타나서 새로운 흐름을 만들고 지평을 만들고 주체성을 구성해 내기 때문이다. 그렇기 때문에 우리는 우리 사이에서 새로운 재미와 유쾌함을 줄 수 있는 단독성 생산을 기다리며 설레어 하는 아이와도 같은 존재이다. 우리는 우리 사이에서 만들어지는 무의식의 영역처럼 보이지 않는 영역을 소중하게 여겨서 단독성 생산처럼 생명 에너지가 가득 찬 순간을 만들어낼 수 있는 내부 환경을 조성하여야 한다.

단독성은 존재론적이지만, 단독성 생산은 무엇 되기와 같은 흐름이기 때문에 비표상적이며 보이지 않는 우리 사이에서의 문제이다. 우리들은 편승하고 박자를 맞추어주고 집단의 상상력과 지혜를 모아 호응하는 공동체적 관계망을 통해서 아주 특이하고 유일무이한 것이 불현듯 나타나서 새로운 재미와 흥미를 줄 수 있게끔 해야 한다. 그것을 촉진하는 활동가들은 나비와 벌과 같은 존재이다. 새로운 아이디어가 마을살이에서 부상할 때 아주 재미있는 이미지와 스토리를 입혀서 새로운 상상력을 불러일으킬 수 있는 동네 마법사가 되어야 한다. 그렇게 하기 위해서는 활동가들이 너무 무게를 잡아서는 안 되며, 주민 되기를 통해서 동네사람들의 틈에서 가볍고 위트 있는 이야기꾼으로 자리 잡아야 한다.

단독성(특이성) 생산은 공동체적 관계망이 갖고 있는 시너지 효과이다. 네트워크 이론가들도 이런 부수효과에 대해서 매우 주목하여 왔다. 자본도 탐을 내는 영역인 것이다. 그러나 이러한 단독성 생산이 이루어지는 순간은 구조의 변화만이 능사가 아니라, 우

안전대책 없는 도로 무단 점용을 막기 위해
성미산주민대책위원회가 발벗고 나서고 있다.

리 사이의 관계와 배치를 바꿀 정도의 아주 특이하고 재미있는 문
제 설정과 아이디어의 등장을 의미한다. 재미있어야 한다. 유쾌해
야 한다. 미끄러지듯 사람들의 배꼽을 뒤흔들어야 한다. 그것이 바
로 단독성 생산이 갖고 있는 강력한 힘이다.

마치며: '저기 저편'을 떠나 '지금 여기'로

마을살이는 활동가들의 변신과 창조를 필요로 한다. 활동가들은 주민 되기를 통해서 단독성의 존재가 되어야 하며, 동시에 단독성 생산이라는 공동체 관계망의 내부 혁명을 촉진해야 한다. 문제는 활동가들이 늘 목표 지향적인 '저기 저편'을 보고 있다는 점에 있다. 또 다른 문제는 활동가들이 마을을 익숙한 것으로만 느끼지, 늘 새로운 것으로 느끼지 못한다는 점이다. 이제는 '지금 여기'에서 시작해야 한다. 지금 여기에서의 활동이 재미있고 흥미롭고 새롭다는 것에서부터 출발해야 한다. 그것을 어렵게 단독성이라고 표현한 것이다.

이 글은, 세상은 재창조될 수 있으며 마을살이는 늘 새로운 사건과 세상에 단 하나밖에 없는 존재들과의 마주침이라는 점을 말하고 있다. 그러기 위해서는 우리들 각자가 부드러움과 유쾌함을 갖고 '학처럼 우아하게, 나비처럼 가볍게' 움직여야 한다. 우리들 각자의 대변신을 기대하면서, 세상에 단 하나뿐인 '지금 여기' 이 순간에 졸필로 쓰인 이 글을 읽어준 것에 대해 감사한다.

이 글은 2012년도 〈성미산 마을 기초 연구 조사 사업〉을 하면서, 모임 중간마다 메모하고 기록해 놓은 단상을 정리한 결과물이다. 성미산과의 접속은 '짱가'와 '갈숲' 등의 마을사람들과 만나면서 시작되었다. 나는 처음부터 성미산 마을을 있게 했던 관계망에 대해서 흥미를 갖고 있었으며, 아주 보이지 않는 관계망을 연구하겠다고 두서없이 나섰다. 그러나 문제는 질적 방법론이나 양적 방법론을 통해서 관계망 자체에 대한 연구에 도달할 수 없다는 점이었다. 이런 난관 앞에서 주저하고 망설이고 있었으며, 척도나 방법론 없는 연구 과제를 앞에 두고 하염없이 시간만 보내고 있었다. 그러나 짱가와 갈숲 등과의 만남 자체가 갖고 있는 공동체적 관계가 연구의 태도와 성좌에 조금씩 변화를 주어, 객관적인 재현이나 반영의 태도가 아니라 관계 속에서의 활동과 연구가 다르지 않다는 점을 발견했다. 그런 다음에는 내가 이 모임에서 맺고 있는 관계 역시도 성미산 마을의 관계망의 영향하에 있었기 때문에, 나는 모임이 갖고 있는 관계 자체를 연구하려고 했다. 그 결과 공동체적 관계망에 대한 스케치라고 할 수 있는 이 글이 나왔다. 당시에는 집단 지성과 생태적 지혜 간의 차이를 구분하지 했던 터라 아직 단상적 수준에 머물고 있다. 이 글은 〈2012년 성미산 마을 기초 연구 조사 사업 보고서〉에도 함께 실렸다.

3장

공동체의 관계망은 생태계와 닮아 있다
—성미산 마을과 공동체 관계망

아주 작은 출발점에서부터 마을은 시작한다. 내가 나를 버리고 나를 내려놓고 너와 가까이
가려는 것에서부터 작은 공동체가 출발한다는 점이 성미산 마을에서 발견되며, 그것을 토대
로 다양한 일, 사업, 놀이가 만들어졌다는 것을 발견할 수 있었다.

들어가며: 마을 공동체의 관계망 지도 그리기

성미산 마을은 서울시의 마을 만들기의 모델로까지 이해되고
있을 정도로, 도시에서 공동체적 관계망을 만든 몇 개 안 되는 좋
은 사례이다. 성미산 지역에서 마을의 관계망이 구체화된 것은 성
미산 투쟁(2001년도부터 시작된 서울시 배수지 건설에 맞선 성미산 지
키기 투쟁)과 마을 축제(2002년부터 시작된 성미산 마을 축제)를 경유
하고 나서였다. 그러나 그 이전에도 생활협동조합을 중심으로 한
관계망이 씨앗 한 톨처럼 존재했으며, 또한 공동 육아와 대안 학교
에 대한 움직임이, 느리지만 있었다. 그러나 마을의 관계망이 확산
되고 공동체로서 활짝 꽃피우게 된 것은 성미산 개발 사업에 대한

이슈가 발생하면서부터였다. 사람들은 공동의 행동을 하고 공통의 관심사를 만들기 시작했다.

성미산 마을의 관계망은 '지층학'적인 방식만으로 포착될 수 없다. 다양한 세대와 계층, 계급이 모여 살지만 지층에 따라 배치되는 것이 아니라, 지층을 횡단하는 움직임이 늘 있었기 때문이다. 외부에서 성미산을 중간 계급의 '그들만의 리그'로 보는 것은 하나의 응고된 지층 내에서의 행동으로 이를 파악하고 규정하기 위한 것이다. 지층에 따라 관계망을 파악하는 것은, 한때 유행했던 '계급론'과 같이 지층 내의 행동이 지층 밖의 행동에 대해서 융기, 습곡과 같은 밀어내기와 당기기라는 힘의 역학 관계를 통해서 영향을 준다는 '헤게모니론'을 정당화하는 것이다. 그러나 성미산 마을 관계망을 규정하는 데 있어서 중간 계급론과 같은 지층론에 입각한 판단은 지층을 넘어서 내부를 자기 생산하고 외부에 열린 관계로 접속하려는 다양한 시도들에 대해서 평가절하하고 획일적으로 재단하는 것이다.

성미산 마을 관계망은 마치 생태계가 연결되고 관계 맺는 것처럼 복잡한 관계 성좌를 만들어냈다. 그리고 그 내부의 움직임은 어떤 하나의 이론이나 지식에 의해서 규정될 수 있는 것이 아니라, 다양한 접촉 경계면 속에서 다극적, 다의미적, 다지시적, 다실체적인 것으로 바뀌었다. 마을의 관계망을 산술적 합산으로 사고한다면 500명 혹은 1,000명이라고 묶어서 계산할지도 모른다. 그러나 우리가 술자리에서 2명이 모이는 것과 3명이 모이는 것이 다르듯이 다질적인 숫자의 관점에서 보면 어떤 집단으로 모이고 어떻게 조합하는가에 따라 다양하게 성격을 바꿀 수 있는 복잡계로 진입하였다.

공동체 관계망이 무한한 조합을 만드는 것은 스피노자의 범신론의 구도를 생각하게 한다. 스피노자는 그의 책 『에티카(*Ethica*)』에서 유한한 것들이 결합되어 변용 양태를 이룸으로써 무한으로 진입하는 구도를 그려냈다. 이것은 공동체적 관계망의 부분들 각각은 유한하지만 어떻게 결합되는가에 따라 그 조합이 무한하다는 것을 의미한다. 골방에서 철학자가 생각 속에서 무한으로 진입할 수 있다는 변신론과 절대적 관념론을 주장했던 독일 관념론자 헤겔이 이러한 스피노자의 공동체 사상을 끌어다가 머릿속에서만 무한으로 이행하는 것을 꿈꾸었던 것은, 공동체의 무한 변이 가능성에 대해서 사고하지 못했기 때문이다.

성미산 마을을 장소적 의미에서 공동의 거주 공간으로 사고하는 것 또한 가능하다. 장소와 거주지를 기반으로 한 영토성이 집단의 리듬과 화음을 만들어낸다. 이것이 일반적인 공동체의 기본적인 구도이기 때문이다. 그럼에도 불구하고 성미산 마을의 경우 다른 지역으로부터 이동하고 교직되는 사람들이 많아지고 있으며, 정서적이고 심리적인 공간의 의미가 깊어지고 있다는 측면에서 행정구역과 같이 규격화된 공간이 아니라 규격화로부터 벗어나서 주변으로 전염되고 확산되는 공간이 되었다. 마치 하루에 100킬로미터를 이동하는 돌고래가 그 드넓은 영역을 자신의 공간으로 느끼듯이, 성미산 마을의 범위는 활동의 영역이 어디까지인가에 따라 결정된다.

성미산 마을이 어디까지인가라는 지점은 공동체 영토가 갖고 있는 내재성의 차원을 보여준다. 생활 공간이라는 일차적인 특징이 있기는 하지만, 생활 자체가 어떤 차이 나는 반복에 의해서 이루어지며, 집단의 관계망의 화음을 따른다. 영토는 거주지이지만, 풀뿌리가 땅 밑에서 얽히듯이 생활 연관을 복잡한 그물망으로 만들고, 거기에 음악적 요소를 집어넣는다. 성미산 마을이 어디까지인가라는 부분은 유형과 무형을 횡단하는 화음과 리듬의 실존에서만 판단할 수 있다.

성미산 마을의 관계망이 작동하게 되는 것은 육아와 문화, 교육 때문이라고 생각하는 경우가 많다. 그에 따라 개인의 필요나 욕구에 따라 모이고 움직이는 관계망으로 성미산 마을을 정의할 수도 있다. 그러나 문제는 개인의 욕구와 필요가 관계망 자체를 성립시킬 수 있는 성격의 것인가라는 점이다. 관계는 나도 아니고 너도 아닌 공통의 것을 만들어나가고, 정서, 무의식, 욕망의 흐름을 만들어 나가고, 집단적인 지성에 따라 움직이는 것이다. 그러므로 개인의 필요와 욕구는 최초의 동기였을 수는 있지만 진정한 관계망의 동역학을 의미하는 것은 아니다. 집단 사이에서의 흐름의 발생은 개인의 점을 사라지게 하는 선의 연속을 의미하기 때문이다.

또한 성미산 마을이 추구하는 가치에 대해서 빼놓을 수 없다. 성미산 마을에서는 경쟁과 비교, 차별 등으로 이루어진 승자 독식 문

녹색은 적색의 미래다

화에 기반한 교육과 문화가 아니라, 대안 교육, 생태적 가치, 공동체의 가치에 따라 움직인다. 그래서 자본주의적 가치 질서와 통속적인 삶을 넘어서려는 생각이 관계망 내부에서 보이지 않게 작동하고 있다. 사실 자본주의가 유지되는 것은 고정관념에 의해서이다. 상품, 화폐, 자본 등도 사실 고정관념을 통해서만 작동할 수 있으며, 주체, 지식, 국가와 같은 핵심적인 구성 요소 역시도 고정관념에 불과하다.

성미산 마을의 다양한 마을 기업, 협동조합, 대안 교육 시설 등은 고정관념을 넘어서서 사람들 사이에서 관계성을 강조하는 측면이 강하다. 사람들 사이의 관계는 정서, 욕망, 무의식의 흐름을 만들고 서로 변용되게 하며, 어떤 고정관념이 들어설 자리가 없도록 만든다. 자본주의 가치 체계가 갖고 있는 고정관념 틈에서 관계망의 탈고정관념적인 요소가 자리 잡아 대안적인 가치 체계를 만든다. 프랑스 철학자 펠릭스 가타리는 의미가 고정되어 있는 기표화된 자본주의와 다의미적이고 도표적인 공동체를 비교하면서, 고정관념에 맞서는 대안 운동을 사고했다. 기표는 'A＝A'라는 고정관념이라면, 도표는 A는 B일 수도 C일 수도 D일 수도 있는 것이다. 도표는 일종의 공동체적 관계망 속에서의 흐름과 변용인 것이다. 성미산 마을에서는 마치 생태적 그물망처럼 이루어진 사람들 사이에서의 관계가 새로운 사업을 만들고, 일을 만들고, 놀이와 문화를 만든다. 이러한 것들은 고정관념에 의해서 어쩔 수 없이 해야 하는 규격화된 일과 사업들이 아니며, 자본주의적 가치 체계에 종속되어 있지 않다.

최근 성미산 마을의 인큐베이터 역할을 했던 〈마포두레생협〉이 성장하면서 관계 기반을 잃고 있다는 내부의 자성의 움직임이 있다. 그 이유는 공동체적 관계망이 사실상 자본주의를 작동시키는 고정관념으로부터 탈피할 수 있는 무의식, 욕망, 정서 등의 흐름을 만들기 때문이다. 성미산 마을에서 벌어지는 다양한 일과 사업들이 대부분 협동조합과 같이 관계를 강조하는 영역으로 배치되었기 때문에, 거기에 참여하는 사람들로 하여금 생각하게 만들고 마음을 움직이고 신경 쓸 수밖에 없도록 만든다. 자본주의의 통속적 삶을 살아가는 사람들의 '귀차니즘'과 '자동주의'와 같은 영역이 들어설 자리가 없는 것이다. 자치적인 너와 나 사이에서의 움직임이 강조되기 때문이다. 이러한 관계의 문제가 성미산 마을에서 가장 중요한 영역이며, 공통성과 특이성이 교차되는 영역인 것이다.

마을, '나'와 '너'가 없는 관계, 사이, 흐름

서울시에서 마을 만들기가 진행되면서, '마을이란 무엇인가?'에 대한 궁금증도 많아진 상황이다. 마을이 중요해진 이유는 자본주의의 성장주의가 불가능해진 상황에서 공동체적 관계망에 유한한 자원을 순환시켜 관계망 자체를 발전시키는 내포적 발전 단계로 진입하여야 하기 때문이다. 발전과 성장은 분명히 구분되어야 하

녹색은 적색의 미래다

며, 관계 자체가 발전하는 것과 실물적인 외연이 성장하는 것은 분명히 구분되어야 한다. 양극화와 빈곤, 경쟁의 격화 속에서 자본주의 내에서 내포적 발전이라는 새로운 전망이 중요해져서 공동체를 육성하고자 하는 제도적인 틀이 생겨나고 있다. 내포적인 발전에서 중요해진 것은 협동과 살림의 경제를 작동시킬 마을이라는 장소성이자 영토성이다. 그래서 마을은 사회적 의미뿐만 아니라, 대안 경제의 의미에서도 중요해진 상황이다.

내포적 발전의 측면에서 볼 때 성미산의 내부 자원인 돈, 에너지, 먹거리 등은 외부에서 내부로 들어오지만, 이 유한한 자원을 순환시켜서 시너지 효과를 만들 수 있는 관계망이 내부에 있는 것으로 생각된다. 유한한 자원의 순환은 어떤 사람에게 A였던 자원이 또 어떤 사람에게 B가 되어 A보다 시너지를 가질 수 있도록 해 준다. 지역 순환 경제나 재래시장의 순환 원리 등에서 살짝 보이는 이런 유한 자원이 순환되어 시너지 효과를 갖는 측면은 성미산 마을에서는 아주 핵심적인 경제적 움직임으로 나타난다. 각각의 마을 기업과 협동조합은 마을 차원에서 내부자 거래를 하면서 유한한 자원인 마을의 화폐의 순환을 작동시키며 운영의 여백을 만들어낸다. 이것을 마을금고로 발전시키고자 하는 움직임도 보인다는 점은 내포적 발전의 좋은 사례임을 보여준다.

마을이 성립하려면 일단 관계망 자체가 직조되어야 하는데, 그것은 의식적으로 만들어낼 수 있는 영역이라기보다는 자율과 자치의 풀뿌리에 기초해야 한다. 풀뿌리는 유한하며 국지적인 영역에서 생활 연관에 기반해서 관계를 성립시키는 것이다. 이러한 관계망은, 나도 아니고 너도 아닌 공통의 것을 발생시킨다. 자본주의가 성립될 때 나와 너를 구분하여 시민적 개인을 등장시켰던 것은, 사적 소유를 정당화시킬 고정관념이 필요했기 때문이다. 관계는 나와 너 사이에서 공통의 부와 공유 자산을 만들어내고, 집단 지성을 만들고, 공감대를 만든다. 그것이 누구의 것인가가 불분명하기 때문에 마을의 것이 된다. 이러한 정서적이고 유대적인 관계 맺기가 있었을 때에야만 마을의 관계망에서 공통의 것이 생성된다. 성미산 마을의 공통의 것에서는 다양한 스토리가 있고, 느낌, 정서, 욕망이 있기 때문에 국가주의적인 공통의 것과는 성질이 다르다.

성미산 마을의 경우에도 잘 나타나 있지만 마을의 공동체적 관계망이 만들어내며 창안하는 일과 놀이와 사업들이 구체적으로 실물화되어 있어서, 마을 외부의 사람들은 보이는 것만 보고 그것을 따라 하거나 이식하거나 모델화하면 된다고 지레 생각하게 된다. 예를 들어 〈성미산 밥상〉과 같은 곳을 벤치마킹하여 비슷하게 만들어보려는 생각을 가질 수도 있다. 그러나 보이는 시설이나 기구가 전부가 아니라 그것을 가능케 했던 관계망이 만들어내는 창발적인 원동력이 더 중요하다. 마을 구성원들은 나의 것, 너의 것을 따지지 않고 나와 너 사이에서 만들어지는 공통의 것을 위해서 활동하고 실천했다. 그리고 이러한 관계의 차원이 가능했던 것은 정서, 무의식, 욕망이 자연스럽게 흘러가서 고정관념을 넘어서고 공감대를 형성했기 때문이다.

녹색은 적색의 미래다

성미산 마을의 구성 과정과 사업 진행 방식은 풀뿌리의 방식을 따르고 있으며, 나와 너 사이에서 만들어지는 새로운 활력과 생명 에너지를 끊임없이 수혈받고 있다. 그래서 사람들은 일단 만나서 대화하고 놀고 마시면서 관계 속에 발생되는 사이 영역(in between)의 능동적인 원천을 끌어올렸던 것으로 보인다. 성미산 마을 사람들이 자주 가는 아지트와 술집에서 이러한 일들이 구상되었던 것으로 보이는데, 이러한 관계의 장소조차도 〈작은나무카페〉라는 새로운 영토를 개척해 냈다.

'나'와 '너' 사이를 '우리'라고 규정하면 될 텐데, 왜 '사이'라고 했는가라는 지점에 의문이 들지도 모르겠다. 우리라고 하면 또 하나의 '나'나 '너'의 확장 영역이 되어버린다. 성미산 마을 공동체에서는 '사이'의 능동적인 힘을 끌어올리기 위해서 "저 사람은 어떤 사람이야.", "저 사람 집의 숟가락 숫자까지 안다니까."라는 방식으로 뻔한 사람으로 간주하는 것이 아니라, 창조적이고 생산적인 잠재력을 가진 이 세상에 단 하나밖에 없는 사람으로 간주하고 늘 새롭게 관계를 재창조해 내는 관계망의 특징을 보여준다. 물론 의견 충돌과 마찰, 불화와 같은 영역도 관계 속에서 있었지만, 대부분의 사람들은 상대방의 능동적인 잠재력을 긍정하면서 관계를 형성한다. 이러한 성미산 마을의 관계 속에서는 특이함이 공동체의 관계망을 풍부하게 만드는 데 도움이 된다는 구도로 작동한다. 그래서 특이함이 배제와 왕따의 영역이 아니라 모든 자리에서 환영받는다.

그렇기 때문에 대부분의 성미산 마을의 사업이나 일은 누가 누구와 만나 놀고 대화하다가 만들어진 것이거나 사이의 정서, 욕망이 강렬해졌을 때 구체화된다. 그래서 누구 한 사람의 기획이거나 머릿속에서 나온 것이라기보다는 사이 공간(between space)의 강렬도에 따라 무언의 춤을 추는 것처럼 생성되고 창발된 것들이다. 그래서 성미산의 관계망은 단 한 사람의 특출한 기획자에 의해서거나 뛰어난 지식인에 의해서 만들어진 것이 아니다. 공동체의 '관계'와 '사이'에서 만들어지는 것은 수많은 지식인, 혁명가가 품었던 대중에 대한 계몽주의와 자동주의 모델을 무력화하고, 대신 소박하고 재미있는 자치와 자율의 풀뿌리 정신을 뿌리 내렸다.

어떤 사람이 "마을이 무엇입니까?"라고 어려운 질문을 던진다면, 나와 너 사이라고밖에 할 수 없다. 또한 나와 너의 이진법은 확산되어 다면적인 관계로 바뀌며 풍부해진다. 마을은 시설, 구조물, 가게나 건물이 아니라, 우리의 관계 자체가 만들어내는 창조와 생성의 그물망일 뿐이다. 마을 외부의 사람들이나 자치단체 사람들은 "성미산 마을의 비밀이 어디에 있을까?" 궁금해하거나 "쉽게 따라하면 되겠지!"라는 생각을 갖곤 한다. 그러나 자신이 생활 연관을 갖고 있는 삶의 영토 속에서 나와 너 사이를 창조적이고 생산적인 관계망으로 만드는 것에서부터 출발하지 않으면 사실상 마을은 성립 자체가 불가능하다.

1980년대 현장 운동을 했던 활동가들은 코뮌과 공동체가 자치와 자율이라는 입장에서 동일선상에 있다는 것을 금방 눈치 챌 것이다. 그러나 코뮌은 자본주의의 고정관념에 맞서기 위해서 또 하나의 고정관념이 되어 버린 경향이 있다. 사실 코뮌 자체가 자본주의적인 고정관념에 맞서 관계 속에서 공통의 것을 만드는 흐름이 움직이는 공간이었다는 점은 복권되어야 할 것이다. 여기서 속류화된 마르크스주의자들의 실천 방식이 고정관념에 따라 움직이는 기표적 방식인 경우가 많고 나와 너 사이에서 고정관념으로부터 벗어난 도표화된 방식이 아니라는 점도 좌파의 퇴조에 큰 영향을 주었다.

관계망에서의 집단 지성, 공통 자산, 공감대

성미산 마을의 〈마을극장〉이나 〈사람과 마을〉과 같은 공간은 마을의 관계망이 만든 집단 지성의 산물이다. 그곳에서는 마을 사람들이 움직이며 머무르고 생각을 공유하고 창작물을 발표하고 공감대를 형성한다. 집단 지성은 내 것도 아니고 네 것도 아닌 공통의 것으로서의 지성의 원천을 의미한다. 집단 지성은 인터넷에서의 위키피디아 백과사전과 같은 영역에서만 있는 것이 아니라 공동체적 관계망에도 존재하며, 그 역사가 인터넷보다도 훨씬 길다. 최근의 네트워크 이론의 부흥은 공동체적 관계망에서 집단 지성, 정서의 흐름, 공유 자산이 생겨나는 것에 탐을 내는 시장의 요구에 부응하는 것이기도 하다. 이른바 '코드의 잉여가치'라고 불리는 영역은 관계 속에서 발생되는 흐름을 잉여가치화 하려는 시도이다. 자본은 공동체적 관계망 속에서의 정서, 욕망, 관계망의 흐름이 공통의 것을 만드는 힘의 원천이 아니라, 약간의 활용과 착취를 통해서 새로운 잉여가치를 약탈하는 영토로 삼으려고 한다. 자본주의의 입장에서 내포적 발전이나 코드의 잉여가치 등이 전망으로 제출되는 것도 나름 이유가 있는 것이다. 기업들도 어느새 공동체를 따라하려고 한다. 관료화된 기능 연관에 따라 배치되어 있는 직급, 위계 등을 벗어버리고 재배치하여 수평적인 팀제와 같이 관계망을 만들어서 공동체적 관계망을 흉내 내려고 한다. 이것은 기업조차도 공동체적 관계망이 갖고 있는 시너지 효과에 주목하기 때문이다.

생태계는 연결됨으로써 시너지 효과를 갖는다. 예를 들어 따로 떨어져 있는 나무 100그루보다 서로 연결되어 있는 나무 50그루가 숲 생태계를 구성하여 내부 환경을 만들고 다양한 동식물의 서식지가 될 수 있는 것과 같다. 네트워크와 같은 전자적 생태계에서는 욕망, 정동, 무의식의 흐름이 직접적인 관계에 의해서 발생될 가능성이 극소하다. 그래서 최대한 코드화된 집단 지성의 형태로 나타날 뿐이다. 그러나 공동체는 코드화된 형태보다는 리듬과 화음을 가진 영토 속에서 집단 지성을 만든다. 이런 의미에서 성미산 마을의 집단 지성은 이러한 인터넷 상의 집단 지성과는 차이가 있다. 그것은 유대적이고 공감적인 관계망 속에서 정서의 흐름과 관계 속의 강렬도를 갖고 있는 집단 지성이다. 물론 누구의 지성인가는 불분명하지만 그것을 발생시켰던 공동의 대화와 소통, 느낌이 유지된다. 액체 근대를 주장하는 바우만(Zygmunt Bauman)의 경우, 인터넷이 감수성에 입각한 관계망을 상실하여 도덕감의 상실과 가상적 관계의 풍요 속에서도 고립되고 소외된 주체성을 낳는다고 진단한다. 성미산 공동체의 경우에는 공감대와 감수성에 입각한 공동선이 내부에 자리 잡고 있고, 전자적 관계망이 갖고 있는 한계를 넘어서서 생태계를 닮은 관계망의 화음과 리듬을 갖고 있다.

성미산 마을에서 협동조합은 기본 구도라고 할 만큼의 중요한 토대라고 할 수 있다. 협동조합의 살림과 협동의 경제는 공통 자산을 너와 나 사이에서 만들어내며 그것을 발전시킨다. 공유 자산(common property)을 공통 부(common wealth)라고 규정한다면 어휘상의 혼란에 빠질 수 있다. 공통 부 자체가 국가주의 영역으로 포획된 개념이기 때문이다. 그러나 협동조합의 공유 자산은 사적 소유에 입각한 고정관념으로부터 벗어나 공동체 관계의 발전을 추구한다는 본질적인 측면에서 매우 긍정적이다. 한때는 공유와 소유를 구분하는 입장이 대세였지만, '공유＝국가 소유＝공통 부'라는 고정관념이 생겨나서 너와 나 사이에서 만들어지는 공유 자산이라는 입장이 많이 사라져 버렸다. 문제는 공통의 것을 볼 때 '사이'와 '흐름'이 작동하는 관계 속에서 파악해야 한다는 점이다.

최근 〈마포두레생활협동조합〉의 경우에는 다시 관계의 차원으로 돌아가는 작업을 진행하고 있다. 협동과 살림의 경제는 관계를 기반으로 해서 발전하지, 외연적 성장과 확장을 통해서 발전하지 않기 때문이다. 협동조합이 자본의 법칙에 따르기 시작하는 때는 공동체적 관계망으로부터 벗어나서 시장의 법칙에 따라 경쟁하고자 하여 내부적으로 화석화되고 구조화된 고정관념을 재생산하기 시작할 때이다. 형식화된 총회와 조합원 간의 상투적인 간담회와 친환경 상품 판매에 머무르는 생태적 마인드를 통해서 협동조합은 자본의 재구조화의 유혹에 빠져든다. 심지어 외연적 성장이나 규모의 경제가 협동조합을 끌어들여서 자본주의의 '코드의 잉여가치'로 포획하는 것이다. 결국 협동과 살림의 경제는 마을의 공동체적 관계망을 어떤 방식으로 만드는가에 따라 평가될 수밖에 없다.

성미산의 공동 육아와 대안 교육은, 아이들이 공동체적 관계망 속에서 돌봄과 대안 가치를 습득하고 마음 놓고 지낼 수 있다는 점 때문에 마을의 기초가 되었다. 공동체적 관계망은 돌봄, 모심, 보살핌, 섬김, 살림과 같은 정동적 측면을 갖고 있다. 그래서 공동체 하면 돌봄과 치유의 관계망이라고도 한다. 성미산 마을에서는 공동체 관계망의 정동적 측면에 입각해서 치유와 마음 건강을 추구하는 문화 공간이나 〈마포희망나눔〉과 같은 어르신을 돌보는 사업 등이 진행되고 있다. 아이들에 대한 공동 육아와 대안 학교도 큰 범주에서는 이러한 공동체적 관계망이 갖고 있는 돌봄과 치유의 영향력 내로 아이들을 두기 위한 부모들의 바람이 깔려 있다. 우리는 정동 노동과 감정 노동의 차이점에 대해서 주목해야 한다. 정동 노동은 누구를 돌봄으로써 자신의 사랑이 더 증폭되는 긍정적인 효과를 갖고 있지만, 감정 노동은 자신의 감정을 감추고 단순히 피상적인 영역에서 다른 감정으로 서비스하는 것이다. 이 미묘한 차이에는 관계망의 요소가 있다. 정동 노동은 공동체적 관계망 속에서 대안적으로 만들어질 수 있지만, 그것이 관계로부터 벗어나 기능만 남는다면 감정 노동으로 순간 돌변할 수 있다. 그렇게 되면 자본주의의 고정관념으로부터 한 치도 벗어난 것이 아니며 자본주의적 가치가 생산된다. 성미산 마을의 경우에는 공동체적 관계망에 입각한 정동 노동의 방향성 속에서 사업과 일이 벌어지고 있으며, 그것의 힘과 활력의 원천이 마을 공동체의 관계망이라는 점은 분명하다.

이러한 공동체의 관계망 속에서 정동의 원천은 문화이다. 〈성미산 마을극장〉은 가족생활과 일과 사회적 사건을 극화시키고 공연으로 만들어서 생각의 경로를 개척할 수 있도록 하며, 또 행위자 자신의 관계망의 동력을 찾고 자기 자신을 생산하게끔 만들어준다. 다양한 문화 동아리의 역할은 세련된 고급 문화나 프로 정신을 갖는 것이 아니라, 자기 자신의 정동을 생산하기 위한 관계망의 일부라는 측면이 강하다. 이러한 공동체 문화는 정동, 무의식, 욕망의 흐름을 너와 나 사이에 흐르게 만들어 사랑과 욕망의 순환과 재생을 만들어낸다. 이러한 문화는 자본주의의 통속적 문화를 소비하게끔 만드는 기존 문화를 넘어서 있는 문화 관계망의 생산이라고 규정해야 할 것 같다. 문화는 그저 소비되고 유통되는 것이 아니라, 너와 나 사이에서 만들어지고 관계망을 풍부하게 만드는 소재와 이야깃거리가 된다. 그래서 이러한 공동체 문화는 활력이 충전되고 어깨가 들썩거리고 즐거워지는 원천이 된다. 결국 이러한 문화가 관계의 차원에서 벗어나 물신화된다면 자본주의의 고정관념을 재생산하며 소비자로 전락시키는 역할을 할 것이다. 그러나 성미산의 마을 문화 운동과 동아리들은 관계 속에서의 문화 생산의 움직임이며 공감대에 입각한 정동의 흐름을 의미한다.

성미산 마을의 남겨진 숙제들

성미산 마을에서는 성인식이 매년 한 번씩 있다. 성미산 학교 출신의 젊은이가 대학생이 되고 20대가 되는 소회를 밝히는 시간이다. 성미산 마을에서 한 가지 아쉬운 점은, 마을 공동체가 청년 세대를 받아들이며 관계 속으로 이들을 결합시킬 수단과 작동을 갖고 있지 못하다는 점이다. 청년들이 바로 자기 자신을 관계 속에서 다시 만들 수 있도록 디자인된 마을의 관계망이 없다는 점은 성미산 마을이 앞으로 풀어가야 할 숙제이다. 젊은이들의 결합은 마을 공동체적 관계망에 활력과 기쁨을 줄 것임에 분명하며, 외부에 대해서 열린 공동체의 질서를 구성할 수 있도록 할 것이다. 그러나 20대의 문화적 해방구인 홍대 앞과 성미산 마을 사이에는 거대한 간극이 있다. 이에 대한 접속과 이질 생성은 또 하나의 과제일 것이다.

그럼에도 불구하고, 성미산 마을이 성립 가능했던 것은 나와 너 사이에서의 관계 맺기와 정동, 무의식, 욕망이 흐르게 만들고, 자본주의적 문화의 고정관념으로부터 탈피하고, 네 것과 내 것을 나누는 소유의 고정관념으로부터 벗어나 공유 자산을 만들어 갔기 때문이다. 그것의 출발점은 너와 나의 구분을 넘어선 그 사이에서의 공감과 소통의 힘이었다고 할 수 있다. 아주 작은 출발점에서부터 마을은 시작한다. 내가 나를 버리고 나를 내려놓고 너와 가까이 가려는 것에서부터 작은 공동체가 출발한다는 점이 성미산 마을에서 발견되며, 그것을 토대로 다양한 일, 사업, 놀이가 만들어졌다는 것을 발견할 수 있었다. 관계의 위력은 어떤 고정관념으로부터도 벗어나 공동체의 구성원으로 하여금 늘 새로운 사람들로 다시 만들어주고 세상을 재창조하게끔 하기 때문일 것이다.

2부

배치와 관계망,
그 희망과 두려움 사이에서

이 글은 소셜 미디어에 대한 관심이 높아지기 시작한 2010년 3월에 서술되었다. 소셜 미디어에 대한 세간의 폭발적인 관심에도 불구하고, 그것이 어떤 이유에서 작동하는지에 대한 인문사회적인 성찰은 부족한 편이어서, 실험적으로 마투라나/바렐라의 오토포이에시스 이론과 소셜 미디어를 연결시켜서 그 작동 원인을 살펴보는 작업을 해보았다. 오토포이에시스는 자기 생산을 의미하며, 참여와 자율, 생성의 원동력이라고 할 수 있다. 그래서 펠릭스 가타리는 오토포이에시스를 기계의 자기 본성으로 보았는데, 그 이유는 사회와 집단 내부에서 기계 작동처럼 움직이는 제도나 관계망, 기구 들은 바로 자기 자신을 생산하기 위한 활동이 대부분을 차지하기 때문이다. 국가주의 기획은 대부분 재생산을 위한 것이라면 자율에 따르는 기획은 자기 생산을 목적으로 갖는다. 이 글은 매우 실험적이지만 사유의 지평을 확대하여 색다른 창을 통해 소셜 미디어를 바라볼 수 있게한다는 장점을 갖고 있다. 이 글은 경희사이버대학 사이버사회연구소 학술 웹진 〈social 2.0〉에도 수록되었다.

1장

SNS를 하는 이유가 도대체 뭐야?
―오토포이에시스와 소셜 미디어

오토포이에시스는 바로 자신을 위한 활동이기 때문에 동기가 분명하지만 자기 자신에게만
머무는 것이 아니라 자발적이고 역동적인 집단적 활동의 원천이 된다.

들어가며: 우리는 누구를 위해서 웹에서 활동하는가?

소셜 미디어의 커뮤니케이션 현상에 대한 분석을 다룬 책들이
쏟아지고 있고, 소셜 미디어가 형성하는 독특한 주체성 생산의 상
황을 분석하려는 시도가 수도 없이 있어 왔다. 그러나 의사소통의
행위 원인에 대한 설명은 매우 작은 부분을 차지하고 있으며, 그렇
기 때문에 왜 웹이 삶의 일부가 되고, 참여 대중을 만들고 있는가
에 대한 설명은 빈약하다. 트위터나 페이스북 등 소셜 미디어에 참
여하고 있는 수많은 사람들은 왜 그러한 소통 방식에 삶을 배치할
까? 현대를 살아가는 사람들의 실존 범위는 매우 넓어졌으며, 유
형의 물리적 현실만이 아니라 무형의 가상현실조차도 횡단하여 살

아간다. 그러나 접속하고 정보를 생산하는 행위까지의 행동역학에 대한 설명을 위해서라면 새로운 철학적 성찰이 필요하며, 그것이 오토포이에시스 이론에 주목하는 이유이다.

오토포이에시스는 무엇인가?

"우리는 누구를 위해서 말을 하는가?" 커뮤니케이션이 자기를 생산해 내기 위한 것이라고 지적한 사람은 루만(Niklas Luhmann)이었다. 루만은 '오토포이에시스'라는 개념을 통해서 커뮤니케이션 현상을 분석한다. 움베르토 마투라나(Humberto Maturana)와 프란시스코 바렐라(Francisco J. Varela)가 언급한 생명 현상으로서의 오토포이에시스, 다시 말해 '생명은 자기를 생산하기 위해서 주로 활동한다'는 기본적인 발상은 소셜 미디어 환경을 이해하기 위한 기초라고 할 수 있다. 오토포이에시스(autopoiesis)는 autos(자기)와 poiein(생산하다, 창조하다)의 결합어로서 생명체에 있어서 대부분의 에너지와 영양소가 자기 자신의 세포, 살, 뼈, 피부를 만드는 데 쓰이는 것을 설명하는 개념이다. 마투라나와 바렐라의 오토포이에시스 이론을 계승한 루만은 사회 시스템과 커뮤니케이션 이론으로 이것을 확장하였다. 루만에 따르면, 웹상에서든 현실에서든 우리가 말하고 글을 쓰는 이유는 바로 자신을 생산하기 위한 것이다.

웹에서의 오토포이에시스 현상은 웹 자체의 활동이 무엇을 위

녹색은 적색의 미래다

한 것인지에 대한 근본적인 질문을 던진다. A라는 사람이 트위터에서 팔로어가 되고, 페이스북에 글을 쓰고 댓글을 다는 등 소셜미디어 활동을 왕성히 했다고 하자. 사람들은 묻는다. "왜 그렇게 열심히 소셜 미디어에서 활동하지?", "무슨 특별한 이유라도 있을까?" 그러나 이러한 질문은 웹-소셜 미디어 활동을 구성하는 이유자체에 대한 무지에서 비롯된다. 사람들이 활동하는 이유는 바로소셜 미디어의 공간에서 형성된 자기 자신을 생산해 내기 위해서이다.

집단적 오토포이에시스 행동역학

오토포이에시스는 바로 자신을 위한 활동이기 때문에 동기가 분명하지만 자기 자신에게만 머무는 것이 아니라 자발적이고 역동적인 집단적 활동의 원천이 된다. 소셜 미디어에서 글들은 자기 생산적이면서도 복수의 집단을 자기 생산하는 원천이 된다. 오토포이에시스가 어떤 한 사람의 차원에서만 이루어진 것은 아니다. 다양, 여럿, 복수의 성격일 경우에는 완전히 다른 하나의 차원이 열린다. 복수의 오토포이에시스는 우발적인 개별의 오토포이에시스의 혁신에 의해서 변화한다. 시스템이 상호 연결되어 있기 때문이다.

소셜 미디어 속에서는 모든 사람들이 늘 날마다 새로운 주인공이 될 수 있으며, 소셜 미디어는 또 하나의 생활공간이다.

소셜 미디어는 복수의 오토포이에시스 현상이며, 수많은 주인공들이 만들어내는 서사 구조를 갖고 있다.

커뮤니케이션이 자기 자신을 생산해 낸다는 루만의 체계 이론은 소셜 미디어의 이야기 구조를 잘 설명해 낸다. 문제는 소셜 미디어에서 어떤 방식으로 이야기가 시작되는가이다.

그렇다면 소셜 미디어에 참여하는 사람들이 무리 짓고 집단을 이루게 되는 것은 순전 개인적 관심사 때문일까?

소셜 미디어에서 오토포이에시스적 현상은 사소하게 보이지만 매우 중요하다. 복수, 다양, 여럿이 자기 자신의 생각이나 말을 통해서 자기의 삶을 생산하려고 한다면, 그 커뮤니케이션은 매우 다차원적이고 복잡한 양상을 띨 것이다. 사람들은 한 사람에 집중하지도, 또한 어떤 사람의 요구에 의해서 움직이지도 않는다. 오직 오토포이에시스의 원리에 따른다. 대화의 의미는 모든 개개인들의 바로 자신들에게 귀환하며, 뼈와 살처럼 그 자신을 만들어낼 것이다. 그렇다면 페이스북에 올라온 글을 한번 살펴보자.

PD수첩 보려고 기다리다가, 당황했다. 공영방송에서 마지막 기대하던 여기마저 유린당한다면 공영방송 어디서 언론 자유를 찾을 것인가.

　　　　　　　　　　녹색은 적색의 미래다

여기마저 정권의 입맛대로 제작이 된다면 시민은 언론 자유의 깃발을 들어 스스로 말하리라, 국민공영 언론권을 스스로 찾아 나서리.(Kim)

⇒ 저도 공감합니다. 언론 자유 그날까지(Park)

⇒ 힘 모으세, 힘 모으세 으라차차!(Shin)

──〈PD수첩 방송하라! 페북 서명 운동 방〉에서

이것이 페이스북에서 벌어지고 있는 서명 운동이며, 여러 사람들이 서명을 하면서 호응하고 있는 광경을 목격할 수 있다. "무엇을 위해?" 바로 소셜 미디어상에서 자기 자신이 색다르게 관계 맺고 발언함으로써 바로 그런 행동에 나선 자기 자신을 만들기 위해서이다. 그것이 조잡하게만 느껴지는 댓글이라도 상관이 없다. 관계를 맺고 발언했다는 것이 더 중요하며, 그런 생각을 갖고 있는 바로 자신이 되었다는 것이 중요하다. 그것이 소셜 미디어의 오토포이에시스 현상이 갖고 있는 위력이다.

전체 오토포이에스의 변이를 만드는 개별 오토포이에시스

최근 많은 기업이나 정부 기관들이 소셜 미디어를 활용한 홍보를 시작했다. 기업들에게 소셜 미디어의 오토포이에시스 현상은 매우 색다르며 난처한 것으로 느껴질지도 모른다. 사소하고 시시

콜콜하게 생각했던 대화가 개인들에게 구매, 소비, 생산, 유통의 결정적이며 의미 있는 소재가 되는 것은 소셜 미디어의 시스템 내에서는 매우 흔한 현상이다. 개개인들의 오토포이에시스의 전개 방식은 전체 시스템의 오토포이에시스의 차원을 바꾸는 원동력이며, 이것은 일관생산라인처럼 만들어질 수 없다는 것을 보여준다. 또한 개개인의 오토포이에시스가 전체 시스템의 성격을 변화시킨 사례로는 '촛불 집회'를 예로 들 수 있다. 아주 우발적인 수준에서 나타난 청소년들의 촛불이 시스템의 오토포이에시스를 다른 차원으로 만들어 버려서 거대한 촛불의 물결로 나타난 것을 상기해 보자. 시스템의 오토포이에시스는 특이한 오토포이에시스가 등장하는 순간 새로운 차원을 개방하며, 전체 시스템은 혁신된다. 시스템의 오토포이에시스는 서로 연결되어 있어서 개개별의 오토포이에시스의 우발적인 움직임에 아주 예민하다. 그렇기 때문에 우발적인 오토포이에시스는 전체 오토포이에시스를 혁신하는 역할을 한다. 아주 사소하게 보이는 우발성이라 하더라도 매우 큰 영향력을 미칠 수 있다.

문제는 어떤 수준의 오토포이에시스를 전략적으로 겨냥해야 할 것인가의 문제이다. 단순히 대량 이미지와 물량 공세로 사람들의 뇌리에 각인되기를 원하는 기존 미디어의 방식으로는 오토포이에시스 시스템 안에서 효과적인 활동을 할 수 없다. 오토포이에시스의 원리인 자기 생산, 자기 직조, 자율, 자발성이라는 구도 속에 모든 사람들이 활동하고 있다면, 새로운 시스템 하에서의 독특한 개

녹색은 적색의 미래다

개인이 형성되고 변화되는 것에 대해서 주목해야 한다. 어떻게 사람들은 소셜 미디어에서 자발적으로 움직일까?

오토포이에시스의 흐름과 우발성의 원리

스마트 몹처럼 액체형으로 모였다가 흩어지는 흐름에 주목해야 한다. 이 흐름은 욕망에 의해서 출현하고 생성되면서도 오토포이에시스의 원리에 따르고 있다.

소셜 미디어를 활용하려는 많은 이들은 사람들의 관심사의 이동 정도로 볼 수 없는 하나의 흐름과 같은 것을 발견한다. 사람들이 과잉되게 갑자기 쏠렸다가 이내 무심해지는 등의 변화 양상에 대해서 주목하였다. 소셜 미디어를 관찰하면 마치 그것이 하나의 군집적 생명체의 움직임이나 이리저리 움직이는 조류의 흐름처럼 관찰되는 경우가 많다. 이 움직임은 분자적 수준에 있는 개별의 오토포이에시스가 작동하면서 역동적으로 전체 오토포이에시스에 영향을 주는 것을 의미한다. 그러므로 소셜 미디어의 오토포이에시스가 작동되는 흐름의 원리에 주목해야 한다.

조직된 대중을 생각하면 소셜 미디어가 갖고 있는 복잡계가 어떻게 오토포이에시스를 수행하는지 설명할 수 없다. 모호하고 애매한 상황에서 돌연변이처럼 등장하는 오토포이에시스 현상에 주목해야 한다.

소셜 미디어에서 불현듯 언급되는 사건은 전체 네트워크에 파급효과를 준다. 그것은 매우 우발적인 사건에서 시작되며, 우발성 자체가 개인의 서사 구조와 결합되어 과도적이고 이행적인 환상 구조를 분비한다. 갑자기 발언이 돌출되는 과정에서 집합적 두뇌 작용은 이 과도적 환상의 이미지들과 기표들을 추적한다. 발언들과 댓글들은 무의식의 흐름에 따라 기존 오프라인의 배치에 상응하는 무의식의 배치를 만들어낸다. 우발성의 돌연변이 현상은 기존 시스템에 있어서 다른 가지와 줄기를 형성하며 무의식의 흐름을 색다른 방향으로 이끈다.

오토포이에시스와 다중 검색으로서의 서사 구조

소셜 미디어의 오토포이에시스는 재미, 열정의 투사, 쾌락, 상상력 등 일상의 이야기 구조와 결합되어 전염 효과를 갖는다.

소셜 미디어상에서 재미있는 이야기와 이미지를 찾는 사람들은 여러 가지 소통의 도구를 사용하는데, 단순히 기계적인 응답의 형태가 아니라 특이한 이야기를 찾는다. 그렇기 때문에 주체성 생산의 입장에서 특이한 생각과 이미지가 선호된다. 물론 공통성의 차

녹색은 적색의 미래다

원에서 집합적 두뇌 작용을 작동시키면서도 '특이성을 사랑하는 공통성'을 구성한다. 매우 흥미로운 글쓰기의 대부분의 특징은 쉽게 접할 수 있는 톤과 느낌을 표현 소재로 한다는 점이다. 그러나 그것은 비루한 일상에 대한 이야기가 아니라 독특하고 색다른 형태로 재전유된 일상의 소재들이다.

소셜 미디어 안에서의 말은 각각 바로 그렇게 느끼는 자신을 위한 말이라는 점에 주목하자!

소셜 미디어는 검색 엔진에서 볼 수 없는 정보들의 산실이다. 페이스북과 트위터가 다른 형태를 띠고 있지만 사람들의 발언과 무의식의 흐름이 검색 엔진의 무료함을 떠나 살아 있는 사람들의 이야기를 찾아보려는 시도로 나아가고 있음을 알 수 있다. 정보의 취사선택과 선별의 과정에서 마치 친구에게 묻듯이 소셜 미디어 검색은 유용하게 사용되고 있다. 다양한 사람들의 목소리들이 바로 자신의 이야기를 한다는 점에서 오토포이에시스의 성격이 확연히 드러난다.

사소한 오토포이에시스가 바이러스 효과를 만든다

D라는 사람이 유아용 시트를 구입하려고 하는 경우를 생각해

보자. 그는 곧 검색 엔진에서 쏟아져 나오는 정보들에 대해서 선별하고 취사선택하기 어렵다는 결론을 얻게 된다. 그는 곧 소셜 미디어의 친구들에게 묻거나 소셜 미디어에서 다양한 사람들의 목소리를 찾으려 할 것이다. 그리고 곧 다음과 같은 글을 읽고 최종적인 결정을 하게 된다.

> 저희 집은 아이가 세 명인데, 세 아이 모두 똑같은 카시트를 사용했습니다. 제 언니는 치키브랜드의 카시트를 사용했는데 투박하고 모양도 안 예쁘고 무겁기까지 합니다. 저희 집 카시트를 보더니 언니는 당장 나가서 저희 것과 똑같은 것을 두 개나 사왔습니다. 강력히 추천합니다.
>
> ──개비 퍼낸데즈, 『소셜노믹스』 중에서

이 글을 쓴 사람은 자신의 선택이 옳았다는 것을 스스로 알림으로써 스스로에게 만족하기 위한 오토포이에시스를 수행한 것이었다. 아무리 개별적인 오토포이에시스를 위한 글이라 하더라도 웹은 거미줄처럼 연결되어 있어 전체의 오토포이에시스에 있어서 결정적이다. 카시트를 산 사람은 자기가 즐거워서 오토포이에시스를 수행한 것인데, 전체 시스템에 큰 영향력을 미치게 되는 것이다.

대기업이나 정부의 입장에서 소셜 미디어는 잡담과 같고 사소해 보일지도 모른다. 그리고 전체 매스미디어의 미세한 틈새 정도로만 보일지도 모른다. 그러나 이 잡담에 참여하고 있는 사람이 수

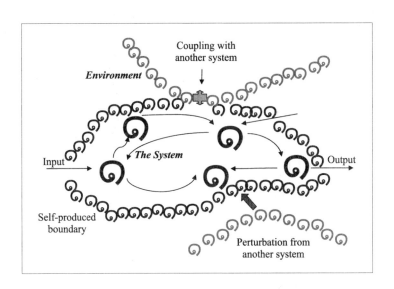

위 오토포이에시스 시스템을 설명하는 그림.
아래 베를린에서 스마트 몹 형식으로 열린 원전 반대 시위.

십만, 수백만이라면, 이 틈새가 수천만 갈래를 형성한다면? 기업들이 소셜 미디어의 오토포이에시스 현상이 갖고 있는 독특한 이야기 구조에 착목한다면 각자 자신의 이야기를 하고 싶어 하는 다수, 여럿, 복수에게 끊임없이 이야깃거리를 제공하면서, 그 이야기의 시너지 효과와 바이러스 효과를 겨냥해야 할 것이다. 물론 오토포이에시스 현상은 많은 사람들 자신이 만들어내며 기업이나 정부조차도 오토포이에시스 현상의 일부에 불과하게 만들어 버린다.

결어: 자율과 참여의 오토포이에시스

웹상에서 글을 쓴다는 형태로 드러나는 개별의 오토포이에시스 현상은 매우 사소해 보이지만 네크워크의 흐름, 상호작용, 관계망에 있어서 기초적인 행위 원인이자 작동 원리라고 할 수 있다. 특히 소셜 미디어에서는 오토포이에시스 현상이 더 잘 부각되고 그것 자체가 연결망의 가장 기초적인 내용과 표현 양상으로 드러난다. 이러한 상황에서 색다르고 특이한 오토포이에시스 현상 분석은 소셜 미디어의 의사소통 방식이 갖고 있는 특성을 이해할 수 있게 한다. 자발성, 흐름, 다중 검색, 사소한 서사구조, 바이러스 효과 등은 바로 소셜 미디어에서 오토포이에시스의 기본 현상이라고 할 수 있다. 매우 사소해 보이는 자발적인 오토포이에시스 현상은 전체 오토포이에시스를 변화시켜 색다른 흐름을 만들고 사회화학적

녹색은 적색의 미래다

임계점을 돌파하도록 만드는 동인이 된다. 그러므로 작은 오토포이에시스도 전체 시스템의 오토포이에시스에 아주 혁신적인 역할을 할 수 있다. 매우 미시적인 영역, 분자적이고 국지적인 영역에서 벌어지고 있는 오토포이에이스에 주목한다면 그것이 눈덩이처럼 불어나 하나의 흐름이 되고 관계망을 변이시켜 특이한 집단이 되어 사회적·집단적·무의식적 배치를 바꾼다는 사실을 금방 발견할 수 있을 것이다.

작업장 곳곳에 CCTV를 설치하고 일거수일투족을 감시하는 무인 감시 시스템을 가진 공장이 등장하자, 이에 대해서 스트레스를 느끼던 많은 노동자들이 정신치료를 받는 사태가 최초로 발생하게 되었다. 2003년 여름, 당시 노동자에 대한 전면적인 감시 행위가 기업과 국가에 의해서 자행되기 시작했고, 노동자가 된다는 것은 자신의 모든 것을 투명하게 보여줄 수밖에 없는 것으로 여겨지기 시작했다. 나는 이 상황에 대해서 설명을 듣고, 노동자를 예속시키는 감시 질서에 대해서 글을 써달라는 요청을 〈노동과 건강〉 편집부로부터 받았다. 그 당시만 하더라도 감시에 대한 철학적이고 인문학적인 성찰이 없어서 사람들은 그것을 어떻게 받아들여야 하는지에 대해서 난감해했던 상황이었다. 최근에는 감시를 기반으로 한 통제 시스템은 분자적인 차원에서 이루어지고 있으며, 스마트한 억압 장치들이 무차별적으로 민중의 관계망을 포획하려는 경향을 보이고 있다. 이러한 억압의 분자화 경향은 감시가 무작위의 불특정 다수를 대상으로 하던 시대에서 아주 특정한 부위를 집중적인 대상으로 삼는 것으로 바뀌었다는 것을 의미한다.

2장

누군가 당신을 지켜보고 있다
—전자 감시 사회에 대한 철학적 고찰

우리의 존재는 어찌 보면, 이 우주의 작은 돌멩이 하나와 잎사귀, 꽃, 바다, 공기와 같다. 우리의 존재는 누가 바라본다 해서 바뀌거나 사라지는 것이 아니다.

"내 귀에 도청 장치가 있다.","누군가가 나를 감시하고 있어." 하고 절규하며, 거리로 나선 광인이 있다. 광인에게는 초월적인 감시의 눈이 살아 있는 음파와 진동이 되어서 귀를 맴돌고, 존재하지도 않은 무엇이 보이며, 느껴지기조차 한다. 어차피 광인과 정상인의 구별은 존재하지 않는다. 통제 사회에서 살고 있는 노동자는 어느 시대보다 분열자이기 때문이다. 분열자로서 규정받는 노동자들은 의문을 제기할 것이다. 왜 우리는 분열자이어야만 하는가? 우리는 왜 감시를 받아야만 하는가? 그리고 그 의문만큼이나 우리의 의문도 생기게 될 것이다. 작업장에서 벌어지고 있는 '전자 감시' 속에서 많은 노동자들이 정신질환에 처하게 된 이 상황을 우리는 어떻게 바라보아야만 하는가?

그 질문에 대하여 신경정신과 의사는 대답해 주지 않는다. 단지 신경을 둔하게 하는 약물을 처방하고, 정신 건강에 대한 몇 가지 조언을 해줄 뿐이다. 신경정신과 의사들은 이 집단적 정신 질환을 발생시키는 사회 병리적 현상을 개인적인 정신 상태의 문제로 치환시키고 있는 것이다. 정신 치료를 받는 노동자들은 이제 의사의 약물 치료 앞에 철저히 개인이 되어야 한다. 그러나 문제를 발생시켰던 사회적 관계의 변화가 있었는가? 그렇지 않다. 사회적 관계의 전자 감시는 더 정교해지고 세밀해지고 있다.

그리고 지금 무수히 많은 감시 카메라에 자신을 노출하고 있던 노동자가 고민을 시작한다. 우리에게 현재의 문제 그리고 미래의 문제로 다가올 감시 사회의 문제는 도대체 과연 어떤 철학적인 기원을 가지고 있을까? 나를 지켜보고 있는 지배 질서의 논리란 과연 무엇이며, 그들은 어떻게 행동하고 있는 것일까? 그것에 대하여 말하여야 할 때가 왔으며, 그것을 오히려 투명하게 밝힐 필요가 있다. 이러한 질문을 던지는 순간, 이미 우리들은 감시 카메라 앞에 사슴처럼 두려움에 떨며, 작업장에 내몰려 있는 노동자들이 아니다. 우리들은 집단화된 주체로서 행동하며, 그러한 감시 질서에 대해서 맞설 준비가 되어 있고 정신적 공감대를 이루고 있는 더 고도의 집단으로 성장할 것이기 때문이다.

감시의 논리의 역사적 기원은 우리가 생각했던 것보다 복잡한 데 있지 않다. 원시 사회에서 권력자들 대부분은 신의 자손이나 아들을 자처했는데, 그것은 현실을 넘어선 신의 초월적인 힘이 자신에게 있음을 강조하기 위해서였다. 우리가 주목해야 할 것은 모든 것을 다 볼 수 있는 전지전능한 신의 능력이다. 초월자인 신은 모든 것을 알고 있으며, 모든 것을 보고 있다. 그런데 이렇게 신의 아들을 자처하는 지배자들의 초월적 능력도 사실은 사회적 관계 속에서 형성된 것이다. 즉, 주인-노예라는 사회적 관계 속에서 획득된 능력이지 정말 신의 아들이어서 획득한 힘은 아니다. 그것쯤은 어린아이들도 다 알 수 있는 것임에도 불구하고, 이데올로기의 질서는 초월성에 힘을 부여했던 것이다. 이데올로기 내에서 사고하다 보면, 마치 신의 능력이 전지전능하며, 초월적인 힘이 현실 속에서 발현될 수 있는 것처럼 생각될 수도 있다. 하지만, 그것은 허위의식이다.

근대 사회의 혁신은 이 초월성의 질서를 변화시켰다는 데 있다. 근대의 계몽 이성은 종교 비판을 통해 새로운 이성적인 질서의 지배를 선언하였다. 이제 신 대신에 이성이 지배하고, 노예가 아닌 자유인이 등장한 것이다. 그러나 이성의 질서가 합리적인 자기 정당성을 가지려고 한다고 할지라도, 그 합리성은 새로운 초월자를 위한 것이지 초월자의 권력을 제거한 것은 아니었다. 신의 초월적 눈은 이성의 초월적인 눈으로 뒤바뀐다. 이러한 근대의 눈-이성에 대한 비판은 푸코(Michel Foucault, 1926~1984)의 이론에서 발견된다. 푸코는 판옵티콘(panopticon)이라는 공리주의자 벤담(Jeremy Bentham, 1748~1832)의 감옥 모델을 관찰하면서, 이성을 중심으로 한 사회가 사실은 새로운 초월자의 감시의 질서를 의미한다고 폭

로한다. 판옵티콘은 감옥이나 공장, 정신병원, 학교의 감시 질서의 모델로서, 중앙의 감시 망루에 있는 감시자가 피감시자에게는 어른거리며 잘 보이지 않는 데 반해, 감시자에게는 피감시자가 똑바로 잘 보이기 때문에, 피감시자는 늘 감시받고 있다는 생각에 사로잡혀 스스로를 통제하게 만드는 모델이다. 푸코의 이러한 근대 사회에 대한 감시 모델의 추적은 한마디로 눈-이성에 대한 비판이다. 이성이라는 질서도 알고 보면 새로운 초월자이며, 합리성 운운하면서도 관음증적인 장치에 불과하다는 점을 밝혀낸 것이다.

물론 근대 사회는 민주주의 사회이므로, 선거에 의해서 초월적 권력자가 선출된다. 우리 자신이 만든 권력자이며, 초월자이기 때문에 이성적이라고 불리는 것이다. 우리가 알아두어야 할 사실은 '새로운 이성의 초월성은 사실 우리 자신의 사회적 관계가 만들어낸 권력에 다름 아니다'라는 사실이다. 아무리 우리가 만든 권력이라 할지라도 우리를 향한 감시의 눈길은 더 정교해지고 있다. 이 전도된 현실은 우리가 만든 관계에 의해 우리가 감시당하게 되는 결과를 낳고 있다. 이러한 점에서 근대 사회는 자기 모순적인 사회이자 전도된 사회이다. 노동자들은 사회적 관계 속에서 자신이 만들어낸 자본이라는 초월자에 의해 감시당하고, 대중은 자신이 선출한 국가 권력에 의해서 감시당한다. 민주주의라는 내재적인 관계는 권력이라는 초월적 관계로 역전된다. 근대 자본주의 사회는 이런 측면에서 내재적인 민주주의를 일시적이고 상대적인 민주주의만으로 한정하여 초월적 권력에게 정당성을 부여해 주는 정치

제도를 가지고 있는 셈이다. 노동자들 스스로가 공장의 생산을 통제하며, 욕망을 창조할 수 있는 능력을 갖고 있음에도 불구하고, 스스로 생산수단이 없다는 측면에서 그들은 분열자이다.

그럼 근대의 초월적 이성은 어떻게 생겨났을까? 이성이라는 개념은 눈이라는 인간의 감각기관을 매우 강조한다. 이성적 인간은 눈으로 사물을 볼 수 있는 능력을 갖춘 인간이다. 인식 대상과 인식 주체, 주관과 객관 등의 철학적인 논제들도 알고 보면, 볼 수 있는 인간의 능력을 중요한 판단의 능력으로 바라본 것이다. 근대의 이성이 볼 수 있는 능력을 강조했다는 것은 바로 감시할 수 있는 인간의 능력을 강조한 것이다. 그리고 이성은 초월적 국가 권력이나 근대 자본의 볼 수 있는 능력으로 바뀌게 된다. 그렇기 때문에 원시 사회에서 신의 아들을 자처하면서 모든 것을 볼 수 있는 능력을 가졌다는 권력자의 논리는, 근대로 가면, 과학적이고 합리적인 장치들을 통해 모든 것을 알 수 있으며 볼 수 있다는 이성의 능력으로 바뀌게 되는 것이다. 조지 오웰의 『1984』는 이러한 감시 사회 전반을 예측한 작품이다.

1984년, 세계는 세 개의 거대 제국으로 나뉘게 된다. 항상 전쟁 중이며, 전 인민의 일거수일투족은 항상 지배자에 의해 모니터링된다. 그들의 언어도 한정된 개념 한도 내에서 사용된다. 빅브라더는 모든 매체를 통하여 대중을 통제한다. 대중의 자유란 존재하지 않으며, 국가 기관들 내에서 기관원으로 활동할 뿐이다. 그 외부란 존재하지 않는다. 모든 곳에는 도청 장치와 모니터가 설치되어 있다.

이러한 감시 사회의 예측은 전체주의에 대한 고발을 위한 것이다. 전체주의는 실제로 스탈린 시대 아버지를 고발함으로써 소년 영웅이 되었던 어린이에 대한 찬양으로 진짜 현실이 되었다. 전체주의는 모든 사람을 국가 기관의 기관원으로 만들려고 하는 체제를 의미한다. 그러한 감시 사회의 이면에는 당이 과학적이고 합리적이기 때문에, 모든 것을 볼 수 있고 알 수 있다는 이성 중심주의가 있다. 당이 진리이기 위해서는 모든 것을 볼 수 있는 감시 장치가 필요한 것이다.

짐 케리가 주연한 영화 「트루먼 쇼」는 한 개인의 실존적인 문제가 사실은 구경거리로 전락한 사회를 고발한다. 이 영화를 통해 우리는 감시자의 심리를 체험할 수 있게 된다. 누구나 감시자가 될 수 있으며, 초월자로서 느긋하게 한 사람의 인생을 검색하고 체크할 수 있는 권력의 시선을 가질 수 있는 것이다.

트루먼은 평범한 회사원이다. 그러나 그에게는 특별한 것이 있다. 왜냐하면, 사실 그는 전 세계에 그의 삶을 생방송하고 있는 프로그램의 주연이기 때문이다. 그의 모든 삶은 몰래 카메라에 의해 모니터링되고 있다. 그는 주변을 감도는 부자연스러운 일들을 눈치 채고, 그가 실제로 사랑하는 사람을 만나기 위하여 현실로 탈주한다. 마지막에는 초월자인 양 모니터를 감독하던 연출자가 인위적인 공간에서 살 것을 종용하지만, 그는 그것을 거부한다.

이 영화에서처럼, 감시의 대상에게는 괴로운 일이지만 감시자는 자신이 마치 그의 삶을 지배하고 있는 것처럼 초월적인 능력의 소유자로 착각을 일으키게 되는 것이 감시 체제의 문제점이다. 감시 속에서는 인간으로서의 권리 같은 것이 없다. 단지 권력으로서의 시선의 작용만이 있는 것이다. 감시자들에게는 권력이 부여된다. 합리적이고 이성적인 권력이 말이다.

문제는 이러한 정보가 통합되어 관리되는 방향으로 추진된다는 점이다. 정보가 통합될수록 각 개인에 대한 정보는 입체적으로 재구성되어, 그의 전반적인 삶을 잘 알 수 있게 되는 것이다. 정부가 추진하고 있는 통합전자카드 사업이랄지, 학생의 정보를 통합관리하고 있는 네이스(NEIS)랄지의 문제점이 그것이다.

즉, 감시 사회를 만들고 있는 것은 다름 아닌 과학적이고 합리적이고 객관적인 이성의 초월적인 권력에 있다. 레닌주의가 노동 해방을 외치면서도 전 인민이 상호 감시하는 스탈린주의라는 전체주의로 일거에 변모할 수 있었던 이유에도 바로 이 서구 근대의 이성 중심주의가 놓여 있다. 왜냐하면, 당은 가장 과학적이며 합리적인 결정을 하기 때문이며, 대중 위에 올라선 초월적 권력이 된다는 것은 무엇보다도 대중을 감시하고 통제할 전체주의적인 시스템을 의미하는 것이다. 당이 과학적이기 위해서는 대중 스스로가 상호 감시하는 이데올로기적 시스템을 요구하였다.

어찌 보면, 우리는 수많은 눈들 틈에서 살고 있다. CCTV, 몰래 카메라, 카파라치, 전자 스토킹, 전자주민카드, 네이스, GPS, 유비쿼터스 등 수많은 전자 직조물들의 눈을 피할 수 없는 상황에 처해 있다. 이렇게 전자 감시의 눈이 성장하게 된 이유는 대중의 삶의 정보를 관음증적으로 들여다봐야지만, 합리적인 결정을 할 수 있다는 초월적인 이성의 논리가 있는 것이다. 푸코는 이러한 미시적인 삶의 모든 부분을 포획하며 감시하는 권력을 '생명 권력(bio-power)'이라고 정의한다. 푸코의 생명 권력의 논리는 훈육 사회(disciplinary society)에서 통제 사회(control society)로의 변모를 겨냥하고 있다. 훈육 사회는 간단히 말해서, 권위주의적인 지배 방식이다. 훈육의 채찍과 매로 학생, 정신병자, 노동자, 수감원을 다루는 방식이다. 훈육 사회의 모델의 향수 또한 존재한다. 권위적이었던 선생님(혹은 권력자)의 매가 따뜻했으며 훨씬 인간적이었다고 평가하는 사람들도 많다. 지금은 어떠한가? 선생님은 무슨 문제가 생기면, 매를 들지 않고 수행 평가에 가차 없이 반영한다. 선생님은 감시하는 사람으로 인식된다. 마찬가지로, 감옥과 병영과 병원 등의 권력 시스템도 그러한 통제와 감시의 평가 모델로 대중을 옭아맨다.

훈육 사회에서 통제 사회로의 변화는 사실 권위주의에 맞선 대중의 반란이었던 1968년 혁명 이후에 전면화되기 시작하였다. 68혁명은 권위적 지배 체제에 맞선 청년 학생, 노동자들의 혁명이었다. 그 시기 이후 권위로서의 지배 방식은 심각하게 제고되었고, 통제의 모델이 선호되기 시작하였다. 그리고 그 통제의 모델은 전자 정보 기술의 발전에 의해 고도화되고 완성되었다. 현재의 사회는 어느 시기보다 전면적인 포획과 감시의 질서가 작동하는 '실질적인 포섭'의 상황이다. 모든 사회적 관계는 사회적 장치의 내부로 편입되어 있고, 모든 사회적 관계에 대한 저항 또한 사회적 장치의

녹색은 적색의 미래다

재구조화로 결정되고 만다. 이러한 포획 장치의 성장은 욕망에 대한 통제를 겨냥하고 있다. 68 혁명이 입증하였듯이, 사회적 반란을 이끄는 힘은 사실상 대중의 역동적인 활력인 욕망에 있다. 대중의 삶에서 벌어지고 있는 모든 사건들의 기저에는 이러한 욕망이 흐른다. 그렇기 때문에, "내가 무얼 잘못했다고 나를 감시하는 겁니까?" 항변한다 할지라도 욕망이라는 원죄를 갖고 있는 이상, 대중은 감시의 대상이 될 수 있다. 통제 사회는 욕망의 능동적인 힘을 늘 감시하며, 자신의 시스템의 변조를 신속히 이루어내기 위하여 늘상 감시하는 체제를 의미한다.

이제 철학적인 배경에 대한 일반적인 이야기는 끝났다. 노동자들은 욕망의 주체이기 때문에 감시당하는 것이며, 우리 스스로가 만든 초월적 권력의 이성의 눈 아래에 새로운 분열자로 규정되고 있다. 우리가 현재 처한 상황은 어느 시대보다 과학적이고 합리적이고 객관적으로 운영되고 있다. 그러나 우리의 삶은 어떠한가? 우리는 욕망을 통제받으면서 영원히 살아갈 수 있는가? 사회적 관계의 내재성이 우리의 삶의 지평이라고 할 때, 우리는 역동적인 욕망을 해방시키고 새롭게 생성시킬 수 있는 능력을 가지고 있다. 우리의 육체는 역동적인 흐름 속에 있으며, 감시와 포획의 질서에 의해서 화석화되거나 그들의 증거물로서 남지만은 않을 것이다.

사람들은 점점 더 비관적이라고 말한다. 감시는 더욱 고도화되고, 세련돼 가고 있으며, 첨단 기술에 의해서 이루어진다고 말이다. 그렇지만, 감시의 눈이 들여다본다고 해서, 우리의 프라이버시와 인권이 모두 상실되고 투명한 방에서 오들오들 떨며 우리의 벌거 벗은 실존에 대하여 느껴야 하는 상황으로 직결되지는 않을 것이 다. 우리의 삶의 활력과 욕망은 감시의 눈이라는 초월적인 차원에 서의 이야기들이 아니다. 그것은 우리의 구체적인 인간관계 속에 서 느껴지고 생성되는 전혀 다른 차원의 문제다. 우리가 권력의 새 로운 논리인 '과학적이고, 합리적이고, 객관적'이라는 자기 정당화 의 이성적인 논리와 그 이면에 비이성적이고 관음증적 감시 장치 에 대해서 자유로울 수 있는 이유는, 그것이 우리의 삶을 모두 다 포획할 수 없기 때문이다. 우리는 우리 자신의 삶의 지평 속에서 초월적인 권력을 발생시키지 않는 절대적 민주주의의 원리를 생성 시키고 있다. 그것은 공동체적 소통과 자율적 행위와 삶에 대한 자 기 결정력이다.

우리의 존재는 어찌 보면, 이 우주의 작은 돌멩이 하나와 잎사 귀, 꽃, 바다, 공기와 같다. 우리의 존재는 누가 바라본다 해서 바뀌 거나 사라지는 것이 아니다. 우리는 결속하고 소통할 수 있는 능력 을 가지고 있으며, 우주 속에서 영원히 지속될 수 있는 욕망을 생 성시키는 아름다운 존재들이다. 그리고 우리는 다른 사람들과의 무한한 접속 과정에서 천 개의 모습으로 변모될 수 있는 거대한 잠 재력을 가진 멋진 존재들이다. 감시하는 사람이 으슥한 골목에서 "난 너에 대해서 알고 있다."라며 협박할지라도, 그들이 우리의 이 아름답고 멋진 삶의 영원성을 해치거나 왜곡시킬 수 없다. 우리의 내재적인 삶은 초월적인 권력의 논리와는 관련이 없다. 우리의 눈

녹색은 적색의 미래다

은 차가운 감시의 눈이 아니며, 따뜻한 관심의 눈이다. 우리의 귀는 환청에 쫓기듯 시달리는 귀가 아니며, 삶의 리듬과 공명의 연주로 가득한 귀다. 우리의 육체는 수동적으로 상처받았던 육체가 아니라, 수천 가지의 춤과 변용으로 가득한 욕망의 육체이다.

우리는 언젠가 그 감시당하며, 핍박당하며, 상처받아 절규하던 노동자들이 드디어 욕망의 공장을 스스로 작동시키기 시작했다는 소식을 듣게 될지도 모른다. 욕망의 공장에서 생성된 수많은 창의적인 예술작품들이 그들을 지켜보던 전자적인 눈들을 순식간에 놀라움과 경의의 눈으로 뒤바꾸고, 뚜벅뚜벅 지상에 잠재력을 드러낼 순간이 찾아올 것이라고 듣게 될지도 모른다. 노동자들은 이미 초월적인 권력이 가진 논리적 기만들에 대하여 깨닫고 있으며, 스스로의 활력을 통하여 삶을 지켜야 한다는 점을 알고 있다. 그들은 삶을 더 풍부하고 다양한 욕망으로 가득 찬 것으로 바꾸어야 한다는 점을 알고 있다. 그렇기 때문에 그들은 모여 들며, 새로운 목소리를 만들고, 자신들의 존재를 알리고, 수천 개의 우주의 화음과 리듬에 함께 하는지도 모른다.

협동조합의 철학은 2012년 서해문집 편집부와의 만남에서 구상되었다. 편집 주간이 한번 책으로 써보면 어떨지 제안을 해왔다. 그러나 협동조합의 현장에 뛰어들지 않은 상황에서 관찰자 시점으로 관계를 바라보는 것에는 한계가 있겠다 싶어서 한참 덮어두고 있었다. 협동조합 운동의 발흥은 사람들에게 적잖은 자극을 주었으며, 많은 사람들이 관계 속에서 생산되는 공통의 것에 매료되었다. 이러한 협동조합의 관계망의 단상을 정리해 보고 싶은 욕심이 계속 생겼다. 그러다가 서울학연구원에서 주관한 〈2013년 작은 연구, 좋은 서울〉에 참여하기 위해서 단상을 한번 정리해 보았다. 이것을 정리하면서 내가 내린 결론은, 관계 속에서 생산되는 생태적 지혜가 아니라, 관계의 밖에서 사유하는 철학적 전통은 그것의 역동적인 내부 원리를 평면화시킬 위험이 있다는 점이었다. 나 역시도 그것에 예외가 아니라는 생각이 들었다. 이 글은 그때 쓰인 것으로, 이 글의 일부는 앞으로 나올 책『철학 속의 생태 읽기』중 일부이기도 하다.

3장

우리의 관계 속에서 무엇이 생산될까?
—협동조합의 철학

협동은 너와 나 중 하나를 책임 주체로 만들고 네 것 내 것을 분리하는 것이 아니라, 너와 나
사이에서 공통의 자산, 아이디어, 지혜를 만들 수 있는 정서, 욕망, 무의식의 흐름의 상태를
동반한다.

성장을 넘어서 관계망의 발전으로

한국 사회의 대규모 토건 사업과 성장 일변도의 정책은, 이명박
정부에서 가장 극단적인 모습으로 나타났다. 성장을 통해 분배되
는 파이를 키운다는 성장주의 기반의 복지 제도가 불가능해진 현
시점에서, 외연적 성장보다 관계의 성숙을 통한 사회적 경제가 어
느 때보다 주목받고 있다. 2008년부터 시작된 세계적 규모의 대공
황은 자원 고갈과 에너지 위기, 석유 정점 등의 상황을 반영하는
것으로, 이른바 출구 전략이 없는 장기 불황의 시작이다. 과거 한
국 사회에서 성장주의는 절대 선과 같은 것이었지만, 아무리 삽질
을 하고 파헤쳐도 지구의 한계로 인한 성장의 한계는 분명하며 이

제는 저성장이나 제로성장, 역성장이라는 시대적인 상황에 입각한 새로운 대안 모색이 필요한 시점이다.

1972년 로마 클럽의 경제학자 및 기업인들로 구성된 MIT팀이 『성장의 한계』라는 보고서를 제출한 이후에, 국제 정치는 성장(growth)과 구분되는 발전(development) 개념에 대해서 착목하였다. 여기서 성장은 외연적이고 실물적이라면, 발전은 내포적이고 관계적인 측면이 강하다. 기업의 성장에도 불구하고 지역이나 서민에게 분배가 이루어지지 않는 현재의 구도는, 관계망을 통해서 경제 활동이 이루어지지 않는 이상, 소수의 독점 기업에 부가 편중되는 현상이 필연적으로 수반된다는 점을 보여준다. 1987년 세계환경개발위원회(WCED)는 브룬트란트 보고서(The Brundtland Report)를 통해 레스터 브라운의 '지속 가능한 발전(sustainable development)'이라는 개념을 처음으로 국제 사회에 제안했다. 지속 가능성은 미래 세대에게 남겨주어야 할 가치로서 재생 불가능한 자원에 대한 보존과 유지를 핵심으로 한다. 즉 진보 개념의 시간관과는 반대로, 지속 가능성은 미래 세대로부터 출발해서 현재를 생각하는 역행적 시간관을 갖고 있다.

내포적 발전(intentional development) 개념은 지속 가능한 발전(sustainable development) 개념에서 한 발자국 더 나아가 공동체를 기반으로 한 발전 전략의 모델을 보여준다. 내포적 발전은 주류 경제학의 '내생적 성장(endogenous growth) 이론'과 다르며, 최근에 한국의 시민단체를 통해서 처음 구상되고 소개되었다. 내포적 발

녹색은 적색의 미래다

전 이론은 협동조합, 공동체, 사회적 경제가 자원과 에너지, 부가 유한함에도 불구하고 관계를 성숙시켜 나가면서 시너지 효과를 갖는 데 역점을 둔 개념이다. 협동조합에서 유한한 자원을 순환시켜 관계망의 다중적인 접촉 경계면을 통해서 시너지 효과를 갖고 일자리와 공동체 복지의 역할을 수행하는 것을 생각해 볼 수 있다.

내포적 발전 전략의 핵심이라고 할 수 있는 협동조합이 다시 화두가 되고 최근 협동조합기본법이 통과되면서 사회 저변에서 새로운 대안에 대한 모색이 이루어지고 있다. 협동조합의 철학에 대한 단상은 여기서 출발한다. 협동조합의 7원칙이 있으며, 이는 실천적인 강령으로서의 역할을 하지만 철학적인 구도를 보여줄 필요성이 있었다. 일단 협동조합을 결성해서 운영하고는 있지만 본연의 대안적인 가치와 철학과 무관한 행동을 하는 경우도 있다. 예를 들어 풀뿌리, 호혜적 경제의 가치와 멀어져서 시장 활동에 치중하는 협동조합도 등장하고 있다. 그래서 협동조합이 어떻게 작동하고 있으며, 그 내부 작동에서 핵심 집단을 구성할 가치와 철학은 어떤 것일까? 또한 적잖은 사람들이 협동조합을 만들고자 하다가 자원의 부족과 노하우의 미숙함, 관계망 수립의 실패에 처하는 경우가 있다. 그러한 실패를 겪은 사람들조차도 대안은 여전히 협동조합 밖에 없다고 생각하고 있다.

내포적 발전 전략은 일찍이 지역 순환 경제에서도 제기되었으며, 재래시장 문제를 해결할 수 있는 방안으로도 제시된 바 있다. 지역 순환 경제가 그렸던 이미지처럼 유한한 자원을 대도시로 빠져나가게 하지 않고 지역 내부에서 순환시켜서 지역 공동체의 자원이나 부로 만들고, 여러 사람을 순환의 과정에 개입시켜 서로 각기 다른 자원의 의미로 받아들일 수 있는 순환 시너지를 생각해 볼 수 있다. 내포적 발전은 외연적 성장이 아니라, 관계의 성숙을 추구하는 '협동과 우애의 경제'의 발전을 의미한다. 협동조합으로 대표되는 공동체 경제는 풀뿌리에서 출발하며, 작고 국지적이고 소박한 공동체 내의 관계의 성숙을 추구하는 정신을 갖고 있다. 거대 시장과 경쟁해야 하는 재래시장이나 지역 경제도 내포적 발전 전략을 통해서 새로운 대안을 모색할 수 있지 않을까 전망해 본다.

협동조합과 주체성 생산

2012년은 UN이 지정한 '세계 협동조합의 해'로서 이를 기념해 '협동조합기본법'이 시행되었다. 협동조합기본법을 기반으로, 5인 이상이 모이면 누구나 협동조합의 설립이 가능하게 되었으며 법인 자격을 부여받게 되었다. 이에 따라 구성원들은 협동조합 설립이 자유로워졌으며, 출자금에 상관없이 총회에서 의결권을 1인 1표로 가지며, 민주적으로 사업을 운영하고, 구성원 간의 균등한 분배가 이루어질 수 있게 되었다. 부의 편중을 막고 자원과 부를 갖지 못한 사람들이 모여서 대안적 가치에 입각해서 사업과 활동을 해보고자 할 때 협동조합이 가장 먼저 떠오르는 단어가 되었다. '협동

위 2012 〈세계 협동조합의 해〉를 상징하는 포스터.
아래 미래의 주인인 아이들의 손.

조합기본법'과 같은 제도가 확충된 데 대해서, 신자유주의 경제 시스템에서 일자리와 복지의 사각지대에 놓인 도시 빈민 등에 대한 자활 대책을 공공 부문이 수행하기 어렵기 때문에 스스로 자활하도록 유도한다는 비판으로부터 자유롭지 못하다. 이를 두고 국가와 자본이 할 일을 안 하면서, 서민들에게 책임을 전가하는 게 아니냐는 우려의 목소리도 있다. 협동조합이 무엇이기에 이처럼 만병통치약처럼 생각되고 있는지에 대해서 살펴볼 필요성이 생기며, 그것의 가치 질서에 대해서 규명해야 할 것이다.

협동조합의 가치 질서를 밝히기 위해서 협동조합의 관계망이 갖고 있는 돌봄과 살림이라는 정동의 효과를 파악할 필요가 있다. 돌봄은 단지 협동조합의 기능적인 부분이 아니며, 관계 맺기를 달리할 때 나타나는 시너지 효과이다. 협동조합이 만들어질 때 전제되어야 할 것은 관계망이 성숙되어 핵심 집단이 구성되었는지의 여부이다. 이를 통해서 관계망에서 창발되는 공통의 아이디어와 공통의 자산, 공통의 지혜를 공통의 것으로 만들 수 있는 내부 작동을 만들어낸다. 협동은 너와 나 중 하나를 책임 주체로 만들고 네 것 내 것을 분리하는 것이 아니라, 너와 나 사이에서 공통의 자산, 아이디어, 지혜를 만들 수 있는 정서, 욕망, 무의식의 흐름의 상태를 동반한다. 이러한 흐름이 관계망을 성숙시키기 위한 기본적인 요소인 것이다. 이러한 흐름은 지극히 불필요한 관계의 요소들이라고 치부되었던, 차를 끓이거나 표정을 보거나 하는 요소들조차도 필요로 한다.

녹색은 적색의 미래다

협동조합의 관계망이 공공 제도와 같은 위상을 갖고 있다는 독특한 발상이 있다. 예를 들어 복지나 일자리와 같은 공공의 문제를 협동조합의 공동체 관계망이 대신할 수 있다는 것이다. 이에 대해서 공공 제도와 공동체 관계망의 간극 사이에서 제도(=관계망)라는 새로운 시각이 가능하다. 협동조합의 내부 관계망 자체의 변화는 이미 제도 수립을 의미하는 것으로 따로 입법화 과정을 겪지 않아도 전체 사회의 심원한 변화를 초래할 수 있는 특이성 생산이다. 이러한 독특한 공공성의 논의는 마을과 지역, 공동체, 협동조합 자체가 공공성을 이미 갖고 있으며, 내부 관계망을 통해서 국가에 요구하는 것이 아니라 스스로 해결 방법을 모색하여야 한다는 기본 방향성을 의미한다.

성장이 불가능해진 현재의 상황은 공동체 내부 구성원 간의 관계의 성숙에 기반한 새로운 발전 모델을 필요로 한다. 그래서 뜻있는 많은 사람들이 협동조합에 대해서 주목하고 뛰어들어 실천하고 있다. 그러나 협동조합을 만들 수 있는 주체성 생산의 과정 자체에 대해서 더 주목해야 할 것이다. 주체성 생산의 과정에서 협동조합의 일을 가능케 할 사람과 자원이 형성된다. 그것은 주어지는 것이 아니며, 우리의 관계가 만들어 나가야 할 것이다.

협동조합 관계망에 대한 전략적 지도 그리기

가. 성장주의에서 지속 가능한 발전, 내포적 발전으로 이행하자!

에너지 위기, 자원 고갈, 환경 문제로 인해 성장이 더 이상 대안이 될 수 없는 시점이다. 이제 고립된 개인들에게 아파트, 육식, 텔레비전, 자동차 등과 같은 삶의 방식을 유지시켜 주던 자본주의의 정상 영업 상태가 더 이상 불가능하다. 이는 사람들을 정신적 공황 상태로 이끌고 있지만, 이를 넘어서야 한다는 대안적인 삶의 요구도 어느 때보다 강렬하다. 미래 세대에 입각해서 현재를 생각하는 지속 가능한 발전이라는 논의는 이를 위한 첫 단추였다고 생각된다. 이제 관계망과 공동체 경제에 기반한 내포적 발전 전략을 통해 해결할 부분도 조명되어야 할 시점이다. 공동체 발전과 성장 사이의 크나큰 간극에도 불구하고, 이를 혼동하는 사람들은 이제까지 많이 발견된다. 마르크스주의자들과 레닌과 같은 사람들도 이에 해당한다. 성장이 아닌 관계의 성숙을 통해서 대안적 가치와 생활의 지속 가능성을 모색하는 것이 협동조합을 통해서 가능하다.

나. 협동조합에서 주체성 생산을 도모하자!

협동조합을 시작하는 집단과 협동조합을 결정할 만큼 관계가 성숙한 공동체가 형성되기 위해서 어떤 방식으로 주체성을 만들어 나가야 하는지 고민하는 사람들이 많다. 협동조합은 책임 주체의 문제를 넘어서 관계 속의 주체성의 문제에서 사유되어야 한다. 물론 협동조합에서는 책임 주체와 같은 개인들의 발언이나 의결이 등장한다. 그러나 대부분 협동조합의 내부 작동은 책임 주체로서의 개인을 떠난 '공동체 관계망 속에서의 주체', '관여적 주체' 속에서 이루어진다. 관계망 속에서 어떤 일을 해내고 만들어나갈 사람들과 자원을 형성되는 과정이 중요하며, 그것은 주체성 생산이라는 문제라고 집약할 수 있다.

다. 협동조합에서 관계망 창발과 관계 성숙을 추구하자!

협동조합의 관계망이 갖는 평등하고 수평적인 성격은 균등주의나 평균주의가 아니다. 관계망에서 창발될 수 있는 공통의 지혜, 아이디어, 자산을 위한 여백과 자리가 중요하다. 협동조합은 관계를 성숙시켜 발생 초기부터 핵심 집단을 필요로 하며, 이를 통해서 관계 속에서 창발되는 색다른 시너지 효과까지도 얻을 수 있다. 개인이 처한 여러 가지 사회적인 상황을 개인의 차원이 아닌 공동체적 관계를 통해서 해결하는 것을 협동조합으로 찾는 것은, 개인과 사회의 이분법을 넘어서 지도처럼 관계 성좌에 의해서 이루어진 생산적인 공유 영역을 만든다. 관계망이 갖는 창발성의 영역은 자본 역시도 탐내는 부분으로 관계망, 집단 지성, 정서의 흐름 등에 착목하여 '코드의 잉여가치'라는 질적 착취 단계로 이행하려고 한다. 물론 이러한 자본의 요구는 사회적 경제에 대한 논의의 빛과 그림자를 의미한다.

라. 관계망에서 정동(돌봄)의 흐름을 형성하자!

많은 사람들은 협동조합이 국가 대신에 복지나 일자리를 수행할 수 있지 않은가라고 생각되었던 이유로서 돌봄과 살림의 역할을 하는 내부 관계망을 근거로 들고 있다. 그런데 이러한 돌봄과 살림의 정동의 흐름의 발생은 신비롭게만 여겨지고 있다. 돌봄에서 보이는 특징은 사랑이 사랑을 낳는 파급 효과와 연쇄 반응이 나타나, 관계망에 유통된다는 점이다. 정동은 정서와 같은 수동적인 상태가 아니라, 적극적으로 변용하고 되기(becoming)를 수행하면서 사랑하는 상태를 의미하며, 감정과 같은 외피적인 것이 아니다. 정동(=돌봄)은 감정처럼 외피를 흐르는 것이 아니라, 자신의 존재를 이동시키고 신체를 변용하며 지혜를 만드는 원천이라고 할 수 있다. 정동이 하나의 고정된 의미에 머물지 않고, 비표상적인 흐름으로 나타나는 특징을 보이기 때문에, 이것의 의미 좌표를 고정시킬 수 없으며 오직 관계를 탐색해야 한다. 이는 보이지 않는 윤리와 미학이라는 관점에서 공동체와 개인의 관계를 재구성한다. 사람들이 태어나서 공동체에 사랑과 정동을 남기고 그것을 흐름으로 전달하고 홀연히 떠나는 존재라는 점은 보이지 않는 가치의 실존을 생각하게 만든다.

마. 공동체 경제를 통해서 공공성을 재구성하자!

사회적 경제와 협동조합 등이 공공성을 대신할 수 있는가가 한때 화두였다. 이 문제의식은 신자유주의가 방임하는 부분을 공동체가 떠안는 것이 과연 올바른 것인가라는 생각을 내포하고 있다. 그러나 국가가 하지 않는 부분을 공동체가 떠맡는 것이 굳이 하지 말아야 하고 해서도 안 될 것이라고 생각하지 않는다. 구조적 수준에서의 문제를 떠나 지금 당장 우리가 해야 할 문제 속에서 사유할 필요가 있다. 주체성 생산은 색다른 관계망을 만들어내고, 구조적 수준에서 해결해야 할 부분이 아니라, 현실의 생활 연관에서 해야 할 부분들에 대한 해결책을 제공해 준다. 이러한 공동체가 공공성을 대신하여야 한다는 시대적 요청을 자율성의 확장이라는 시각에서 재구성해야 한다. 기존 좌파처럼 공공 영역에 호소하는 방식이 불가능해지고, 자율성을 통해 공공성을 대신하는 방식이 유효하기 때문이다.

바. 사회적 경제의 비물질적인 요소를 오픈소스화 하자!

사회적 경제의 비물질적인 요소들——노하우, 정서적 교감, 관계 맺기의 방식 등——은 모델화될 수는 없겠지만, 다양한 모델들 사이에서 경우의 수처럼 메타 모델의 일부로서는 기록될 수 있다. 자신의 특이한 지역과 공동체에서 관계망의 비물질적 요소들이 오픈소스로서 간주되어 새롭게 협동조합을 구축하려는 사람들에게 공개되고 개방된다면, 새롭게 출발하는 사람들에게 새로운 자산이나 지혜로 사용될 수 있을 것이다. 협동조합은 리눅스와 같은 오픈소스의 정신을 도입하여 공동체 관계망과 네트워크의 접촉 경계면에서 이루어지는 색다른 접속을 구상해 볼 수 있다.

사. 제도와 관계망 간의 긴장과 색다른 제도(=관계망)의 방법을 활용하자!

공공성과 공동체성의 사이에서, 제도와 관계망의 사이에서 이를 통합적으로 사유할 가능성은 펠릭스 가타리가 주도했던 라보르드 병원에서의 제도 요법이라는 방법론에서 살펴볼 수 있다. 라보르드 병원에서 환자와 간호사, 의사가 함께 특이한 관계망인 '일일 활성화 소위원회'를 만들어 그것을 제도라고 본 것에 유래한다. 제도(=관계망)의 사유에 따르면 특이한 관계망 자체가 수립되는 것 자체를 제도의 수립으로 보는 독특한 사유가 가능하다. 이에 따라 협동조합 내에서 얼마나 특이한 관계망의 배치를 만드느냐가 핵심적인 의제가 될 수 있으며, 이는 시민사회의 설정처럼 상향식의 의제 설정과는 차이점을 갖고 있다.

사업체이자 결사체인 협동조합

초기 자본주의의 기업 형태가 대부분 협동조합이었으며, 도제조합에서 너와 나 사이에서 생겨나는 공통의 자산과 공통의 기술, 공통의 아이디어를 공동체 몫으로 돌리는 사회적 자본의 전통이 사라지면서 탐욕과 독점의 자본주의가 되었다. 이제 자본주의의 기본 정신으로 돌아가서 그 내부의 원형을 성찰함으로써 지금의 성장주의 패러다임이나 신자유주의 패러다임을 넘어서는 것이 가능하지 않은가라는 점도 일각에서 제기된다. 그러나 내포적 발전 전략은 여기서 한발 더 나아가 협동조합의 대안적 가치를 사고하게 만들어준다. 협동조합은 유토피아 사회주의자들이나 종교인들의 생각에만 한정된 것이 아니라, 위기와 불황의 자본주의에서의 생존과 생활을 지속 가능하게 만들어주며 예술, 과학의 발전이 이루어질 수 있는 새로운 판이라고 생각된다. 협동조합은 가난한 사람들이 일자리를 얻고 사업을 해서 자산을 만들기 위한 정직한 기업 모델로서의 사업체적 의미와 모심, 돌봄, 보살핌, 살림, 섬김 등 관계망이 갖고 있는 결사체적 의미를 함께 갖고 있다. 협동조합은 사업체와 결사체의 내부 긴장의 관계를 원동력으로 삼아 미래 구성적인 관계망을 구성하는 것이다.

협동조합을 관계망 내부에서 사유한다면 생태적 지혜를 배태할 것이지만, 관계 외부에서 이를 분석하려고만 한다면 객관적 진리를 추구하는 플라톤적 전통으로부터 자유롭지 않게 될 것이다. 나는 가치의 내부, 관계의 내부 속에서 협동조합을 사유하기 위해서 관계망 자체에 대한 탐구를 해오고 있다. 그 과정에서 내포적 발전이라는 개념을 통해서 협동조합을 설명할 수 있다는 욕심이 생겼다. 그러나 유한한 자원을 순환시키고 대안적 가치를 유통시키면서 어떻게 관계가 성숙하는지에 대해서는 하나의 모델, 표상이나 의미로서는 해명할 수 없는 부분이 많다는 점을 발견했다. 그래서 더욱더 너와 나 사이에서 내 것도 아닌 네 것도 아닌 것을 만드는 관계의 흐름에 대해서 주목하게 된다.

2012년 문화 활동가들 사이에서는 펠릭스 가타리가 핵심 개념으로 사용했던 배치(agencement)라는 개념이 주는 실천적인 효과에 주목하면서, '배치 예술'이라는 장르를 말할 정도로 논의가 활성화되었다. 문화 현장에서의 실천적 요구로 인해, 활동가들로부터 배치와 관련된 모든 부분을 정리해 달라는 요청을 받게 되었다. 배치는 구조와 같은 불변항이 아니라, 찢어지거나 수정되거나 사라져버릴 수도 있는 국지적이고 유한한 것이다. 그렇지만 활동가들이 영원하게 지속될 구조를 설립하는 것이 아니라, 관계 성좌에 심원한 변화를 초래하면서도 유한하여 언젠가 사라질 배치를 만들어보려는 것은 우연이 아니다. 혁명을 영원한 구조로 만들려는 사람들은 국가 외부에 있으면서도 가장 국가적인 모습을 보이는 사람들이다. 반면 자율성에 기반하여 사회를 점차적으로 변화시키려는 사람들은 제도와 비제도를 넘나들며, 집합적/기계적 배치 속에서 판단하고 움직인다. 2012년 한 해 동안 '배치'라는 개념이 왜 그렇게 활동가들 사이에서 화두가 되었는지는 이해할 수 없지만, 대선을 앞두고 구조와 재현의 정치를 넘어 자율적 배치와 관계망을 만들어보려는 구상이 현장에서 싹터나갔다는 증거로 보인다. 이 글은 2012년 《인천문화현장》에도 실렸다.

4장

세상을 바꾸기 위해 우리는 어떤 관계를 만들어야 할까?

―배치와 예술 생산

콤플렉스와 배치는 완전히 다른 극단에 서 있다. 배치는 응고점이 없는 흐름이 통과되어 이행하는 구역이며, 강렬도가 문턱을 넘지 못하고 공회전되는 것이 아니라 문턱을 넘어서 색다른 작동 방식을 드러내는 순간이다.

들어가며: 배치에 입각한 문화 생산 관계망 수립하기

한 활동가의 뇌폭풍의 과정에서 설치 예술이 아니라 배치 예술이라는 발상이 등장했다. 마치 세상을 재배치하듯 예술도 배치를 바꾸는 세상의 재창조에 나설 수 있다는 함의를 갖는 개념이었다. 지역에서 문화 생산에 참여하는 활동가들에게 '배치 예술'이 새로운 화두로 떠오르고 있다. 문제는 이 배치 예술이라는 개념이 예술의 다성적이고 다의적인 감각 소재에 대한 특이한 감각작용을 어떻게 해명할 것인가라는 점일 것이다. 배치 예술이 제안되고 논의되게 된 배경에는 약간의 극적인 요소도 있다. 사회주의 리얼리즘이라는 재현의 예술의 장르가 퇴조했음에도 불구하고, 그것의 대안으로 색다른 개념을 제안하고 있지 못한 상황에서 이루어진 여러 예술가 그룹들의 뇌폭풍에서의 발상이거나 우리들 사이에서 유통되는 개념의 혁신에 대한 색다른 요구이기 때문이다. 배치 예술에 대한 미학적이고 철학적인 해명은 분명 색다른 과제임에 분명하다. 그래서 흥미를 가지고 배치 예술을 해명해 볼까 한다.

배치 예술은 설치 예술과 조형 예술, 회화 예술을 지칭하던 장르가 미적 소재를 재현하거나 느끼는 차원을 넘어서 완전히 다른 감각을 만들어내는 색다른 성좌 배치를 개방한다는 의미를 담고 있다. 이는 일종의 색다른 배치를 통해서 국지적으로 낯선 공간을 창출하여 예상치 못한 감각 작용의 효과를 낳는 것을 의미하기도 한다. 이러한 낯선 공간이나 관계망으로 튕겨져 나가는 것을 탈영토화라고 지칭하며, 배치는 탈영토화 과정을 담고 있는 내재성의 장이다. 문제는 우리가 갖고 있는 고정관념으로부터 어떻게 벗어날 것인가 하는 점이다. 이것은 확실한 개념 정의나 해석에 의해서 의미 연관이 분명하고 고정되어 있는 현실을 벗어나 A=A가 아닌 A가 B, C, D, F 등등으로 의미 연관을 달리 할 수 있는 가능성을 의미한다. 우리는 이것을 비표상적인 사유방식이라고 지칭하는데, 아이들에 대한 연구에서 이러한 사유방식이 자주 발견되곤 한다. 유년기의 아이들은 '컵은 컵이다'라는 고정된 의미 연관에서 벗어나 컵은 장난감, 우주의 기지, 비밀열쇠, 마법의 장치 등으로 의미를 이동시킨다. 이 속에서 다성적이고 다의적인 감각 작용이 나타

　　　　　　　　　　　　　녹색은 적색의 미래다

난다. 이러한 비표상적인 사유 체계는 감각 작용의 다변화를 통해서 탈영토화의 효과처럼 전혀 다른 배치로 연결 접속될 수 있는 가능성으로 나타난다.

지역 사회에서 활동하는 문화 예술가들은 이러한 배치 예술을 통해서 어떤 고정된 사유 체계나 고정된 의미 연관이 아니라, 흐름의 사유에 기반하여 전혀 예상치 못했고 기억에도 없던 색다른 현실을 재구성할 수 있음을 보여주어야 할 것이다. 이것은 당위라기보다는 지금 실재적으로 수행되고 있는 예술적 현실을 의미한다. 물론 기존에 흔히 보아온 매체들 중에서 영상 이미지의 흐름이 바로 이러한 흐름과 비표상성에 입각한 미적 사유를 잘 보여주고 있다. 그러나 이 영상 이미지의 흐름조차도 해석과 스토리, 내레이션에 종속되어 있어서 배치가 갖고 있는 가장자리에서 발생하는 소수성의 접속과 탈영토화하는 움직임을 충분히 보여주지는 못하고 있다. 문화 예술가들이 창조해 낸 색다른 예술작품들은 기존에 존재하지 않던 현실이며, 그것이 물론 소재나 재료적 측면을 기존 현실에서 가져다 쓴다 하더라도 완전히 다른 것으로 만들 수 있는 것이라는 점에서 배치 예술이라고 할 수 있겠다. 이 과정에서 특이화가 이루어지고 현실을 다면적으로 받아들일 수 있는 정서와 감각 작용, 미적 지각 등이 등장하게 된다. 우리가 미학적으로 받아들일 수 있는 현실은 색다른 배치에 의해서 완전히 다른 의미 연관으로 배치되고 재배치될 수 있는 복잡계로서의 현실이라고 할 수 있다. 어떤 얘기인가 하면 화장실에서 늘상 보아오던 좌변기도 배치를 달리 하면 '샘'이 될 수 있다는 것처럼 의미 연관으로부터 벗어나게 하는 작업이 문제라는 것이다.

　예술에도 미적 작용을 일정하게 고정화하고 일면화하는 방식이 있다. 이른바 재현에 의해서 반영되는 세계 이미지라고 일컬어지는 예술적 방식이 그것이다. 철학적으로 세계라는 의미는 흐름을 고정하고 실체화하는 개념이었다. 실체화된 현실에서는 하나의 원인에 따른 하나의 결과라는 방식으로 인과율이 분명하게 나타나게 되거나 행위자인 주체와 행위 대상인 객체의 이분법에 의해서 나누어지게 된다. 그러나 인과관계에 다양한 상관관계가 영향을 미치고 사실상 다양한 변수가 상호작용하는 복잡계의 현실이 조성되고, 그 위에 나비효과의 횡단적인 흐름이 발생되는 상황에서는 고정되어진 세계라는 평면이 아니라 입체적인 복잡계의 그림이 그려져야 한다. 그리고 인지와 행동의 변수가 개입되고 스스로가 배치를 구성해서 복잡계로서의 현실을 스스로 구성하게 되면 '인지 = 행동'이라는 색다른 차원 계수가 등장한다. 그렇게 되면 차원 계수와 횡단 계수가 함께 움직이는 상황이 연출되고 우리가 그것을 새롭게 조성해 낼 수 있는 것이 바로 배치가 된다.

　우리가 구성주의적으로 사고한다는 것은 인지주의와 행동주의라는 전통적인 주체/객체의 이분법으로부터 벗어나는 것을 의미한다. 마투라나/바렐라가 언급했던 생명 활동 자체가 인지 구조를 결정한다는 구성주의 입장에서는 나무의 생각은 나무가 가지에 꽃을 피우고 잎을 푸르게 하는 것 자체일 것이며, 벌레의 생각은 벌

　　　　　　　　　　　녹색은 적색의 미래다

레가 움직이는 행동 자체일 것이다. 이렇게 구성주의적 사유방식에서 접근하게 되면, 배치는 행동과 인지를 분리하는 것이 아니라 행동의 변화와 인식 구조의 변화가 함께 이루어지게 되는 자기 구성적인 관계망 그 자체에 대한 논의로 바뀌게 된다. 문화 예술에서 구성주의는 바로 자신이 생각하고 느끼는 것과 행동의 관계 지반 자체를 동시에 만들고 있음으로 하여 재현에 대한 강박으로부터 최종적으로 벗어나게 되는 것을 의미한다. 이런 점에서 구성주의적 기반은 재현 예술을 넘어선 배치 예술의 기본 전제라고 할 수 있다. 스스로가 배치를 만들어낼 수 있다는 점은 문화 예술의 자율성을 함의하는 것일 뿐만 아니라, 완전히 다른 세상을 만들어낼 수 있는 세계 재창조의 능력이 문화 예술에 있다는 것을 의미한다.

결국 문화 예술 관계망은 베버의 합리화 과정과 같이 기능 분화된 현실이 아니다. 이러한 현실에서 보자면 직능적이고 기능적인 예술가가 등장한다. 여기서 타이타닉의 역설이 발생하게 되는데, 타이타닉 호가 빙산에 부딪치고 있는 순간에도 악사는 악기를 연주하고, 요리사는 요리를 하고, 가수는 노래를 부르는 상황이 그것이다. 그렇다고 다시 예술적 아우라에 호소하는 전체성의 낭만으로도 돌아갈 수 없는 상황이다. 그러므로 각자가 기능 연관을 맺는 분자의 최소 단위나 기계 단위를 전제하면서도 네트워크적인 관계망으로 이것이 어떻게 움직이는가를 함께 보아야 하는 것이다. 네트워크 사회는 기능 분화를 다른 방식으로 연결 짓고 기능 연관을 달리 함으로써 시너지 효과를 노리는, 말하자면 관계망 변화에 주목하는 사회였다. 그러나 이러한 네트워크라는 개념은 배치의 아주 일부분만을 보여줄 뿐이다. 사회에서 회자되던 혁신에 대한 논의는 구조조정이라는 구조적 수준의 논의가 아니라 배치의 변화라는 색다른 과제에 대해서 응답하지 못하고 구조 수준의 인식으로 머물고 있다. 그래서 기업 혁신가들의 머릿속에는 배치라는 개념을 제시하지 못하고, 개념 부재 상황에서 공회전하는 듯한 모습을 보게 된다.

지역에서 활동하는 문화 예술가의 세계 재창조의 역능이 발생되는 지점은 바로 관계망의 위상과 배치를 달리 하는, 끊임없는 재배치와 감각 소재의 다변화에 달려 있다고 할 수 있다. 관계망 자체가 엄청나게 세분화되고 그 속에서 미시적인 흐름이 발생된다면, 그것을 전제로 완전히 다른 배치를 만드는 혁신적인 활동이 가능하다. 예술 활동 속에서 각각의 관계망이 연결 접속을 달리했을 때 다양한 의미 연관이 가능하고, 주체성 생산이 다양한 방식으로 실험되고 실천될 수 있는 것이다. 배치를 바꾸어내는 것은 내재성의 장을 바꾸는 것이며, 이러한 새로운 판짜기의 실험이 끊임없이 이루어졌을 때, 지역의 문화 예술 활동가 자신을 변모시킬 것이다. 관계망의 수정과 실험, 변화는 결국 자기 자신의 변화를 의미하는 것이기도 하며, 동시에 산출하고 생산하는 예술작품의 변화마저도 가져다 줄 수 있다. 그러므로 지역 문화 예술가를 배치 예술가라고 부르는 것은 지역 문화 예술이 어떠한 방식으로 현실과 관계하고 색다른 현실을 만들어낼 것인지에 대한 아주 중요한 개념 창안이라고 할 수 있다.

예술 무의식 분석에서 배치와 콤플렉스

예술의 창조 과정에서 기존의 의미 좌표가 흔들리는 현상은 문화 예술가들이라면 모두 경험해 본 부분이다. 이것을 일종의 분열이라고 지칭할 수 있을 것이다. 역사적으로 프로이트가 발견한 무의식 현상은 꿈, 농담, 실수에서와 같은 영역에서 일종의 의미 좌표의 흔들림이었다. 그러나 프로이트는 환원주의와 발상주의의 틀로 의미 좌표의 흔들림을 주조하였다. 현재와 같이 미디어에서 무의식이 대량 생산되는 것을 생각해 보면, 이러한 프로이트 시대의 지표는 낡은 것이라고 할 수 있다. 문화 예술에서의 창작 과정에서는 의미 좌표의 흔들림 자체가 창조 행위의 원동력이 된다. 그리고 그것이 분열의 상황으로 치달아 갈 때 불쑥 특이한 것이 생산되고 기존 의미로는 설명 불가능한 새로운 배치가 등장한다. 그러나 프로이트는 의미 좌표가 흔들린다는 것은 억압이 실존하고 있다는 것을 반증한다고 생각하는 '억압 가설'을 주장하였다. 즉, 오이디푸스 콤플렉스라는 것이 작동하고 있으며, 의미 좌표의 흔들림에는 반드시 억압과 저항의 이중적인 운동이 존재한다는 것이다. 마치 무의식 지반의 억압이 치약을 짜내듯이 표층에 산출물을 만들어낸다는 가설이다. 물론 억압되어 있는 사람을 인터뷰하다 보면 의미 좌표의 흔들림과 망각하고 싶어서 언어화하지 못하고 머뭇거리는 영역이 있다. 그것은 무언가에 사로잡혀 있었다는 협착의 반증이지 생성의 반증은 아니다.

그러나 이러한 협착되고 병리적인 분열이 아니라 창조적이고 생산적이며 기존 의미 좌표를 흔드는 특이성 생산으로서의 예술이 있다는 것을 생각해 볼 수 있다. 그것을 창조적 분열이라고 한다면, 분열 협착인 정신분열증과 같은 질환과는 구분될 수 있다. 물론 병리적 분열이 창조적 분열로 이행하는 '분열 생성'과 같은 과정도 배제할 수 없지만 말이다. 콤플렉스와 배치는 협착 분열인지 분열 생성인지의 차이점에 의해서 비교될 수 있다. 저항 운동에 기반했던 문화 예술 활동가 속에서 억압에 따른 협착과 그러한 콤플렉스의 상황을 벗어나려는 필사의 노력을 분열로 간주하려는 피해자 중심적 패러다임이 있을 수 있다. 이에 따르면 힘없고 가난하며 약자의 편에 서려는 사회 정의를 예술로 표현하려는 의도를 갖고 있다. 그러나 이러한 예술 활동이 오히려 콤플렉스라는 좌표 속에서 응결되어 분열 협착 속에 머무르는 경향이 있다. 그렇기 때문에 이러한 콤플렉스는 응고된 상태에서의 저항과 억압이라는 이중적 차원으로 현실을 재편하며 수많은 다른 가지와 분기점을 통과해서 뻗어나가는 다차원적인 분열 생성에 대해서는 간과하게 된다.

예술가들의 분열 생성의 과정은 다차원적인 방향으로 향하여 사방으로 뻗어나가는 의미 좌표의 파열이 있다. 그것은 이것일 수도 있고 저것일 수 있는 비표상적인 흐름을 통해서 n차원의 개방

녹색은 적색의 미래다

을 의미한다. 강렬도와 속도가 예측할 수 없는 수준에 이르러 기존 공리계가 파열되고 색다른 의미 좌표가 개방되는 것이 예술에서는 빈번히 나타난다. 분열은 의미 좌표의 흔들림에서 의미 좌표의 파열로 나아가며 색다른 흐름을 발생시킨다. 그것은 해체된 상태나 와해된 상태가 아니라 고도로 예술적으로 조직된 형태로 의미 좌표에서 다채로운 흐름을 발생시킨다. 분열 생성의 과정은 베이트슨(Gregory Bateson, 1904~1980)이 『마음의 생태학』(책세상, 2006)에서 언급하는 두 개의 상반된 발신음이 동시에 수신되는 현상으로부터 시작된다. 정신분열증에 대한 분석에서 이러지도 저러지도 못하는 분열된 상황은 이 분열의 논리학을 통해서 설명된다. 아버지가 '나를 넘어서라'라고 얘기하면서도 자신을 존경해 달라고 은근히 권유하는, 이러한 모순된 상황은 분열 과정이 이러지도 저러지도 못하는 협착과 응고로 향할 가능성을 의미한다. 그러나 이 순간 예술가들은 의미 좌표의 분열을 색다른 흐름의 발생으로 만드는 능력을 갖고 있다. 이를테면 이러지도 저러지도 못하는 상황에서 춤, 음악, 회화, 영상, 혹은 미지의 것으로 색다른 탈출구를 만들어서 배치의 변화를 이끄는 것을 의미한다. 이러한 분열 생성은 협착 분열이 응고되고 침윤되고 폐색되는 '이러지도 저러지도 못하는 상황'에 이르게 되는 것을 비표상적 형태의 '이것일 수도 저것일 수도 있는 생각지도 못한 배치'를 만들어내고 의미 좌표를 n차원의 낯선 흐름으로 만드는 작동 방식을 의미한다. 이것은 협착 분열이 응고되고 침윤되는 것으로 향하는 순간에 배치의 예상치 못한 변화를 이끄는 변형과 횡단의 힘에 의해서 번뜩이는 섬광의 순간에 특이성 생산이 이루어지는 것을 의미한다. 이 특이성 생산은 n개의 의미 좌표가 생산하며 아주 생각지도 못한 배치를 만들어 낸다.

지금까지 분열 생성이 어떻게 배치의 변형을 만드는가에 대한 개략적인 소묘를 해보았다. 예술가들이 분열 생성하는 것은 협착에 의한 것이 아니라 자유와 횡단의 능력에 의해서 특이점을 만들어내고 배치를 변형하는 예술적 능력에서 비롯된다. 배치 예술의 황홀함은 보이지 않는 것을 미학적 소재로 만들고 지각 불가능한 것을 지각 소재로 만드는 분열 생성의 강력한 능력에서 비롯된다.

이러한 특이성 생산의 의미 파열의 과정은 응고되고 폐색되어 의미 좌표가 붕괴되는 양상과는 확연히 차이가 있다. 콤플렉스와 배치는 완전히 다른 극단에 서 있다. 배치는 응고점이 없는 흐름이 통과되어 이행하는 구역이며, 강렬도가 문턱을 넘지 못하고 공회전되는 것이 아니라 문턱을 넘어서 색다른 작동 방식을 드러내는 순간이다. 그렇기 때문에 이러한 배치의 시선에서는 피해자와 희생양의 시선에서 세상을 보는 것이 아니라, 자율성의 시선과 자기 생산의 시각에서 세상을 재창조하는 것이다. 배치는 분열 생성의 강렬도가 교차되어 이행과 변형으로 만드는 과정이며, 그 과정에서 만들어진 잠정적인 색다른 배치가 다른 배치를 재배치하는 원동력이 된다. 고정되어 있는 불변항으로서 끊임없이 억압을 가하는 현실이 있는 것이 아니라, 유동적이고 횡단적이며 무수한 변수

녹색은 적색의 미래다

들이 작동하면서 복잡계를 형성하는 능동적인 현실이 있다. 억압에 맞선 저항이라는 공식으로는 설명할 수 없는 다차원적인 현실이 개방되며, 그러한 다극적, 다실체적, 다의미적 현실 속에서 특이성 생산을 만들어낼 수 있다.

어떤 하나의 배치를 구조적 불변항으로 간주하는 사람들은 그것의 영속성에 대한 환상을 갖고 있으며, 그것에 어떤 깨질 수 없는 원칙이 있다고 생각한다. 그러한 구조적 사유는 사실 콤플렉스라는 응고점이 만들어낸 단단한 구조물이다. 가장 저변에서는 억압과 저항이 만들어낸 응고물이 침윤하고 있다. 그러나 배치는 깨질 수 있고, 다른 식으로 가지꺾기를 할 수 있으며, 망가질 수도 있고, 고장날 수도 있다. 단지 배치는 이행과 변이 과정에서 잠정적으로 언제든 변형 가능한 것으로 위치한다. 배치는 국지적이며 유한한 것이며, 그렇기 때문에 시작부터 끝과 죽음을 안고 있다. 배치의 유한함을 거부하고, 죽음, 광기, 욕망이라는 유한성의 실존 좌표를 거부하는 것은 불가능하며, 배치 속에는 영원한 것은 없다. 배치 예술의 일시성과 찰나성은 시간-공간-에너지 좌표에서 예술활동 자체가 갖고 있는 실존적 효과를 의미한다. 그러므로 배치가 사실 역사적이고 사회적이기 때문에 지극히 유한한 것임에도 불구하고 영속적이고 영원한 것으로 바꾸려는 생각을 가진 사람들의 생각 속에는 억압 가설, 협착 분열, 콤플렉스라는 응고점이 있으며, 그 위에다가 어떤 재현과 구조를 만들려는 것이다. 그러므로 겉으로는 분열과 의미 좌표의 붕괴라는 측면에서 유사한 모습을 보이는 예술이 있다고 하더라도 그것이 콤플렉스에 따른 것인지 아니면 배치에 따른 것인지는 면밀히 식별될 필요가 있다.

문화 예술 활동이 언어적으로 표현될 수 없는 색다른 배치를 만드는 것이기 때문에, 예술 창조의 원동력을 자신의 약함이나 억압에 의한 것이라고 생각하는 것은 창조와 생산의 행위를 단순화하고 수동화하는 것이다. 문화 예술가들이 세상을 재창조해 내는 능력은, 배치를 바꿈으로써 색다른 현실을 개방할 수 있는 능력을 갖고 있음을 의미하지, 자신을 억압하고 스스로 억압을 내면화한 상황에 대한 반동으로서의 함의를 의미하는 것은 아니다. 예술은 분열 생성을 통해 색다른 의미 좌표를 개방하며, 이 속에서 생산되는 흐름을 통해서 색다른 배치를 만드는 작업이다. 예술이 개방하는 n차원을 단순히 양극적으로 해석하거나 또 다른 힘의 역학관계의 주형에 집어넣어 단순화하는 것은 다차원적이고 다극적인 분열의 양상을 단순하게 해석하려는 비평적인 시도에 불과하다. 또한 문화 예술 활동은 다차원을 향한 미래적 욕망이지 과거의 응고물에 사로잡혀 그것을 재현하는 것이 아니다. 이러한 창조는 색다른 배치를 개방하며, 미래적 무의식을 향해 추동하는 새로운 지평으로 나아가게 만든다. 그래서 배치 예술은 미래의 시간에 속하는 것이다.

　녹색은 적색의 미래다

흐름, 관계망, 상호작용과 배치

배치의 차원은 상징이나 상상이 아니라 실재적인 관계망을 의미한다. 동시에 언어적으로 표현될 수 있는 것으로 한정되지 않으며, 비언어적인 것으로 구성되어 있다. 실재계에서의 관계망을 표현할 때 "그것을 분석하는 것이 아니라, 그것을 해라!"라고 표현할수 있겠다. 이를테면 어떤 사람이 꿈자리가 뒤숭숭하면, 상징적 분석의 입장에서는 그 꿈의 내용을 얘기하면서 분석하려고 시도할것이다. 그러나 배치의 입장에서는 왼쪽으로 눕던 것을 오른쪽으로 눕는 것으로 쉽게 해결할 수 있다. 그러한 아주 작은 배치의 변화가 꿈의 내용이 어찌 되었건 변화를 유발할 수 있다. 배치는 비언어적인 춤, 음악, 회화, 향기 등의 요소로 이루어져 있다. 이러한 요소들로는 패턴이 구체화될 수 없기 때문에 음악과 회화의 요소로 설명하는 경우도 있다. 이른바 리토르넬로(=후렴구)라는 리듬현상과 안면성이라는 현상이다. 리토르넬로는 시간적 좌표에 일관성을 살피는 시도이고, 안면성은 공간적 좌표의 일관성을 살피는 것이다. 어떤 집단, 개인, 공동체 사이에서는 일종의 리듬과 화음에 따라 움직이는 반복 현상이 관찰되며, 이것의 패턴 분석을 통해서 배치가 어떤 방식으로 기능 연관을 갖고 있는지를 살펴볼 수 있다. 또한 무정형으로 다가오는 공간적 요소에 어떤 질서와 패턴을 부여하여 마치 얼굴과 같이 바라보려는 공간 배치도 있을 수 있다. 유한성의 실존 좌표는 시간-공간-에너지 좌표로 나타나며, 그것이 리토르넬로와 안면성으로 드러날 수 있다. 그러나 이러한 두 가지 지표로 모든 것을 설명하는 데 한계가 있다.

그래서 예술적 배치의 구성 요소를 살피기 위해서 흐름, 상호작용, 관계망이라는 지표를 동원하려고 한다. 가장 초현실적인 예술이라 할지라도 그것은 현실이며, 흐름, 상호작용, 관계망에 따라서 자리 잡고 있다. 예술의 비표상성은 이것일 수도 저것일 수도 있는 n차원을 개방하며 그것은 흐름으로서 나타난다. 그러나 흐름이 너무 강화되다 보면 너무 난해하거나 의미화할 수 없는 작품이 나온다. 그래서 어떤 상호작용의 패턴을 갖는 것을 시도하고 그 패턴에 따라 의미의 덩어리로 그것을 파악하려는 시도가 생길 수 있다. 상호작용은 예술의 흐름을 고정시킨다기보다는 일정한 질서를 부여하여 카오스와 코스모스의 중간 형태를 만든다. 그것을 카오스모시스(chaosmosis＝chaos+cosmos)라고 이름 붙여도 좋을 것 같다. 일정한 패턴이 흐름의 선 속에서 점간의 피드백을 만들면 그 점의 수많은 피드백이 합성되어 마치 성좌 배치와 같은 관계망이 조성될 것이다. 이 관계망은 흐름이 상호작용하여 미치는 범위를 마치 은하 성좌와 같은 지도로 그릴 수 있게 만들어준다. 물론 이러한 성좌 배치의 그림에서는 주관과 객관의 이분법이나 계몽적 사유, 예술가와 대중 간의 분리 같은 것이 존재할 수 없다. 네트워크 이론들이 갖고 있는 관계망적 사유는 예술 배치의 구성요소의 하나를 잘 표현해 주는 것이기도 하다.

흐름, 상호작용, 관계망을 통해서 예술 배치에 대한 실재적인 그

녹색은 적색의 미래다

림을 그리게 되면 예술이 고립된 개인의 공상이나 판타지에 의해서 만들어지는 것이 아니라, 다양한 접속이 만들어낸 관계망 실험이라는 것을 알 수 있게 한다. 완전히 색다른 관계망이 출현하여 기존의 배치를 수정하고 변형하는 것이 가능하며, 그것의 원천은 고정관념으로부터 벗어난 흐름을 패턴화하고 네트워킹하는가의 여부에 달려 있는 것이다. 예술 배치는 현실의 관계망 분석으로 나타나면서 환상과 상상력이 발동하는 것이 관계망을 이루는 주체성 사이에서의 색다른 관계 맺기에 달려 있음을 알려준다. 완전히 다른 삶이 가능하며, 완전히 다르게 관계 맺는 것이 가능하다는 생각은 바로 특이성 생산이라는 개념으로 나타나며, 그것은 색다른 배치를 만듦으로써 기존 배치를 변화시키는 영구 혁명의 원천이 된다.

집합적 배치: 집합적 성좌와 무의식적 배치

예술의 배치는 집합적 배치에 의해서 영향을 받는다. 집합적 배치는 먼저 군인, 노동자, 학생, 주부, 환자 등의 집단이 있을 수 있다. 이들 집단은 기존의 자본주의적 배치에서 벗어나지 못하면서 각각 자신의 정체성을 형성하고 있는 집단이다. 일종의 예속 집단이라고 여겨지는 이러한 집합적 배치 속에서는 배치의 색다른 변화가 일어날 가능성이 약화된다. 대신 앞서 말했던 콤플렉스와 같은 현상이나 집단적 터부, 위계, 동일시에 의한 행동 유형을 보인다. 이번에는 네트워크와 공동체에 의해서 생겨난 집합적 배치를 사례로 들 수 있겠다. 이러한 집합적 배치에 이르러서야 비로소 자율성과 미시적인 배치가 존재할 수 있게 된다. 배치 예술은 정체성을 만드는 계급, 계층과 같은 지층이 아니라, 지층을 횡단하여 존재하는 네트워크와 공동체를 대상으로 한다. 이러한 집합적 배치를 형태적으로 묘사하자면 마치 은하 성좌와 같은 배치를 갖는다. 관계위상과 거리, 속도, 강렬도의 척도에 따라 자신의 자리와 위치를 끊임없이 달리하며 색다른 배치를 만들어내면서 집합적 배치는 끊임없이 생성된다.

집합적 배치의 논의는 집단 분석의 테마로 자주 등장했던 주제라고 할 수 있다. 어떤 집합적 배치에 소속되어 있는가에 따라 자신의 성격이 변화되는 것은 우리가 쉽게 볼 수 있는 현상이다. 집에서는 아들로, 직장에서는 회사원으로, 경기장에서는 붉은 악마로, 극장에서는 관람객으로 집단의 성격에 따라 변화되는 정체성이 있다는 것을 알 수 있다. 그러나 이러한 집단 분석은 정체성의 성격으로 집단을 분석할 뿐, 생성하고 변이하며 횡단하는 집합적 배치에 대해서는 침묵한다. 집합적 배치가 색다른 네트워크일 경우에는 정체성을 부여해 주고 안정감을 주는 데 머무르는 것이 아니라, 이질적인 집단의 연결 접속과 횡단을 만들어낸다. 이러한 네트워크는 전통적인 공동체의 인격적이고 정서적인 집단과는 궤도를 달리하며 도시환경과 같은 익명의 주체성을 등장시킨다. 이러

녹색은 적색의 미래다

한 익명성이 반드시 자유의 척도일 수는 없지만 우리 사이에서 어느 누군가가 생성될 수 있다는 관계성 창발의 한 측면을 보여주는 것은 분명하다. 배치 예술에 있어서 예술가 집단은 내부에서 거리감과 강렬도, 속도를 달리하면서 만들어내는 색다른 배치의 조성이라고 할 수 있다. 그들이 몇 명이 되든지 간에 집단을 이루었다는 것은 집합적 배치 속에서 완전히 다른 조성의 현실을 만들 수 있는 내재성의 장을 이룰 수 있다.

　예술가들의 집합적 배치에서 조성을 달리하는 실험은 여러 가지 형태일 수 있다. 특이한 별명이 있는 공간을 조성하기, 역할 게임, 사이주체성을 만들기, 낯선 존재의 실험, 두세 명 사이에서 강렬도를 높여서 다른 곳으로 튕겨져 나가기, 약간의 거리를 가짐으로서 재배치를 꾀하기, 횡단하기, 분열하여 의미 좌표를 뒤흔들기, 강렬도를 높이기 위해 카니발적 요소를 도입하기, 역할 분담과 팀워크를 통해서 해체와 합성을 계속하기 등등이 있을 수 있다. 집합적 배치는 개인과 자아의 딱딱한 정체성으로부터 벗어날 수 있는 계기이며, 집단의 흐름 속에서 자신의 신체를 변용하고, 흐름에 몸을 맡겨 아주 다른 지형과 세계로 향하는 여행을 떠날 수 있게 된다. 예술가가 고립된 개인이거나 자아의 자존감이나 인격 등을 강조하게 되는 것은 예술의 상업화와 긴밀한 관련을 갖는다. 책임 주체의 등장으로 일컬어지는 이러한 현상은 집합적 배치의 성과물을 누가 전유하느냐를 통해서 이행과 변이를 끝내는 작업에서 등장한다. 집합적 배치의 강렬하고 어지러울 정도로 색다른 흐름에 자신의 의미 좌표와 이름표를 갖다 대는 순간은 탈주를 포획하는 것과 똑같은 현상이다. 미분 후에 적분으로 규정되는 이러한 현상은 예술가들의 집합적 배치를 포획하려는 자본화 현상이라고 할 수 있다. 그리고 이러한 포획 현상과 자본화 현상 때문에 예술가 공동체인 집합적 배치는 와해되거나 해체되기도 한다.

예술가들의 집합적 배치는 아주 작은 집단일 수 있으며, 모든 생활과 관계를 새롭게 조성하고 재배치할 수 있는 역능을 갖고 있다. 아주 작은 실험 집단이 세상의 재창조 작업을 위해 미시적인 삶의 영역을 파고들어가 분자 혁명을 일으킬 수 있다. 분자 혁명은 집합적 배치가 만들어낸 특이성 생산의 과정으로 인해 전체 네트워크가 심대한 변화를 이루는 현상을 의미한다. 집합적 배치의 실험은 꾸준히 이루어져 왔으며, 특히 정신질환자에 대한 집단 상담이나 치유 과정을 모색할 때 중심적인 테마로 등장해 왔다. 일본의 정신질환자 공동체에서는 혼자 가게에 갈 수 없게 된 정신질환자를 위해 집단을 이루어서 가게로 향하며, 집단 내부에서 끊임없이 역할을 나누어 미리 연습을 한다. 어눌하게 "여기 이거 얼마예요?"를 가게에서 얘기하기 위해서 서너 명이서 망을 보고 밀착해서 움직이며 여러 번 반복해서 연습하는 장면이 이 공동체를 기록한 영상에서 등장한다. 이러한 집합적 배치를 UTB 전략(여기서 UTB 전략에 대한 자세한 연구는 윤수종의 「욕망과 혁명」(2011)에서 발견할 수 있다)이라고 한다. 우리가 데모를 나갈 때 혼자 나간다면 금방 대오를 이탈해 버릴 것이다. 그러나 UTB를 구성하면 상황이 달라진다.

　　　　　　　　　　　　녹색은 적색의 미래다

아주 다급하고 위험한 상황에서도 내부 지지대가 존재하기 때문에 강건한 무의식을 유지할 수 있게 된다.

집합적 배치의 실험은 시기별로 혹은 프로젝트별로 성격별로 배치를 달리함으로써 다른 조성을 가질 수 있으며, 전혀 이질적인 조성을 만들어서 서로의 차이 나는 접속이 시너지 효과를 갖도록 만들 수 있다. 문화 예술가의 집합적 배치의 실험이 존재하지 않는다면, 그 조직은 지층화되기 시작하고 위계화되기 시작한다. 그리고 곧 자본화를 추구하는 책임 주체나 자아, 혹은 개인을 주장하는 사람들에 의해서 경색되게 된다. 그러한 경색된 조직은 생산과 창조를 할 수 없는 불모의 배치가 되고 그것 자체가 예속으로 작동할 수도 있다. 대신 예술가들의 집합적 배치의 조성이 색다른 배치를 만들어낼 수 있으며, 조성과 구성, 자리와 위치, 거리와 속도, 강렬도와 문턱을 달리할 때 특이한 것이 생산될 가능성이 높아지고 창발은 내재성의 장에서 끊임없이 이루어지게 된다.

기계적 배치: 기계와 배치

배치의 논의에서 핵심적인 부분은 기계 현상에 관련된 부분이다. 생명이 성립하기 위해서 열린 상태에서 외부 환경에 직접적으로 노출되는 것이 아니라, 일정한 폐쇄계를 통해서 선택적으로 투입/산출되어 외부와 접촉해야 한다는 면에서 마투라나와 바렐라는 오토포이에시스(autopoeisis)라는 자기 생산의 개념을 창안했다. 우리가 많은 밥과 음식물을 섭취하고도 살찌지 않는 이유는 뼈, 간, 살, 피부를 자기 생산하기 때문이다. 자신의 조직을 재귀적이고 순환적으로 자기 생산하는 현상은 사회나 집단에서도 똑같이 드러난다. 이것을 들뢰즈와 가타리는 기계라고 개념화하였다. 사회 속에서도 기계 작동과 같이 움직이는 기계적 배치가 관찰된다. 이를테면 군대, 감옥, 병원, 다형적(polymorphic) 시설, 학교 등이 그 사례라고 할 수 있다. 이러한 기계 작동은 폐쇄되어 있고 코드화된 기계이기 때문에 기계학적(mechanic) 기계라고 얘기된다. 지배 질서에서의 기계는 전태일 열사가 "우리는 기계가 아니다."라고 부르짖었듯이 예속과 통제의 장치로서의 의미를 갖는다. 반면 재귀적이고 순환적이며 자기 생산적인 기계가 지배 질서 이외에도 있을 수 있다. 양심적 병역 거부자 단체, 감옥 정보 그룹, 정신질환자 자조 그룹, 장애인 그룹 홈, 대안 학교, 공동 육아 등이 그것이다. 이러한 기계적 배치는 외부로부터 열려 있고, 자기 생산적이기 때문에 기계론적(machinic) 기계라고 언급된다. 지금으로 보자면 열린 네트워크와 같은 것이 기계론적 기계라고 할 수 있겠다.

기계 현상을 일면적으로 보면 지배 권력과 지배 장치들만이 기계 현상을 석권하고 있다고 생각하기 쉽다. 그러나 기계적 자율성이 존재하며 자기 생산적인 조직이 열린 체계 속에서도 가능하다. 이 기계적 배치는 문화 예술 활동에 있어서 생명과 같은 활동 조직으로서 나타난다. 이 기계적 배치가 사실상 강력한 자기 생산성을

녹색은 적색의 미래다

갖추기 때문에 문화 예술가의 판짜기에서 늘 생산되어야 할 기본 단위로 간주되고는 한다. 동시에 정동, 돌봄, 가치의 측면에서 기계적 배치는 외부와는 분리된 독특하고 독립적인 형태를 가질 수 있는 자율성을 띤다. 그렇기 때문에 기계적 배치를 통해서 완전히 다른 가치 체계를 구상하고, 관계망 속에서 색다른 돌봄을 배치하며, 아주 다른 정서 작용을 통해서 정동과 변용의 색다른 배치를 만들 수 있게 된다. 기계는 모든 곳에서 발생할 수 있지만 일단 생산된 기계가 색다른 특이성의 좌표를 개방하기 때문에 기계적 자율성이라는 개념이 등장하게 된다. 그러므로 문화 예술 활동가들은 기계적 배치에서 어떻게 물질, 에너지, 화폐의 순환 과정을 구상할 것이며, 어떤 방식으로 재귀적인 내부 조직화와 정보와 지식을 유통하고, 어떤 정서의 흐름을 만들 것인가를 만들어나가야 한다.

우리가 기계적 배치를 갖는다는 것은 협동과 연대, 나눔 등의 가치를 동시에 새롭게 구상하고 실천할 수 있다는 의미이기도 하다. 가치 질서가 자본주의적인 가치로만 머무는 것이 아니라 선물과 같은 호혜적 가치로 재구성될 수 있다는 것을 의미하는 것이기도 하다. 그러므로 가치를 결정하는 요인은 교환가치로 한정되지 않으며, 욕망과 삶이 만들어내는 활동도 작용하게 된다. 아주 색다른 가치 질서의 구성이 가능해지며, 완전히 다른 의미의 욕망 가치를 만들어낼 수 있는 구도 역시도 존재하게 된다. 내재성의 장에서 가치를 결정하는 것은 동질적이며 에로틱한 과정이라기보다는 아주 이질적인 것을 접속시켜 만들어내는 것일 수도 있다. 즉, 예술가 공동체의 가치 질서는 무엇을 갖고 있으며 그것이 동일하냐의 여부가 아니라, 완전히 다른 가치를 가진 것을 꿈꾸고 욕망하느냐의 여부가 될 수 있다.

물론 예술가 공동체나 문화 활동가들은 국가로부터 지원금을 받기도 한다. 그렇지만 자신의 내부에 있는 가치와 외부의 가치를 선택적으로 접촉함으로써, 내재성의 장을 유지한다. 기계의 자기 생산이라는 내부 작동이 있는 순간에는 기계적 자율성이 존재하는 것이며, 그러한 색다른 지평 속에서 아주 색다른 기계적 배치를 통해서 현실 변화를 촉진하는 것이다. 기계적 자율성이 어느 범위와 한계를 갖는가의 여부가 문화 예술 활동가들 사이에서는 관심사일 수도 있다. 너무 제도화되어 내부의 재귀적이고 순환적이며 자기 생산적인 기계 작동이 존재하지 않는 조직일 경우에는 무경계의 상황 속에서 사실상 있으나 마나 한 상황으로 나아가거나 형식주의에 머물게 된다. 물론 형식과 형태는 중요한 의미를 갖지만 그것이 현실의 배치 속에서 색다른 배치를 갖고 있으며, 새로운 형식을 구성하는 배치일 경우에만 의미가 있을 뿐이다. 잘못 형식이 작동하게 되면 세계 연관 속에서의 형식이라는 다분히 플라톤주의적인 실재론(realism)으로 향하게 된다. 형식이 빛을 내는 순간은 기계일 때이다. 그것이 기계 작동과 같은 내적 원리에 의해서 완전히 상이한 배치를 만들고 상이한 시각과 생산물을 만들 때이다. 기계는 분업과 위계, 책임, 기능으로 이루어진 합리화된 경계가 아니라, 위계와 지층을 횡단하며 이행하는 활동의 탈경계의 경계로서의 그물망

녹색은 적색의 미래다

을 만드는 것이다.

기계의 가능성은 무의식의 좌표를 변형한다는 데 의미가 있다. 우리는 흔히 자본주의 구조가 무의식을 점령하고 있다고 생각하기 쉬운데, 사실은 자기 생산적이고 재귀적으로 움직임을 갖고 있는 기계에 따라 무의식이 움직인다. 그렇기 때문에 기계의 자율성은 무의식의 움직임을 다르게 만들 수 있는 자율성과 긴밀히 연결되어 있다. 자본주의는 큰 구조나 틀에 의해서 움직이는 것처럼 보이지만 작은 기계 부품의 기능 연관에 의해서 움직인다. 기계 부품의 기계 작동을 달리하는 것은 자본주의 자체를 고장 내거나 재배치할 수 있는 기계적 자율성의 영역이다. 특히 기계 작동의 성격 자체가 다른 색다른 장치가 움직이기 시작하면 이러한 특이성 생산으로 인해서 자본주의는 변형되고 이행한다. 그렇기 때문에 문화 예술 활동가들은 기계적 수준의 자율성을 확보하기 위한 노력과 실천을 해왔으며, 그것이 어떤 효능을 갖는지에 대해서 부지불식간에 파악하고 있었다.

기계적 배치는 예술 활동이 유지되고 자기 보존되며 그 스스로의 가치를 생산할 수 있는 내재성의 장을 의미한다. 예술 활동이 자본주의적 감각 소재만이 아니라 공동체 관계망 자체가 만든 독특한 감각 소재나 지역 사회 등에서 유통되고 있는 정서 등을 대상으로 할 때 기계적 배치를 설립하고 구축하는 것이 예술 활동의 자율성과 긴밀한 관련을 맺는다는 것을 알게 된다. 특히 무의식적인 구도에서 기계적 자율성이 존재하는 상황에서야말로 특이성 생산이 지속될 수 있는 피드백을 확보할 수 있게 된다. 그런 의미에서 문화 예술가들은 자본주의적 무의식이라는 획일적이고 대량 생산되며 자본화하기 쉬운 소재가 아니라, 기계적 무의식이라는 모든 생명, 무생물, 지역, 사물, 환경 속에서 서식하고 증식하는 정서 기반에 착목하는 것이다. 즉, 예술가는 색다른 기계 장치를 작동시켜 완전히 다른 삶과 세상이 가능하다는 것을 보여주는 기계적 배치 예술가들인 것이다.

역사 · 사회적 배치와 문화 지도 제작

역사 · 사회적 배치는 거시적인 것이 아니라 미시적인 배치 속에서 존재하며, 이것은 현장 연구에서 지역 구술사나 미시사에 대한 접근 등에서 이루어졌다. 역사 · 사회적 배치에서 중요한 것은 그것이 큰 그림으로 이루어진 거시적인 접근으로 머무는 것이 아니라 미시적인 영역에서 어떤 배치를 형성하는가를 살피는 것이다. 특히 이러한 관점에서 보면 역사 · 사회적 배치를 재현 예술과 같이 반영하고 대응하는 상을 그리는 것이 아니라, 색다른 배치를 생산 행위로 만드는 것에 배치 예술의 위치가 존재한다는 것을 알 수 있다. 이런 의미에서 재현 예술과 같이 예술이 역사 · 사회적 배치의 사본이 아니라 역사 · 사회적 배치의 지도라는 관점이 수립이 필요하다. 문화 지도 제작은 배치의 변형과 생산이 어떻게 이루어

녹색은 적색의 미래다

졌는지가 중요하지 어떻게 세계를 반영하고 진리에 대응하였는가가 중요하지 않다. 많은 재현 예술가들은 역사적인 것과 사회적인 것을 거시적인 틀로 하고 문화 예술을 수단이나 도구로 여기는 방식으로 활동해 왔다. 이에 반해 배치 예술가는 미시적인 배치 속에서 역사적이고 사회적인 배치를 예술이 어떻게 변형하고 이행하게 만드는가를 탐색하는 데 목적을 갖고 있다.

'사본'과 '지도'의 차이점에 대해서 주목해 볼 필요가 있다. 사본은 올바른 세계 이미지가 확실히 있다고 여기며, 진리로서의 법칙적 현실이나 고정된 의미 연관이 있다고 생각하는 사람들이 채택하게 되는 반영적 방법론이다. 반면 지도는 다양한 배치가 내재성의 장에 들어와 있고, 이것이 쉽게 변형되고 이행하면서 그려내는 그림의 구도를 따라 추적하며, 탐색하는 것이다. 지도는 망가질 수도 있고 찢겨질 수도 있다. 그리고 지도가 그려낸 배치는 현실의 배치를 반영하는 것에 머무는 것이 아니라 자신의 새로운 배치를 만들기 위한 전략적인 그림일 뿐이다. 그러므로 문화 지도 제작은 올바른 세계 이미지와 고정된 의미 연관이 아니라, 색다른 방향으로 나아가고 이행하고 변형하는 과정에 대한 이미지를 제공하는 것을 의미한다. 그런 의미에서 사본의 방법에 따라 재현의 예술을 수행하는 사람들은 실재론적 입장에서 진리가 반드시 존재한다는 생각에 서 있다면, 지도의 방법에 따라 배치의 예술을 수행하는 사람들은 반실재론적 입장에서 진리라고 여겨지는 의미 연관은 다양할 수 있으며 어떤 방식으로 색다른 의미 연관의 흐름을 배치할 것인가의 생각에 서 있다.

문화 지도 제작은 배치 예술가들에게 필요하고 봇짐에 돌돌 말아두는 캘린더처럼 여러 가지 창안을 위해서 제작해 두는 '생각의 창고'라고 할 수 있다. 마음껏 이 생각의 창고에서 아이디어를 빼내 쓰고 개념을 착취할 수 있으며, 하나의 의미 연관이 아니라 다양한 의미 연관에서 다른 방식으로 사용될 수 있다. 그런 의미에서 배치 예술가는 계몽주의나 전문가주의적인 방식인 '마치 자신은 진리를 알고 있으며, 대중에게 그것을 전달해 줄 의무가 있다'는 방식으로 접근하는 것이 아니라, 역사·사회적 배치 속에서 자신의 예술적 배치를 만들어 기존의 배치를 변형하고 수정하는데 예술 활동을 수행하는 것으로써 사람들 사이에서 호흡하고 행동하는 방식으로 접근한다. 지역에서 활동하는 많은 문화 예술 활동가들은 문화 지도 제작을 각자의 영역에서 수행한다. 문화 지도 제작의 연장통 속에서 꺼내진 재료들은 마치 컷 업 방식이나 콜라주의 조각조각 이어붙이기 형태로 사용될 수도 있지만, 전혀 예상치도 못한 배치에 의해서 색다른 예술작품으로 나타날 수도 있다.

문화 지도 제작에 대한 필요성은 지역 문화 활동가들이 수행하는 프로젝트의 대부분이 이것에 접근하기 위한 방법론이거나 경로였다는 것에서도 알 수 있다. 그러나 지역 문화 활동가들이 이것을 사본이나 재현의 시각에서 해결하려고 할 때 스스로 어떤 고정된 의미 연관이나 틀 지워진 생활 연관으로 문화를 표현하게 된다. 그럼에도 불구하고 정량적/정성적 방법 등을 동원해서 문화 지도

녹색은 적색의 미래다

제작이라는 과제에 대해서 많은 활동가들이 도전했던 이유는 그것이 예술적 실천 활동에 가장 필요한 연장통에 해당하기 때문이었다. 오히려 이번에는 문화 지도 제작을 배치에 따른 관계망, 흐름, 상호작용에 대한 탐색일 때 새로운 영역이 개방된다. 지역 연구가 배치에 대한 연구가 될 때 관계망에 대한 정량적/정성적 평가뿐만 아니라 관계 위상학적 지도 제작에 대한 연구, 사회 지층에 대한 연구, 인문 지리(공간 정치)적 접근, 가치론적 접근, 문화 정치적 접근, 제도 분석, 존재론 기반 연구 등으로 세분화될 수 있다. 지층 위상학적 접근으로 일컬어지는 관계 위상학과 사회 지층학적 접근은 복잡계의 현실의 수직축과 수평축을 보여주는 것으로 집단 행동의 동역학에 대해서 접근하는 방식이다. 보통 흐름, 상호작용, 관계망의 측면으로 나타난 관계 위상의 측면과 지층화된 세대별, 계급별, 직업별 집단은 사회 지층학적 측면은 역사 · 사회적 배치를 입체화하지만 중요한 것은 탈지층화하는 횡단하며 이행하는 집단이 만들어낸 관계 위상(배치)이 가장 핵심적인 부분이라고 할 수 있겠다.

문화 지도 제작은 갖가지 방법에 의해서 시도되고 있으며, 주로 사회학에서의 질적 방법론을 통한 생애사와 구술사 등의 지역 연구를 통해서 이루어지고 있다. 물론 이러한 프로젝트를 수행해 본 많은 지역 문화 예술가들이 재현의 예술이나 사본의 태도에서 일정 정도 거리를 취하게 되고 벗어나게 되지만, 여전히 객관적 진리로서 놓치고 싶지 않은 의미 연관의 고정점을 마음속 깊이 염원하거나, 전체에 대한 낭만적 아우라로서의 재현 예술의 향수조차도 양면적으로 갖고 있다. 그러나 재현 예술가조차도 문화 지도 제작의 경험 속에서 복잡계의 현실이 존재한다는 것을 감지하고 있으며, 이 복잡계가 만들어낸 관계망인 성좌 배치에서 특이한 배치를 생산해 냄으로써 이행하고 변형하도록 만드는 것이 예술 활동 자체를 의미한다는 것이 분명하다는 것을 알게 될 것이다. 문화 지도 제작에 대한 현실적 필요성은 배치 예술이 얼마나 전면적으로 도입되어야 하는지에 대해서 알려주는 척도라고 할 수 있다.

또한 지역에서의 마을 만들기의 과정은 관계망의 창발적인 시너지 효과를 통해서 색다른 발전 전략을 추구하는 것으로 배치의 변화가 색다른 효과를 주는 것과 정확히 일치한다. 마을 만들기는 문화 지도를 새롭게 그려내고 판짜기를 시도하는 데 의미가 크다. 그러나 자율적이고 자생적인 움직임보다는 인위적인 행동양식에 기반하고 있어서, 마을 만들기가 배치의 변화에 기여하고 촉진하는 면보다는 성과주의로 향할 위험을 갖고 있다. 마을 만들기는 배치 예술과 같은 수준에서 이루어져야 하며, 그랬을 때 색다른 배치를 통해서 새로운 변화의 씨앗을 발아하고 가지를 뻗을 수 있게 될 것이다. 그런 측면에서 배치 예술가들은 마을 만들기의 판짜기에 이행과 변이를 촉진할 역할을 담당해야 할 것이다.

나오며: 특이성 생산과 배치의 변이

배치 예술을 언급한 활동가는 부지불식중에 배치의 변화를 촉진할 예술의 역할뿐만 아니라, 색다른 배치를 만들어낼 예술의 역할에 대해서도 발언했다. 설치 예술이 아닌 배치 예술은 예술 현장을 사회적이고 역사적인 지평으로 확대하는 것이며, 예술이 생활 연관과 의미 연관의 변화에 모종의 역할을 해야 한다는 것을 알려준다. 배치의 변화는 의미 좌표의 흔들림이 분열로, 다시 분열이 특이성 생산으로, 특이성 생산이 다시 배치의 변이로 나아가는 과정으로 나타난다. 다시 한 번 그 과정을 짚어 보자면, 고정관념에 의해서 이루어진 생활 연관과 의미 연관을 해체하는 강력한 분열이 생성되는 것이 예술 활동의 전제이다. 이러한 분열 생성은 완전히 다른 의미에서의 세상을 만들어내며, 고정된 A =A라는 식의 의미연관이 아니라, A가 B, C, D, E 등등의 비표상적 사유 체계로 진입하는 것을 의미한다. 예술 활동이 아주 색다른 배치를 만드는 것은 비표상적인 흐름을 인식함과 동시에 특이성 생산을 통해서 고도로 미학적인 감각 소재를 갖는 배치를 만들어내기 때문이다. 특이성 생산은 모든 생명 활동이 갖고 있으면서도 간과하고 있는 부분이며, 배치의 변화에 대해서 결정적인 역할을 한다. 특이성 생산이 가능케 되는 것에는 집합적 배치와 기계적 배치와 같이 조직화된 모델이 개입하며, 이 특이점을 통과하면서 배치는 이행하고 변이되게 된다.

배치 예술은 분열 생산의 n개의 강렬한 지대가 특이성 생산에 의해서 조직되어 색다른 배치를 만드는 것에 대해서 주목한다. 배치 예술은 예술이 하나의 장르나 예술적 장에서만 머무는 것이 아니라 지역 사회나 공동체의 변형에 참여할 수 있다는 것을 알려준다. 그런 의미에서 배치 예술가는 마을 만들기나 공동체 경제, 협동조합 등의 배치에 대해서도 개입하여 이 활동을 미학적이고 윤리적인 것으로 만들어낼 수 있다. 지역 사회에서의 문화 예술 활동들 과정에서 재현 예술가가 주도권을 장악하고, 배치 예술가들이 주변화된다면 공동체의 성좌 배치 속에서 낯설고 이질적인 것을 생산하여 관계망을 혁신한다는 예술가의 소임은 전진 배치되지 못할 것이다. 그렇기 때문에 배치 예술은 어느 때보다 주목되어야 하며, 단순히 한 사람의 아이디어의 차원이 아니라 지역 활동가들의 개념적 자산으로 간주되어야 할 것이다. 배치 예술의 가능성은 주체성 생산을 이룰 수 있는 창발적인 관계망의 수립에 배치 예술이 하나의 역할을 할 수 있다는 점에 있다. 배치 예술이라는 창조적 개념이 적시하는 색다른 현실과 예술가들의 구성 능력에 대해서 주목하는 이유도 여기에 있다.

녹색은 적색의 미래다

3부

생명과 욕망의 미시 정치

이 글은 2012년 2월 15일 녹색당 채식 의제 모임의 초청으로 채식 토론회에서 기조 발제를 했던 내용이다. 녹색당의 창당 시점과 총선은 많은 생각과 아이디어를 모으는 재미있는 한 편의 드라마였다. 녹색당 채식 모임에서는, 참살이 최윤하 님을 중심으로 많은 사람들이 채식에 대한 이야기와 지혜를 모았다. 아주 낮은 채식인 비딩을 하고 있던 나 역시도 이 자리에 초청되어 일상의 여러 가지 편린을 뱉어내고 사람들과 재미있는 수다 시간을 가졌다. 채식 운동은 건강과 환경이라는 측면에서 시작되어 이제는 동물 보호와 연결되어 발전해 나가고 있다. 특히 이효리 씨의 순심이와의 우정과 채식 선언은 채식의 대중화에 획기적인 변화를 준 것으로 생각된다. 나는 영원한 인생의 숙제인 아내를 채식하게 만들기 위해서 단 한 사람의 마음을 움직이는 것을 목표로 되도록 채식을 하려고 노력하고 있다. 비딩은 경계와 정체성이 모호하고 다른 채식으로 금방 변해 버리는 채식 유형이다. 이 비딩 개념은 동물 보호 무크 〈숨〉 1집에서 필자 중 한 사람으로부터 제안되었고, 나는 유쾌하게 그 개념을 사용하고 있다. 채식을 위해서 노력하는 사람으로서 발언권을 얻게 되었다는 것이 한편으로 부끄럽고 한편으로 의미 있는 일이 아닐까 하는 생각이 든다.

1장

멸치국물은 어쩔 건데?

—채식의 시작, 비덩의 변명

비덩을 하기로 결심한 이후에 겉으로는 아무것도 변한 것이 없었습니다. 그러나 보이지 않는 곳에서 엄청난 변화가 있었습니다. 아주 작은 변화에 불과한 비덩으로의 전향이 저의 삶에 큰 변화를 초래했습니다.

채식인과의 첫 만남과 불편한 진실들

"채식주의만으로 공장형 농업 시스템을 바꿀 수는 없다."라고 반다나 시바(Vandana Shiva, 1952~)가 말하기도 했다. 나는 채식주의의 윤리적이고 미학적인 중요성을 알면서도, 채식인들에 대해서는 개인의 도덕 관념에 호소하며 다소 까다로운 사람들이라는 편견을 갖고 있었다. 왜냐하면 채식인이 중산층 이상의 생활 방식을 지향한다고 생각했기 때문이다. 그래서 내심 가벼운 와인 한 잔에 샐러드를 먹는 사람으로 처음에는 생각했다. 그러던 중, 채식인과의 첫 만남은 아주 익숙하면서도 낯선 체험이었다. 2006년 여름, 작은 분식집에서 오래전 알던 선배를 만났는데, 그는 이제 고기를 안 먹는다고 하면서 산채비빔밥을 시켰다. 나는 그때 경찰의 시선으로 그의 멸치국물을 들여다보았었다. 그러나 그에게서 전해 들은 이야기는 정말로 비참한 공장식 축산업의 현실이었다. 이빨이 없는 돼지, 부리가 없는 닭, 너무 좁아서 서로를 물어뜯어야 할 만큼 스트레스를 받은 동물의 상황은 깡통버스에 실려서 출근하는 나의 일상을 느끼게 했다. 나는 아주 담담히 그것을 듣고 있었지만, 마치 피자를 나눌 때 아이들이 순서나 크기에 따라 생각이 복잡해지듯이 생각이 요동치며 움직였던 것이다.

그리고 반쯤 먹은 돈까스를 어떻게 해야 하는지 갈등이 일어났다. 너무 어이없고 화가 났지만 나 역시도 이런 공장식 축산업의 시스템의 말단에 서 있다는 생각 때문이었다. 결국 먹지 못했고, 그 이후부터 고기를 멀리하게 되었다. 나는 먼저 어떻게 A4 한 장 크기에 닭이 들어가 대부분 미쳐 있고 닭암에 걸리는지에 대해서 들었다. 그리고 닭이 3~4주 만에 도살된다는 사실도 알았다. 또한 비좁은 스톨 철창에 가두어진 채, 끊임없이 새끼를 낳아야 하는 어미 돼지며, 돈사에서 스트레스를 받아 서로의 꼬리를 먹고 미쳐가는 돼지들의 이야기를 들었다. 더구나 우두커니 꼼짝 않고 서 있도록 메어져서 비육된 소들의 고기가 마블링이 좋다고 맛있게 먹는 것에 대해서 들었다. 다른 세상이 있었구나…… 세상에 감추어진 진실이 있구나…… 하는 생각이 그때 들었다. 그때 나는 세상은 보이는 것보다 보이지 않는 것이 더 중요하다는 생각을 갖게 되었다. 동물들의 현실은 요리나 배식 과정에서는 보이지 않지만, 그 학대

녹색은 적색의 미래다

적이고 착취적인 관계가 인간 사회에 영향을 줄 것이다. 내가 기억하는 동물은 고통을 느끼며, 또 정과 사랑을 나눌 수 있는 특별한 존재이다. 어릴 적 송아지를 쓰다듬어 준 적이 있는데, 아주 잠깐 동안이지만 송아지가 어찌나 기분이 좋아하는지 껑충껑충거렸던 기억이 난다.

나의 비덩 채식은 생명에 대한 최소한의 예의로 시작되었다. 비덩은 덩어리를 먹지 않음으로써, 생명의 부산물로부터 자신의 생명을 빚지지 않겠다는 기본적인 철학을 갖고 있다. 나를 비덩으로 소개하니까 '비주얼덩어리'냐고 묻는 사람도 있었다. 아 그런 규정도 괜찮다. 비주얼도 만만치 않으니까! 비덩주의는 채식의 시작점에 매번 등장하며 곧 사라지고 채식을 성공하느냐 마느냐의 경계에서만 존재한다. 비덩은 채식으로 향하는 '과정적 주체성'과 '진행형적 사유'를 만든다.

나는 채식인이었던 적은 없으며, 늘 채식인 되기의 과정밖에는 없었다. 그래서 채식주의자냐고 물으면, 채식을 하려고 노력한다고 대답하게 되고 그래도 물어보면 비덩이라고 계속 나를 소개하게 된다. 비덩은 잠깐 동안 출현했다가 사라지고 마는 경계가 모호한 채식이다 보니 정체성을 명확히 할 필요도 없어 보인다. 그래서 채식의 단계인 비건(vegan: 완전 채식), 오보(ovo: 달걀을 먹는 채식), 락토(lacto: 우유를 먹는 채식), 락토-오보(lacto-ovo: 우유와 달걀을 먹는 채식), 페스코(pesco: 생선을 먹는 채식) 등과는 달리 사전적인 정의조차도 불분명하다. 그래도 그 모호성의 장점은 여러 사람들이 연루될 수 있고, 방법도 쉽다는 장점이 있다.

비딩 이후에 변화한 것들과 세계를 재창조하기

비딩을 하기로 결심한 이후에 겉으로는 아무것도 변한 것이 없었다. 그러나 보이지 않는 곳에서 엄청난 변화가 있었다. 아주 작은 변화에 불과한 비딩으로의 전향이 나의 삶에 큰 변화를 초래했다. 나는 그것을 사랑을 할 때 세상이 재창조되는 상황과 같다고 표현하고 싶다. 아주 섬광과 같은 변화에 사로잡혀 새로운 세상이 열리고, 지각, 인식, 성애 등이 한꺼번에 바뀌고 세상을 다른 창을 통해서 보게 되니까 말이다. 동물이 고통을 느낀다는 생각에서 시작했지만, 동물을 사랑하게 되는 것으로 나아갔다. 또한 나를 기준점으로 세상의 변화의 시작점이자 끝점을 삼게 되었다는 것도 중요했다. 다른 누구에게 강요할 것이 아니라 자신부터 운동이 시작되고 주위에 영향을 주게 되기 때문이다. 과정이자 운동으로서의 채식은 자신의 윤리적이고 미학적인 행동을 통해서 전체 공동체에 영향을 주는 방식이기 때문에 다소 개인적이지 않은가라는 혐의를 받는다. 마치 물리학에서 어떤 특이점 하나가 전체 생태계를 변화시키듯이, 비딩이 특이하게 작동함으로써 일상적이고 스테레오타입화된 육식 문명을 거스르고 고장 내는 것이라고 할 수 있다. 물론 비딩을 통해서 세상을 바꾸겠다는 기획으로 접근하는 것은 무

녹색은 적색의 미래다

리일 수 있다. 그러나 적어도 그것을 실천하고 생각하는 나라는 존재를 바꾸었다는 점은 분명하며, 나와 어떤 방식으로든 연관되어 있는 친구, 가족, 연인을 변화시킬 수 있는 것도 확실하다. 그래서 먼저 자신이 아주 색다르게 세상을 볼 수 있게 되었을 때 변화는 시작된다.

비덩을 통해서 채식을 얘기하려니 좀 쑥스럽다. 그러나 최초에 비덩을 결심한 이후 변화한 것은 밥상머리에서 가족들과 채식에 대한 대화를 시작했다는 점이다. 나는 아내와 상의 후에 현미밥 채식과 두부요리를 채식 식단으로 결정했는데, 얼마나 두 요리가 장점이 있는지에 대해서는 설명할 필요가 없을 것 같다. 예를 들어 현미밥은 탄수화물을 비롯하여 단백질, 지방 등 필수 영양소가 완벽하게 갖추어진 음식이다. 그리고 당뇨 및 성인병, 비만으로부터 자유로워질 수 있도록 만들어주는 무진장한 가능성과 장점을 가진 음식이다. 백미만 먹다가 현미를 먹게 되니까 그 효능에 대해서 조금씩 느끼게 되었다. 물론 내가 건강하자고 하는 것에 머무는 것은 아니다. 음식과 관련해서 사람들 사이에서 아주 다른 것이 등장하게 되면, 획일화된 기준에서 벗어나 관계 속에 다양성이 형성되고, 그리고 사람들이 다른 방식의 삶이 가능하고 가깝다는 것을 알게 된다. 그래서 사람들 사이에서 다른 움직임이 발생하고, 다른 목소리들이 발언되기 시작하고, 다른 꿈을 꾸게 되고 등등의 연쇄반응이 일어나게 된다. 예를 들어 두부를 집에서 직접 만들다 보니 집이 온통 난리가 난다. 집은 두부공장으로 변한다. 지글지글 끓는 소리가 한편에서 들리고, 다른 쪽에서 뚝딱뚝딱 소리도 들리고, 오페라와 같은 공간이 된다. 두부 한 모 만드는 데 시간도 어마어마하게 많이 들고, 공들여서 만든다. 가게에서 사먹던 두부와 다른 점은 아침시간에 정말 한 모의 두부가 보석같이 아름답게 느껴진다는 것이다. 나는 두부를 먹을 때마다 감탄한다. 이렇게 세상이 재창조되는 것이라고 생각한다.

동창회 회식 자리에서 채식 선언하기! 특이성 생산을 위하여

동창회나 회사의 회식은 대부분 육식 메뉴로 결정되어 있다. 나는 동창회 자리에 가서 처음으로 용기를 내서 큰 소리로 고기 안 먹는다고 말했다. 그러자 갑자기 사람들은 고기에 젓가락 하나 들지 않는 나를 위해 된장찌개를 양보하고, 채식에 대해서 말하기 시작했다. 그때를 생각해 보면 참 분위기가 많이 달라지는 것을 느끼게 되었다. 자신의 부에 대한 과시, 성공 지향적 대화가 오가던 동창회 회식 자리가 일순간 썰렁해지고, 자식 자랑이다 돈 자랑이다 하러 나온 친구들에게 채식이라는 주제는 참 어려웠을 것이다. 나는 아주 작은 변화가 미묘한 흐름을 만드는 것을 목격했다. 채식을 특이성 생산으로 만드는 것이 중요하다고 생각한다. 특이성을 만듦으로써, 완전히 다른 관계를 가능케 할 수 있다는 생각이다. 변화는 익숙한 것으로부터도 시작되지만 특이한 것으로부터도 시작

녹색은 적색의 미래다

한다. 아니, 아주 익숙하면서도 그것을 특이하게 만드는 것으로부터 시작됩니다.

물론 나의 이런 특이 행동으로 인해 동창회에서는 더 이상 나를 부르지 않지만, 그 이후로도 회식 자리에서는 늘상 가운데 자리를 점령하고 고기를 안 먹는다고 매번 얘기를 하게 된다. 그것은 특이성 생산을 통해서 채식에 관심을 환기시키고, 적어도 육식에 대해서 불편한 감정이라도 갖게 만들려는 의도에서 그랬다. 그러면 고깃집에서 나는 거의 김치에 깡소주를 먹어야 하는데, 그러면 분위기가 썰렁해지고, 사람들도 나를 배려한다고 여러 가지를 시켜주기도 한다. 특이성이 만들어지면 기존의 배치가 바뀌는 것이기 때문에 사람들은 불편함, 어색함, 낯섦을 느끼는 것 같다. 채식인 한 명이 회식 자리 가운데 앉아 있으면 육식 문명이 고장 나고, 회식은 분위기가 안 난다. 그리고 그걸 한번 겪으면 고깃집에서 회식을 안 하고 다른 채식 메뉴를 찾아보게 된다. 그래서 일석이조의 효과가 생기는 것 같다.

"냉면 육수는 어쩔 건데?"라는 질문에 대하여

비덩이라는 가장 낮은 단계의 채식을 하면서도 가장 어려운 부분이 고깃국물이나 냉면 육수와 같은 것이다. 어떤 친구가 아주 비아냥거리듯 "냉면에 육수 대신 생수를 타 먹을 것이지, 육수는 어쩔 건데?"라고 했던 기억이 난다. 사람들은 아주 낯설고 이질적인 상황에 직면하면 자신의 태도를 결정하지 못하고, 어색해하거나 묘한 공격 본능을 갖게 된다. 나 역시도 나와 한번 만나서 동물들의 열악한 상황에 대해서 얘기를 들었던 친구가 그때는 수긍했다가 아주 공격적인 반응으로 돌변했던 경험이 있었다. 그러나 그런 경우는 아주 이따금일 뿐, 낯선 채식 문화의 의미와 이유에 대해서 사람들은 곱씹는다고 생각한다.

나는 "아주 이따금씩 제대로 알고 가끔 육식을 하는 것"도 나쁘지 않다고 생각한다. 생협에서 동물복지인증마크가 찍힌 비싼 고기를 아주 가끔 사서 먹는 것도 윤리적인 측면을 갖고 있다고 생각해서 배제하지는 않는다. 그러나 현행 육식 문명을 떠받치는 것은 공장식 축산업이며, 그 공장식 축사에서 동물들의 상황은 절박하고 열악하다. 환경 파괴며, 생태계에 대한 악영향 등 이루 말할 수 없는 부작용이 발생하고, 무엇보다도 생명 경시 풍조를 만드는 보이지 않는 이유가 된다고 생각한다. 내가 동물 보호 무크《숨》때문에 친환경 축산과 유기 축산을 하시는 분들에게 인터뷰를 요청한 적이 있었다. 그런데 그분들은 한사코 자신의 축사가 너무 비좁으며, 동물들의 상황이 말이 아니라서 뭐 딱히 자랑하고 싶지 않다고 딱 잘라 거절을 했다. 아주 조르고 졸라서 친환경 축사의 사진 십여 장을 받았는데, 내가 보기에는 꽤 넓었기 때문에 조금 의아했다. 나중에 알고 보니 그분들이 그곳에 살고 있는 동물의 입장에서 생각했기 때문에 좁다고 하셨다는 것이었다. 그때 유기 축산, 친환

녹색은 적색의 미래다

현행 육식 문명은 과거와 같은 친환경 축산이나 유기 축산과는 거리가 멀다.

경 축산, 동물 복지 축산을 하시는 분들은 대부분 양심적으로 해보려고 노력하는 사람들이라는 인상을 강하게 받았다.

"어 그래, 그럼 나도 채식인이야!"라는 친구에서 희망을 발견하며

내가 비딩이 되기 전에 채식에 대해서 오해했던 것처럼 나의 친구 중에서도 나의 채식 얘기를 외부에서 전해 듣고 상상과 환상을 가지고 접근했던 경우도 있었다. 그 친구는 나에게 이것저것을 꼬치꼬치 물어보면서, 처음 나의 경우와 마찬가지로 중산층 알리바이와 혐의를 캐려고 했다. 그래서 그 친구와 만난 자리에서 오방색으로 상징되는 한국 전통 음식의 채식 문화에 대해서 얘기했다. 오방색으로 상징되는 한국의 채식 전통은 정말 눈부시게 발전된 음식 문화의 일부이다. 다채로운 채소들이 어우러져 복합체를 이룸으로써 서로 없는 영양소를 보완해 줄 것이라는 선조들의 생각이 오방색의 다양성이 갖고 있는 장점과 미학이다. 한국 음식 중에 채식 문화는 뿌리가 깊고 다양하다. 비빔밥, 된장찌개, 나물, 김치전, 두부김치 등등 이루 헤아릴 수 없는 목록이 등장한다. 그 얘기를 찬찬히 듣고 있던 친구의 얼굴에서 갑자기 화색이 돌면서 자신의 무릎을 탁 치며, "어 나도 채식인이네!"라고 얘기가 나왔다. 얘기인즉슨 그 친구 아내가 이른바 텃밭에서 길러진 야채를 먹는 풀밭주의자라서 나물이나 겉절이 중심의 반찬이 거의 다라는 것이다. 집에서 고기를 먹어본 일이 일 년에 한 번도 안 될 때도 있다는 얘기이다. 물론 이 친구는 자신의 의지를 통해서 채식을 하는 것은 아니다. 그러나 오래된 채식 문화의 전통을 이어받아 자연적 채식인이라고 할 수 있다.

그렇게 자연적으로 채식을 하고 있는 사람들은 서민들이어서가 아니라 정말로 채식이 좋은 이유에 대해서 알고 있기 때문이다. 나는 모호한 경계에 있는 비덩과 한국 전통 채식인들을 어떻게 채식인으로 끌어들이느냐가 채식 운동의 관건이라고 생각한다. "나도 채식인이야!"라고 얘기하면서 반갑게 악수를 했던 친구를 기억해 본다면, 채식인들의 전통이 한국 역사에서 아예 없는 것이 아니라,

녹색은 적색의 미래다

찬란한 문화적 전통과 음식 문화사에 기반하고 있다는 것을 알 수 있었다. 나는 '한국 전통 채식 레시피를 보존하기 위한 아카이브'를 만드는 운동을 하는 것이 어떨까 제안한다. 또한 이 아카이브를 통해서 '이번 달의 제철음식에 맞는 채식 메뉴' 등을 발표하면 어떨까 하는 제안도 함께 드린다.

이 글은 2011년 7월 16일 구제역 사태가 마무리되었다고 선언된 지 3개월 후에 쓰인 글이다. 당시 나는 동물보호무크《숨》의 구제역 특별판 『농장동물에게 질병을 허하라!』라는 잡지의 편집위원으로 활동하고 있었다. 이 글의 기획은《숨》편집인 김효진 님에 의해서 이루어졌으며, 나는《숨》3집의 최종 원고에 참고가 될 초안 보고서로 글을 썼다. 구제역 사태는 350만 마리의 동물이 생매장당하는 초유의 상황을 만들었으며, 이러한 홀로코스트에도 불구하고 정부가 백신 정책을 주저하였던 이유 중 하나로 '구제역 청정국 지위'와 무역에서의 불이익이라는 부분이 있었다. 이러한 지점은 이 글을 기획하게 된 아주 직접적인 현장의 동기였으며, 우리의 밥상에서 공장식 축사까지 일관생산라인처럼 연결된 교역과 무역의 경로를 그려내는 것이 목표였다. 나는 이 글을 쓰면서 잘 짜인 그물망처럼 우리의 밥상이 다국적 농업 자본에 의해서 주조되고 있다는 점을 깨달았으며, 값싼 고기의 대가로 농장 동물의 복지에 드는 비용이 최소화되어 결국 대규모 전염병으로 나타난다는 것을 발견했다. 자신이 왜 죽어야 하는지 이유를 모른 채 땅에 묻혀야 했던 무고한 생명의 죽음의 이유를 연구자의 개념 작업으로 추적해 내고자 했다.

2장

우리의 밥상은 먼 나라의 축사와
연결되어 있다
—세계화와 공장식 축사

신자유주의 세계화는 질병의 세계화이자, 공장식 축산으로의 수직 위계적 재편을 강제하고
기율하는 시스템이다.

들어가며

'공장식 축산을 확대 재생산하는 세계 체제'를 먼 나라 이야기
라고 생각할지 모르겠다. 그러나 네트워크 형태로 직조된 세계 질
서는 아주 가까이에 있는 일상까지 점령해 들어와 있으며, 우리 일
상의 소소한 삶을 구성하는 요소들이 되고 있다. 그것은 통합된 세
계 자본주의(펠릭스 가타리, 1978)라는 개념의 프리즘을 통해서 들
여다보면 쉽게 이해될 수 있다. 1세계와 3세계가 연결되어 있고, 1
세계와 3세계 사이에는 극단적인 외부 양극화가 놓여 있다. 또, 1
세계 내에서는 내부 식민지가, 3세계 내에서 내부 제국과 같은 영

역이 형성되는, 내부 양극화 현상이 벌어지는 것이 통합된 세계 자본주의다. 세계화는 '통합된 세계 자본주의'를 공고히 해내고 국제 자유 무역을 통해서 상품, 화폐, 가축, 노동의 교류가 빈번해진다. 이 상황에서 세계화는 공장식 축산을 모든 나라, 모든 지역에 강제하는 강력한 시스템과 구도라고 할 수 있다. 어떤 소농이나 소축산인도 축산물 거래 시장의 세계 법칙을 거스를 수 없으며, 경쟁의 가속화 속에서 수직 위계화되는 것을 피해 갈 수 없다. 그렇기 때문에 축산업은 신자유주의적인 재편을 통해서 공장식 축산업을 공고화하는 방향으로 재편된다. 여기서 세계화는 규격화되고 획일화된 공장식 축산을 확대 재생산하고 있는 철의 기율의 '보이지 않는 손'이자 주범이라고 할 수 있다.

이 '통합된 세계 자본주의'를 만들고 있는 세계화에서 몇 가지 쟁점이 있을 수 있다. 먼저 세계화로 인해 공장식 축산의 규격화와 기율이 어떻게 강제되고 있는지에 대한 부분이다. 그러한 기율과 규격화의 실례로 정부가 발표한 〈축산 선진화 방안〉의 함의를 되짚어보는 것이 필요하다. 정부는 소독 시설을 갖춘 일정 규모 이상의 축산업에 대해서 허가와 지원을 약속하고 있는데, 사실상 세계 시장에서 경쟁력을 갖춘 공장식 축산업에 대한 육성 방안을 골자로 한다. 이것은 보이지 않는 기율의 작동이 한국 사회의 구체적인 기율로 바뀐 것이라고 할 수 있다. 수입 축산물이 우리 식탁의 40% 이상을 점령하고 있는 한국 사회에서 축산업의 살 길은 이들과의 경쟁에서 살아남기 위해서 더 대규모의 축산 형태를 띠어

녹색은 적색의 미래다

야 하는 것이다. 이에 대해서 견제해야 할 OIE(국제수역사무국) 등이 국제축산업자들의 로비에 의해 일개 홍보 단체로 전락하고 있는 현실도 곰곰이 생각하게 되는 지점이다. 세계화라는 막강한 영향력은 소농 규모의 유기 축산, 환경 친화 축산, 동물 복지 축산이 설 땅을 빼앗아 간다. 그리고 제3세계 농민들의 몰락과 빈곤을 기반으로 하여 1세계에 축산물들을 공급하게 되는 것이다.

두 번째로 공장식 축산이 강제되는 상황에서 선진국과 후진국 간의 빈부격차와 극단적 양극화가 몰고 온 비극과 같은 상황을 생각해 볼 수 있다. 세계화와 자유무역에 의해서 불평등한 교역을 하고 있어서 불이익을 당하는 후진국의 공장식 축산이 농장 동물을 아주 열악한 상황으로 만들고 있다는 점이다. 전 세계 인구의 75%가 농민인 상황에서 제3세계 민중들에게 가해지는 경제적 압박은 한편에서 빈곤과 기아의 악순환과, 다른 한편에서 비만과 다이어트 산업의 열풍을 만들고 있다. 특히 제3세계에서 살아가고 있는 농장 동물의 상황은 더욱 열악한 상황에 직면하게 되며, 그 배후에 숨어 있는 법칙은 고기 생산과 제3세계 민중의 생존권이 경쟁해야 한다는 법칙이 있다. 즉, 제3세계 민중에게 전달되어야 할 곡물이 가축에게 소비되면서 벌어지게 되는 생존 경쟁의 법칙이다. 예를 들어 멕시코에서 발생한 신종 플루가 NAFTA 질병이라고 불리는 것도 그 사례라고 할 수 있다. 멕시코는 NAFTA 체결 이후에 자유무역의 대가로 자국의 내생적 발전의 토양을 잃어버리고, 가장 극한적인 빈곤의 양극화를 겪게 된다. 이 상황에서 동물들은 더욱더 열악한 상황에 처하게 되었으며, 이 혹독한 체제의 메커니즘 속에서 돌연변이처럼 신종 플루가 발생했다. 인간, 동물, 미생물의 관계는 사회 환경의 변화에 민감하게 반응한다. 미생물이 돌연변이를 일으키며 창궐했다는 것은 인간이 만들어 놓은 환경이 급격히 변화하거나 쇠락해졌음을 의미한다. 제3세계의 공장식 축산은 동물이 살아갈 수 없는 조건을 창출하면서 각종 변종바이러스의 온상이 되었다. 이것은 단순히 일국적 상황에서 벌어진 문제가 아니다. 그렇기 때문에 질병 통제도 이제 일국적 상황을 벗어나 국제적 수준에서 이루어져야 한다.

셋째로 세계적 규모에서 벌어지는 생명 정치(bio-politics)의 문제이다. 전 세계적 규모로 교역과 거래가 이루어지면서 질병 통제, 약물 통제, 유전자 통제, 종자 통제 역시 국제적 규모로 이루어지고 있는 현실이 그것이다. 프랑스 철학자 푸코가 명시한 생명 권력(bio-power)의 현전을 공장식 축산업 자체에서 볼 수 있다. 공장식 축산은 세계적 차원에서 규격화되고 통제되기 시작했다. 동물들의 상황과 조건은 단순히 일국 수준의 차원에서 혹은 축산업자 개인의 차원에서 좌우되는 것이 아니라, 규격화된 틀에서 작동되는 세계적 규모의 통제 질서가 되고 있다. 세계화는 공장식 축산이라는 생명에 대한 통제 방식을 고도화하고 합리화하는 강력한 전거로 작동하고 있다. 공장식 축산이 만들어내는 모든 문제들은 전 세계적 규모에서 연구되고 조치가 취해진다. 예를 들어 구제역과 같은 가축 질병이나 경미한 질병도 이제 세계적 수준에서 통제의 대상이 되고 있다는 점만 보더라도 생명권력의 현전을 알 수 있다.

넷째로 공장식 축산 시스템을 유지할 수 있는 작동 원리에 자유무역과 세계화가 도사리고 있다는 사실이다. 여기서 자유무역은 모든 산업의 지상명제가 되고 공장식 축산업은 그것을 위해서 존재하는 것으로 여겨지게 된다. 예를 들어 구제역 사태 초기에 '구제역 청정국 지위'에 한국 정부가 집착했던 것도 단순히 일국적 상황이 아니라, 세계적 차원에서 공장식 축산의 유지와 가동이 이루어짐을 알 수 있게 한다. 자유무역은 더 많은 잉여를 요구하고 더 많은 고기 생산과 가축 증식을 추진하게 되는 원동력이 된다. 이제 가축 한 마리가 직면해야 하는 현실은, 단순히 주인과의 관계만이 아니라 보이지 않는 수준에서 세계적 차원의 자유무역의 대상이 됨을 의미한다. 마치 한국 근대화의 과정에서 여공들이 수출 역군의 역할을 했던 것처럼, 세계화의 국면에서 모든 인간, 동물, 식물은 선진화의 역군이 됨을 의미한다. 그리고 공장식 축산의 확대에는 '세계 시장'의 차원에서 이루어지는 육류 생산과 소비의 메커니즘이 작동하고 있다. 한국의 한 가정이 육류를 반찬으로 내놓은 것은 단순히 고기를 소비하는 행위이기 이전에 세계적 규모의 공장식 축산업과의 접속을 의미하는 상황이 되었다. 그래서 그 고리와 단절하지 않고서는 죽음의 롤러코스터가 계속 작동하는 수밖에 없다.

다섯 번째로 세계화는 일관생산-소비라인을 만들어 캐나다의 공장식 축산에서 생산된 소를 한국 노동자의 밥상 위로 올리는 데 성공했다는 점이다. 한 가정의 밥상의 문제는 세계적 수준에서 관리되고 통제된다. 육식 문화를 고무시키고 소비를 촉진하고 미화하는 각종 미디어의 광고나 프로그램에는 세계적 수준에서 로비를 벌이고 있는 공장식 축산업이 있다. 일상을 살아가는 한 사람의 무의식에 대한 통제의 수준으로 세계화가 만들어낸 일관생산-소비라인이 작동하고 있으며, 그러므로 세계화는 미시적인 영역으로의 분자화와 다르지 않다. 부엌에서 세계까지 연결된 이 일관생산-소비라인의 작동 방식은 공장식 축산업이 근간으로 삼는 비참한 동물들의 상황을 감추는 무언의 트러스트를 작동시키며, 고기 소비를 미화하는 각종 프로그램들에 의해서 지탱되는 육식 문명의 위선으로 나타난다.

신자유주의적 세계화와 공장식 축산

세계화와 공장식 축산은 서로 인과관계가 없는 것처럼 여겨진다. 그러나 캐나다의 공장식 축산에서 만들어진 소고기가 며칠 지나지 않아서 한국 밥상에 오르도록 일관적인 소비-생산라인이 구축되어 있으며, 패스트푸드에 길들여진 우리 아이들의 소비 행위조차도 다국적 회사의 설계에 따라 입맛이 달라지고 있다는 사실에 주목하여야 한다. 바야흐로 세계화는 우리 밥상을 점령하고 있다. 그러나 우리 자신은 그것에 대해서 정보를 많이 가지고 있지 못하며, 보이지 않는 손이 어떤 방식으로 우리의 삶을 지배하려 드

　　　　　　　　녹색은 적색의 미래다

는지에 대해서 그 의도를 파악하고 있지 못하다. 우리가 먹는 육류의 대부분은 어디에서 오는 것이며, 어떻게 만들어지는 것일까에 대해서 의문을 가져보면서 '세계화와 공장식 축산의 관계'에 대해서 탐색하는 과정에서 먼저 세계화가 무엇인지에 대해서 궁금증을 갖게 될 것이다.

신자유주의 세계화는 고전적 자유주의와 마찬가지로 시장 만능주의에 기반하여, 자본에게 더 많은 권한을 주고, 규제를 완화하며, 시장의 논리에 의해서 공적 부문을 민영화하고 시장 경제화하는 것으로 이루어져 있다. 신자유주의 이전의 자본주의와 사회주의로 대변되는 두 진영 체제에서는 일국 경제 수준에서 순환과 유통이 이루어졌고, 노동자의 복지와 임금 요구에 따라 공공성을 강화하는 입장에서 움직였다. 그러나 사회주의 몰락과 노동 운동의 쇠퇴로 신자유주의는 공공의 영역을 시장의 영역으로 만들고 국경을 허물고 일국 경제를 세계 경제의 일부로 만들어 버렸다. 결국 모든 부문을 시장의 논리로 재편하는 것이 신자유주의라고 할 때, 자본은 규제와 관세가 없어진 국경을 넘어서 초국적 자본으로 변모한다. "세계화는 국가간, 지역간에 있던 상품, 서비스, 자본, 노동, 정보 등이 매끄럽게 움직이면서 규제와 인위적 장벽을 제거하고 단일 시장으로 통합되는 것을 의미한다."(윤병선, 2005) WTO(세계무역기구) 체제와 FTA(자유무역협정), DDA(도하개발아젠다) 등이 이러한 맥락에서 존재하는 세계 체제를 보여준다. 신자유주의 체제의 역사적 맥락을 살펴보기 위해서는 1970년대 달러 위기로 금본

위제가 무너지는 상황에서 출범한 변동 환율 제도와 역외 금융 시장, 금융 투기의 증대로부터 출발해야 한다. 이에 앞서 산업혁명과 식민지 시대가 존재했고, 금본위제인 브레튼우즈(Bretton Woods) 체제가 존재했었다. 그 이후에 IBRO, IMF 체제의 출범과 ITO를 거쳐 GATT 체제를 거쳐 최종적으로 WTO 체제의 출범이 나타났다. 이러한 과정을 통해서 국경을 넘나드는 초국적 금융 자본의 흐름 속에 모든 삶이 지배되는 상황이 벌어진다. 우리나라에서도 WTO 체제 속에서 관세 및 비관세 장벽이 차례로 철폐되는 다자간 협정이 이루어졌으며, 복수 국가 간의 무역협정과 자유무역협정 등이 체결되었다.

이제 전 세계의 곡물류와 육류 등 식품 전반은 다국적 자본의 손아귀에서 유통되는 상황에 이르렀다. 또한 소수의 정책 결정자에 의해서 어떤 방식으로 어떤 규모로 생산되고 유통되고 소비될 것인지가 결정되고 있다. 가정 생활에 가장 근간이 되는 식료품의 수량과 특성, 취향 등이 소수의 다국적 기업의 설계에 따라 만들어지게 되었다. 세계화의 영향으로 생산자와 소비자가 장벽과 규제를 넘어서 자연스럽게 연결될 것이라고 생각하면 오산이다. 사실상 생산자와 소비자의 연결고리가 끊어지고 지역 순환 경제의 모델은 파탄나며 경쟁력에서 밀린 소규모 축산농이나 소농들은 파산한다. 소비자는 생산자가 누구인지 어떻게 만들었는지 알 수 없다. 그렇기 때문에 윤리적인 소비를 선택할 기회조차도 박탈당한다. 식탁에 오르는 고기의 대부분은 공장식 축산에서 만들어지며,

녹색은 적색의 미래다

공장식 축산이 효율성과 경쟁의 원리에 의해서 고기 생산의 대부분을 차지한다. 세계 시장에서 거래되는 먹거리 대부분은 아주 가까이에서 멀리까지 있는 식탁을 차지하며 아주 미세한 삶의 영역에서까지 통합된 세계 자본주의에 의해서 움직이는 다국적 자본이 점령한다. 1865년 설립된 세계 5대 식량 마피아인 카길(Cargill) 같은 메이저 곡물회사나 공장식 축산업의 기업들이 주요 행위자가 되며, 다른 행위 방식을 철저히 배제한다. 또한 다국적 기업에 의해서 취향이 설계된 패스트푸드와 인스턴트 식품이 식탁을 차지해서 건강을 위협한다. 이러한 암울한 조건과 상황 속에서 세계화로 비롯된 문제점도 드러난다. 지역 경제와 소농의 몰락은 전 세계 인구의 75%가 살아가고 있는 농촌을 파탄시키고, 절대 빈곤으로 내몰게 된다. 특히 이들이 종사하는 농축산업의 경쟁력 상실의 대가는 처절하다. 값싼 고기와 농산물의 유통은 소비자의 이익을 보호하는 것처럼 여겨지지만 잘 들여다보면 갖가지 환경 파괴와 지구에게 전가하는 비용, 안전성의 문제, 장거리 수송에 따른 에너지 비용, 기업 범죄 등을 만들어낸다.

세계화 시대 공장식 축산업은 "더 싸게, 더 빠르게, 더 살찌게"라는 모토로 생명을 호르몬제와 항생제로 범벅이 된 고깃덩어리로 만들어낸다. 이들이 만들어내는 고기에는 다국적 농업 기업에서 생산한 옥수수와 콩이 사용되는데, 이 옥수수는 당연히 유전자 변형 식품이다. 옥수수와 콩의 대부분이 공장식 축산에 사용되면서 식물 단백질 대비 동물 단백질로 보자면 8 : 1의 단백질의 손실이 이루어진다. 이는 가축을 기르기 위해서 제3세계 민중들의 굶주림을 담보로 한다는 것을 의미한다. 세계화 시대의 농식품 체제의 특징은 "공간적으로 초국적화는 지역 및 생산단위 양면에서 농업의 특화라는 형태의 집약화를 나타내고 있다. 부문 수준에서는 직접적으로 소비되는 농식품의 생산으로부터 식품 가공 시스템에서 원료로 사용되는 농산물 생산으로 변화하는 것을 의미한다."(윤병선, 「신자유주의 세계화와 우리 농업의 미래」, 2005) 여기서 중요한 점은 농산물이 그 자체로 상품이 되지 않고, 축산 원료나 식품 가공업의 원료로 사용되는 추세의 증가이다. 우리나라의 대략적인 소비 추세만 보더라도 어떤 상황인지가 느껴질 수 있을 것이다. "우리나라의 경우에도 총 육류 소비가 1995년도에 25.45kg에서 2008년도 35.6kg으로 증가하는 동안 곡물 소비량은 1997년도 102.4kg에서 2009년도 74kg으로 줄었다."(이은경, 「구제역과 조류독감 그리고 인간의 미래」, 2011) 이러한 기초 데이터는 곡물이 만들어낼 수 있는 영양과 열량, 단백질을 현저히 줄어들게 만들고 대신 축산업의 원료로 사용되어 결국 제3세계의 빈곤을 초래하는 공범이 되는 것을 의미한다. 특히 한국의 육류 소비량의 엄청난 증가는 기형적인 형태로 신자유주의적 공장식 축산 체제에 식탁을 맡기게 되는 결과를 낳았다.

세계화에 따라 다국적 기업이나 공장식 축산이 벌였던 범죄적인 모습은 여러 가지 형태로 지적되었는데 유형별로 나누어보자면, "먹거리 권고 섭취량을 따르지 않는 갈취(backmail), 가축

　　　　　　　　　녹색은 적색의 미래다

공장식 축사에서 A4 한 장 크기에 닭 한 마리가 들어가 사육되고 있는 장면.

사육에 따른 물, 토지 등의 오염(contamination), 동물권을 침해하는 고의적 상해(GBH), 지구 환경의 파괴(vandalism), 동종 섭취(connibalism), 약탈, 사기 등이 있다."(김종덕, 「신자유주의와 로컬푸드 운동」, ppt 자료) 또한 공장식 축산업이 세계화되면서 나타나는 현상은 음식 매개 인수 공통 전염병의 확산이다. 운송 수단의 발전에 따라 전염병의 전파 속도는 빨라졌다. 살아 있는 동물을 운송하는 경우가 전체 운송량의 10%를 차지하는 현재의 시대에 전염병의 확산은 당연스러운 일이 되었다. 또한 전 세계 산소의 20%를 생산하고 있던 아마존 유역에서 대규모 벌목이 이루어지고 거기에 공장식 축산 시설이 생기는 것은 엄청난 환경 파괴를 가져올 것으로 예상된다. 또한 가축이 생산하는 방귀와 트림 등에서 나오는 메탄가스는 대표적인 온실가스로서 지구 온난화에 큰 영향을 준다. 또한 공장식 축산 시설을 유지하는 데 쓰이는 화석 연료의 양 또한 무시할 수 없는 수준의 것이다. 아주 값싸고 맛난 햄버거가 사막화, 온난화, 식량 위기의 주범이며, 전염병 창궐의 원인이 될 수 있다. 이처럼 신자유주의 세계화는 아주 사소한 일상과 같은 풍경을 지배한다.

제3세계와 공장식 축산

WSPA(World Society for the Protection of Animals)가 발행한 《산업 축산》이라는 보고서는 '(사)동물복지협회'에 의해서 한국 사회에 소개되었다. 이 보고서의 내용을 잘 들여다보면 공장식 축산의 현 주소를 알 수 있다. 먼저 개발도상국의 산업 축산의 현실에 대해서 언급한 부분을 인용해 보자면, "선진국에서 산업화된 가축 생산이 지배적인 와중에 개발도상국가들도 생산 시스템의 확산과 집약화를 급속하게 추진하고 있다. 그 성장세는 앞으로도 지속될 것이다. OECD와 FAO의 2005~2014년 농업 전망에 따르면 역사적인 동향과 유사하게 개발도상국의 육류 생산이 다른 생산을 앞지를 것이고 개발도상국이 생산하는 돼지고기와 가금류의 증가로 인하여 육류 생산량 또한 지속적으로 늘어나게 될 것이다."(16쪽) 개발도상국으로의 공장식 축산의 수출은 낮은 지대, 저임금, 동물 복지에 대한 비용을 낮출 수 있는 데 장점을 갖고 있다는 점에서 지속적으로 추진되어 왔다. 선진국의 공장식 축산을 제3세계가 따라할 수밖에 없는 이유는 지역 경제 내에서 소비되는 축산물을 목적으로 하는 것이 아니라 수출을 목적으로 한 축산업이 증대되었기 때문이다. 제3세계의 많은 지역에 거대한 공장식 축산 지대가 형성되는 데는 다국적 자본이 투하되기 때문이며 물론 이것은 전 세계의 밥상으로 수출되는 것을 목적으로 한다. 이 보고서는 세계 시장 규모에서 강제되는 공장식 축산업의 영향에 대해서 매우 상세히 서술하고 있다.

이러한 제3세계의 공장식 축산으로의 개편은 축산 산업화의 영향으로 수직적으로 통합하여 대기업의 통제 아래 복속시키는 것을 의미하며 소농의 몰락을 의미한다. 이 보고서는 OCM(Organisation for Competitive Market)의 고문인 마이클 스터모(Michael Stumo)의 발언을 인용하는데, 그는 "산업이 수직적으로 통합되면 농장 산업이 통제되며 소규모 자영농민들은 더 이상 필요하지 않게 된다." (19쪽)라고 말한다. 이제 소규모 자영농들은 대기업 산업 축산인들의 임금노동자가 되어 스스로 생산량이나 생산 계획 등을 결정할 수 없는 처지에 놓이게 된다. 여기서 수직적 통합의 논리는 신자유주의적 축산업의 개편이 세계 시장의 통제하에 놓이게 된 축산 산업의 위치를 결정한다는 것을 의미한다. 대기업 축산업자들은 세계 시장의 차원에서 만들어 놓은 축산 매뉴얼에 따라 몰락한 소규모 자영농을 고용하여 축산 기계를 작동시킨다. 이제 산업화된 축산은 기계화하기 시작하며, 최소의 인원만을 고용하여 자신의 시스템을 유지할 수 있도록 나아가려 한다. 이러한 비용 절감의 노력은 동물 복지에 가장 최악의 조건을 마련하는데, 관리자조차도 손에 닿지 않는 열악한 환경이 조성된다. 기존 소규모 자영 축산인들 같은 경우에는 자신의 자원을 활용하고, 농업과 병행하면서 나오는 부산물과 인력을 통해서 가축을 관리했다고 한다면, 이번에는 다국적 기업의 축산 사료와 최소 인원이 관리 가능한 밀집 사육 형태가 추천된다. 이 조건은 신자유주의적 축산업의 재편이 만들어내는 수직적 위계 통합 구조의 말단에 동물이 차지하게 되며, 동물 복지에 필요한 비용을 줄이기 위한 조처로서 제3세계로의 축산업 수출과 공장식 축산업의 도입이 이루어졌다는 의미를 알게 한다.

이러한 공장식 축산과 제3세계의 기아와 빈곤이 큰 상관관계가 없는 것처럼 보인다. 그러나 이 두 요인은 매우 밀접하게 결합되어 있다. 먼저 고기 1kg을 생산하기 위해서는 콩이나 옥수수 10kg이 필요하다는 점에서 숨은 자원과 비용이 필요하다. 이 자원을 확보하기 위해서는 누군가 굶주려야 한다는 것인데, 그 몫은 제3세계 민중들이 차지하게 된다. 이 보고서는 "국제식량정책연구소(IFPRI)는 2020년까지 선진국들의 육류 소비를 50% 줄일 경우 개발도상국에서 영양 결핍으로 고생하는 360만 명의 어린이들을 구제할 것으로 추정한다."(25쪽)에서 말하면서 사실상 제3세계 어린이들의 몫을 가축에게 주는 꼴로 진행되는 육류 소비가 비윤리적이고 비도덕적이라는 점을 지적하고 있다. 다시 돌아가서 제3세계에 공장식 축산업이 도입되면서 신자유주의적인 축산업의 재편이 이루어지고 있다는 점은, 제1세계 사람들의 육류 소비를 위해 결국 자국 영토의 극빈층의 몫을 빼앗아서 가축에게 주도록 하는 행동이다. 이는 빛도 보이지 않는 극단적인 어둠의 터널과 같은 상황을 의미한다. 특히 이들은 사실 소규모 자영농들이었을 가능성이 높으며, 그들이 세계 시장의 신자유주의적 축산업 재편의 희생양이 되면서 동시에 가난과 빈곤에 의해서 자기 몫의 식량까지도 제1세계 육류를 위해서 희생해야 한다는 점이 드러난다.

한국에서의 신자유주의적 축산업 재편 과정은 지속적으로 진행되어 왔고, 구제역 사태를 경유한 〈축산 선진화 방안〉에서 그 절정에 달하게 된다. 구제역 사태 동안 백신 정책을 주저하게 만들었던 구제역 청정국 지위는 자유무역 시장에서 수출 형태로 국내 축산이 전환해야 하며, 백신이 그 걸림돌이 될 수 있다는 판단이 있었다. 여기서 국내 축산이 수출을 할 수 있는 상황이 되려면 비용 절감에 유리한 고지를 획득해야 하는데 그것은 사실 동물 복지에 사용되는 비용이라고 할 수 있다. 이 비용 절감을 위해서는 공장식 축산업이 도입되어야 하며, 공장식 축산의 열악한 환경은 동물들의 자가면역 능력을 감소시켜 질병을 일으킬 수밖에 없다는 악순환의 고리가 기다리고 있다. 또한 축산의 세계화라는 미명하에 진행되고 있는 브랜드화, 대형 닭 정책 등의 이면에는 수입 개방으로 인해 수직 위계적으로 통합되어 몰락하고 있는 소규모 자영 축산인들이 존재한다. 축산과학원의 대형 닭 정책에서 알 수 있는 것은, 대형 닭을 만들기 위해서 닭의 복지 비용을 줄이는 것을 핵심 골자로 한다는 점이다. 값싸고 양 많은 고기를 생산하여 수출하기 위해서는 생명 가치의 희생과 동물 복지에 드는 비용을 절감하려는 기획을 할 수밖에 없다. 정부의 〈축산 선진화 방안〉에서도 드러났듯이 소규모 자영 축산인들에 대한 배제는 사실상 수직 위계적 통합을 통한 거대 축산 기업의 등장을 유도하는 것을 의미한다. 자유무역으로 세계 시장의 틈바구니에 들어간 국내 축산업이 선택할 수 있는 폭은 넓지 않으며, 비용 절감을 위해서 동물 복지에 쓰이는 비용을 감축하는 방안밖에는 사용할 카드가 존재하지 않는다. 그러한 상황에서 유기 축산, 친환경 축산, 동물 복지형 축산을 추진할 수 있는 실질적인 주체인 소규모 자영 축산인들의 몰락은 예고되고 있다. 사실 비용 절감을 통한 경쟁으로는 애꿎은 동물들의 희생만을 강요할 뿐이다. 오히려 동물 복지적인 축산을 장려하면서 시장에서 브랜드적 가치나 윤리적 소비의 가치를 선점하는 것이 한국 축산업이 살 길이다. 현재 한국 정부는 대규모화, 기업화 과정의 일부로만 친환경 축산을 특화하고 장려하는 입장에 서 있으며, 공장식 축산업의 대안으로서의 축산업 재편이 아니라 신자유주의적 축산업 재편의 일부 요소로 편재시키고 있을 뿐이다. 그것은 위선과 거짓말의 선진화라는 것을 보여준다. 그러나 정부의 〈축산 선진화 방안〉은 이러한 시대적 요청을 저버리고 신자유주의적인 축산 산업 재편의 일환으로 배치되고 있는 것이다.

세계화와 가축 질병

「구제역으로 본 생명 인식: 방역 대책으로 나타나는 신자유주의」(한국환경사회학회, 2011)라는 글을 쓴 우희종 교수는 현재의 질병 발생에 대해서 이렇게 얘기한다. "산업 세계화 및 나라 간의 발달된 교통망에 따른 유동인구의 숫자와 이동 범위는 기하급수적으로 증가 및 확대되고 있고, 음식 및 사료 외에도 동물성 재료가 포함된 다양한 제품의 국제간 교역량은 그 규모를 다 파악하기도 힘들 정도로 세계는 좁아져 있다."(1쪽) 그는 신자유주의 세계화가 대규모 가축 전염병 혹은 인수 공통 전염병을 전달하는 매개체가 될 수 있다는 점을 지적하면서, 생물권역(biosphere)으로 이루어진 생태계를 무시하는 것은 더 많은 위험 요인이 될 수 있다는 점을 표현한다. 사람, 동물, 미생물로 이루어진 관계망에서 환경 요인은 질병의 발생 요인으로 작동할 수 있다. "『새로운 전염병』의 저자 마크 제롬 월터스는 인류의 지구 환경 및 자연의 순환 과정 파괴가 신종 전염병의 등장과 전염병 확산의 주범이라고 지적한다. 따라서 전통적인 의미의 전염병(epidemic)이 아닌 환경 전염병(eco-demic)이라는 것이다."(이은경, 2009)라고 지적하고 있다. 급격한 환경의 변화는 인간과 동물의 적응뿐만 아니라 미생물의 적응과 돌연변이를 유발한다. 이 과정에서 질병이 발생하며, 순식간에 세계적 연결망을 통해 전달된다. 이러한 바이러스 변이 가능성은 생태계 파괴, 온난화, 공장식 축산, 도시화 등에 의해서 어느 때보다

높아져 있으며, 생태 연결망을 통한 유전자 교환, 즉 유전자 스와핑(swapping)을 원하는 미생물의 증식에 새로운 토양이 되고 있다.

사람, 동물, 미생물의 관계망은 서로 분리될 수 없으며, 끊임없이 영향을 주고받는 상황에 있다. 그러므로 "인간이 질병 발생을 완전히 통제할 수 있다고 생각하는 것은 오만에 가까우며, 과학은 보다 겸손할 필요가 있다. 그런 면에서 현실적으로 새로 나타나는 전염병의 75%가 인수 공통 전염병인 것으로 알려지고 있으며, 더욱이 최근 새롭게 대두되고 있는 인수 공통 전염병은 지구상의 인구 증가와 더불어 종(種)간 접촉의 증대, 지구 기후 변화, 사람과 동물의 신속하고도 증가한 이동 수단의 발달로 증가 추세에 있다." (우희종, 2011) 특히 이러한 환경 변화에 따라 변종 바이러스가 생성되면 가장 취약한 개체인 공장식 축사의 농장 동물에게 전염·전파될 확률이 높게 된다. "공장식 축산업은 무게가 많이 나가고 번식력이 좋은 종을 유전자 조작을 통해 만들어낸다. 유전적 다양성이 낮아져 질병에 취약해질 뿐만 아니라, 밀집한 사육 환경을 통해 최소한의 공간과 최소한의 활동 범위만이 허용된다. 이는 전염병 발생의 배경이 된다. 영국 양계장의 3분의 2는 10만 마리가 넘는 닭들을 한 사육장에서 사육한다."(이은경, 《월간 노동세상》, 2009년 6월호) 이러한 질병에 취약할 수밖에 없는 공장식 축사의 상황은 더욱 열악한 상황에 있는 제3세계에서의 질병 발생 요인이 된다. "작년 신종 플루 시작지인 멕시코 지역에는 미국 내 최대 양돈 회사로 연간 매출약이 110억 달러에 달하는 냉장 돼지고기 및 가공육 생산 회사인 스미스필스 사가 존재한다."(이은경, 2009) 세계화의 직간접적 영향으로 공장식 축산업의 확장은 결국 질병의 확산으로 나타나며, 그러한 상황을 단적으로 보여주는 것이 바로 구제역이다.

『대혼란──유전자 스와핑과 바이러스 섹스』(앤드류 니키포룩, 2010)에서는 구제역과 관련된 여러 가지 상황들을 교차적으로 보여주면서 세계화와 가축 질병 특히 구제역의 상관관계를 밝히고 있다. 여기서 몇 가지 구절들을 인용하면서 앤드류 니키포룩이 전달하고 싶었던 바를 살리고 싶다. 이 책 〈3장 가축 전염병으로 시작된 동물 대학살〉 부분은 아주 유의해서 볼 필요가 있는 부분이다. 이 장에서 동물학자이자 유엔식량농업기구(FAO)의 동물보건청 청장을 지낸 바 있는 바츨라프 코우바에 따르면, 세계를 왕래하는 육류의 양은 지난 40년 동안 연간 320만 톤에서 2400만 톤으로 늘어났다. 운송되는 동물의 수도 연간 4000만 마리로 증가했다. 실제로 살아 있는 가축과 육류는 세계 무역량의 약 10%에 해당된다. 그는 동물질병의 혼란의 주범은 바로 동물의 건강을 희생시켜서라도 무역수지의 극대화를 추구하는 인간이라고 규정한다. 1994년까지는 동물과 동물성 제품을 국제적으로 사고팔 때 대체로 수입국의 입장을 존중해서 수입국 동물들이 바람직하지 않은 질병에 노출되지 않도록 보호해 주는 공정한 원칙을 지켰지만, WTO에 의해서 그 권리가 무시되고 설득력 있는 위해성 평가자료가 없다면 수입 거부를 할 수 없게 만들었다.

이 책에서 구제역의 역사가 간략하게 소개된다. 구제역은 몸이 약하거나 어린 짐승은 열 때문에 목숨을 잃기도 하지만(치사율은 약 1퍼센트) 그 밖의 짐승들은 면역력이 약해진 탓에 수포가 박테리아에 감염되지만 않는다면 보름 안에 건강을 회복한다. 구제역이 한번 휩쓸고 지나가면 고기와 우유 생산량이 15~20% 정도 줄어들 가능성이 있다. 병이 돌기 시작하면 농장 입구에 죽은 양이나 소의 머리를 매달아 가축 상인이나 방문객이 접근하지 못하게 막았다. 그런 다음 나머지 소들에게 따뜻한 쇠죽과 부드러운 건초를 먹이고 깔짚을 갈아주었다. 쓰라린 상처를 핥지 않도록 타르를 발라주고 타마린드(장미목 콩과의 상록교목으로 열매가 약재로 쓰임), 칠리고추 혹은 물에 불린 인도멀구슬나무 잎사귀로 수포를 치료했다. 제대로 돌보기만 하면 병은 완치되었고 농장 생활도 정상으로 되돌아갔다. 이 병에 걸렸다가 회복된 소 중에서 품질 좋은 우유와 고기를 생산해 상을 받은 경우도 많았다. 그런데 정치적, 경제적, 통상적 이익이 뒤엉킨 영국에서 이 바이러스가 '날조된 유행병'으로 둔갑했다. 순전히 종축업자들의 이익 때문에 사료 소비가 늘고 우유 생산량이 줄어들고 유전적으로 성장 기간이 길어진다는 이유로 신고 의무 질병이 되었다.

또 이 책에서 영국에서의 구제역 발생 상황을 언급하는데, 한국 상황과 비교해서 검토해 볼 필요가 있다. 2001년 영국에서 밀집식 사육 환경과 도살장의 구조조정으로 인한 장거리 이동, 증가된 무역량, 유례없이 많이 내린 비의 영향으로 구제역이 발생했다. 그러

녹색은 적색의 미래다

나 영국 정부는 구제역 발생을 알고도 가축 이동을 금지하지 않았
으며, 백신의 포위접종을 하라고 하던 구제역 전문가의 의견도 무
시했다. 결국 3km 반경의 발굽 가진 동물에 대한 전량 제거 작전에
돌입할 수밖에 없었으며, 무차별 살처분이 진행되었다. 엄청난 도
륙이 진행되고 나서 살상하고 제거된 동물은 1000만 마리였다. 그
이후 영국 축산업은 소규모 축산업자들의 파산과 자살로 인해 더
집약적이고 밀집적인 공장식 축산업으로 신자유주의적 재편에 성
공했다. 2002년 진상 보고서를 낸 유럽의회는 신자유주의적인 축
산업의 재편의 과정에서 방역 시설이나 대책, 백신 연구의 미비,
엄청난 밀집 사육 환경, 이동량의 증가 등을 지적하였다. 영국의
사례를 통해서 알 수 있는 것은 신자유주의적 공장식 축산업의 재
편이 원인이 되어 구제역이 확장되었으나, 정부나 다국적 자본은
그것을 오히려 더 막강한 신자유주의적 축산업 재편의 계기로 활
용하였다는 점이다. 여기서 한국 정부의 〈축산 선진화 방안〉이 갖
고 있는 숨겨진 의미는 영국의 사례를 통해서 밝혀진다.

나오며

신자유주의 세계화는 질병의 세계화이자, 공장식 축산으로의 수
직 위계적 재편을 강제하고 기율하는 시스템이다. 이에 반해서 로
컬푸드와 지역 순환 경제에 기반한 유기 축산, 친환경 축산, 동물

복지형 축산은 대안 세계화의 방향성으로 나아가게 한다. 세계화가 공장식 축산업을 신자유주의적으로 재편할 때 가장 염두에 두는 것이 동물 복지에 드는 비용의 최저 수준을 계산하고 산정하겠다는 의도에 서 있다. 그러나 반대 방향에서의 운동이 가능하다. 동물 복지의 입장에서 축산업을 부흥시키고 생성시키려는 새로운 시도는 언제든 가능하다. 축축하고 분뇨로 가득하고 어둡고 숨이 턱턱 막히는 곳에서 살고 있었던 동물들이 질병에 걸리지 않는 것은 이상한 일이다. 자연의 역습이라고 할 수 있는 질병 상황의 근본적인 원인인 공장식 축산업에 대해서 문제시 하지 않고, 오히려 다국적 제약회사의 새로운 게임으로 받아들이는 신자유주의의 이중 구속에 대해서 곰곰이 생각해 봐야 할 것이다.

FAO에서 발간한 『가축의 긴 그림자』라는 보고서는 공장식 축산이 가져다주는 부담이 고스란히 지구에 전가되고 있음을 물, 공기, 대지, 생물 다양성의 입장에서 서술하고 있다. 이 보고서는 가장 싸고 양이 많고 맛이 좋은 것으로 홍보되고 있는 고기가 사실상 지구에게 부담을 주고 제3세계의 기아의 원인이 되며, 지구 온난화의 주범이자 전 지구적 질병의 근거지가 되고 있다는 점을 말해 주고 있다. 물론 우리가 잊지 말아야 할 점은 이 고기가 바로 생명에게서 나온다는 점이며, 생명을 도구로 보는 시선은 우리 세기 이전에 종지부를 찍어야 한다는 점이다. 세계화가 독려하고 있는 밀집식 가축 사육을 넘어서기 위해서는 먼저 동물 복지가 잘 되고 있는지에 대해서 잘 알고 먹어야 하며, 적게 먹거나 채식을 하는 등의 노력이 필요하다는 점이다. 우리나라에서 구제역 이후에 많은 축산 농가들이 다시 더 크고 기계화된 공장식 축산업으로 회귀하고 있으며, 그것을 정부가 부추기고 있다는 것은 안타까운 일이다. 동물 복지 축산에 대한 실험과 실천은 이제 새로운 패러다임의 전환으로 인식되어야 하며, 계속적으로 시도되고 실패를 두려워하지 말아야 할 과제가 되고 있다.

'세계화와 공장식 축산'이라는 주제로 글을 쓰다 보니 밀집도와 동물 복지가 깊은 상관관계가 있다는 점을 발견하게 되었다. 동양화에서의 여백의 미를 생각하는 사람들이 많지만, 동물들이 눕고 숨쉬고 돌아다닐 수 있는 미학에 대해서 생각하는 사람들은 찾아보지 못했다. 이것은 동물들에 대한 배려와 연민의 의미뿐만 아니라 과도한 육식 문명이라는 패러다임을 전환시킬 수 있는 계기가 될 것이라 생각한다. 구제역으로 죽어간 무수히 많은 생명들의 절규와 아우성을 만들어냈던 보이지 않는 손이 무엇이었으며, 왜 정부는 구제역 청정국이라는 지위에 연연했는가 등이 숙제와 같은 부분이었다. 아주 미약하게나마 진실의 소리가 세상에 퍼지기를 기대하며, 생명의 아름다운 합창이 만들어낼 색다른 세상을 만들기 위한 작은 발자국이 되기를 희망하며.

펠릭스 가타리가 『카오스모제』(2003. 동문선)라는 책을 쓴 이유는, 『분열분석적 지도 제작』(미출간)이라는 자신의 작품과 그의 저작 전반을 요약해 놓을 필요가 있었기 때문이었다. 그것은 실천 활동을 하는 활동가들이 호주머니 속에 넣어두고 이따금 참고할 수 있도록 다이제스트판으로 구성되었다. 그러나 이 책은 너무도 난해하고 어려우며 마치 수학 공식처럼 알 수 없는 개념들로만 가득하다는 혹평을 받았다. 그도 그럴 것이 난해하고 복잡한 가타리 사상을 또 한 번 요약해 놓은 책이다 보니, 가독성이 현저히 떨어지는 것은 어쩔 수 없는 일이었다. 나는 2009년 여름 『카오스모제』를 내 나름대로 다시 한 번 요약하고 싶은 욕심이 생겨서, 메모해 두었다가 이 글을 썼고 인터넷에다가 공개했다. 그러나 반응은 신통치 않았기 때문에, 이따금씩 문장을 손보고 읽어 내려가면 수정하기도 했다. 이 글은 공동체, 마을, 협동조합, 생태 운동 등을 하는 활동가들이 참고할 수 있는 활동 지침서이자 요약본의 형식을 띠고 있다. 이 글의 주제는 주체성 생산이며, 어떻게 우리 사이에서 색다른 주체성이 생산되어 세상을 변화시키는가라는 질문에 대한 응답의 성격이다. 천천히 뜨거운 홍차 한 잔을 옆에 두고 읽어보면 생각할 거리가 많은 글이다.

3장

대안은 어떻게 만들어지는가?

—카오스모제의 생태학-미학

주체성은 주체와 달리 관여적 주체이다. '자신이 누구이며 어디에 있는가?'라는 뿌리의 질문
속에 사로잡힌 자아가 아닌, 관계망 속에서 존재하는 '나'와 '너'들이다.

주체성 생산

필자는 언젠가 토론을 통해 근사한 아이디어를 쏟아냈던 적이
있었다. 그런데 회의가 끝나갈 즈음에 '그걸 누가 하지?'라는 질문
을 받자, 사람들이 모두 우물쭈물하면서 서로의 눈치를 보는 것이
었다. 주체성 생산의 문제는 사실 아주 추상적인 이야기가 아니라,
현실에서 자주 부딪히는 과제이다. 근대는 나와 너 사이에서 만들
어지는 주체성 생산에 대해서 침묵하면서, 홀로 고독히 존재하는
'나'와 '너', '그'라는 인칭대명사를 만들어왔다. 그러나 가타리는,
주체성 생산을 단번에 공동체적 관계망 사이에서 출현하는 색다른
흐름이라고 사고한다. 이를 통해서 우리가 '주체'를 규정할 때 주

체화를 특징짓는 다양한 차원과 층위를 놓쳐 왔었던 편향에서 벗어날 수 있는 이론적인 근거를 마련하였다.

펠릭스 가타리의 주체성 생산은 공동체 속에서 갑자기 출현하는 섬광과 같은 변화의 원천에 대해서 주목한다. 그것은 역사의 흐름 속에서 등장하는 집단적인 실존 변화와 돌연변이적 집단의 등장 등에서도 발견되는 분자 혁명의 가능성에 대한 타진이다. 혹자는 사회와 삶의 층위는 단조롭고 늘 그대로일 것이며 계산 가능한 수준에서 포착될 수 있는 자본주의의 등가 교환 체제는 유지될 것이라는 자조 섞인 말을 한다. 심지어 마르크스주의자들조차도 자본주의적 가치 관계 외부에 실존하는 다양한 주체성 생산의 계기를 놓치고 객관주의적인 발상에 머무는 경우가 있다.

주체성은 주체와 달리 관여적 주체이다. '자신이 누구이며 어디에 있는가?'라는 뿌리의 질문 속에 사로잡힌 자아가 아닌, 관계망 속에서 존재하는 '나'와 '너'들이다. 관계망의 변화를 촉진하는 새로운 층위의 주체성의 등장은 공동체를 풍부하게 만들 소재라고 할 수 있는 특이성의 영역을 개방하고, 전혀 예상하지 못했던 수준의 공동체를 만들 수 있는 원동력이 된다. 소수자의 의미는 색다르게 재규정되는데, 여기서 소수자는 특이성을 생산함으로써, 공동체를 풍부하게 만들 수 있는 사람이 된다. 또한 공동체는 특이한 주체를 생산하여 자신의 궤도를 변화시키려 한다.

가타리가 언급하는 이질적인 것을 만드는 주체성의 기계적 차원들은 다음과 같다. 그것은 "1) 가족, 교육, 환경, 종교, 예술, 스포

츠……에 걸쳐서 나타나는 기표적인 기호학적인 구성 요소들, 2) 매체 산업, 영화 등에 의해 만들어지는 요소들, 3) 정보적 기호 기계들을 움직이게 하고, 그것들이 의미 작용들과 함축적 의미들을 생산하고 운반하며 그래서 적합한 언어적인 공리계들에서 벗어난다는 사실과 병행하여 혹은 그것과 독립적으로 작동하는 비기표적 기호학적 차원들"(『카오스모제』, 13쪽)로 구성된다. 주체성 생산은 주체가 만들어지는 것을 의미하며, 회의에서 긴 시간 동안 토론하며 그 일을 정말 하고 싶어하는 주체가 만들어지기를 원하는 것과 같은 원리에서 기표적인 수준을 갖고 있다. 그러나 주체성 생산의 기계적 차원은 기표 수준 이외에도 집단 설비나 비기표적 차원 역시도 갖고 있다.

비기표적 기호 작용인 음악, 색채, 향기, 몸짓, 냄새 등의 영역은 기표의 고정관념을 변화시킬 수 있는 재료이면서, 세상이 흐름과 변화 속에 있다는 것을 느낄 수 있는 가장 직접적인 기호-흐름의 작용이다. 우리의 대화가 단지 메시지를 전달하는 수단만이 아니라, 차를 끓이고 표정을 살피고 톤의 변화에 주목하게 되는 비효율적인 과정이 들어가는 이유도 비기표적 기호 작용이 실존함을 의미한다. 가타리의 기계 작동은 '책상은 책상이다'라는 방식의 고정관념으로서의 기표적 기호 작용의 동질 발생적인 영향력 속에서 현존 체제를 재생산하는 것이 아니라, '책상은 여러 가지 것으로 이행하고 있다'는 기호-흐름을 발생시키는 비기표적 기호 작용의 이질적 표현 소재를 통해서 특이성을 생산하는 색다른 지평으로 우리를 초대한다. 여기서 이질 생성의 계기로서 테크놀로지를 사용하는 의미는, 기계를 재전유하고 재특이화하여 동일성의 반복이 아닌 차이 나는 반복의 기계 장치로 만들 가능성을 의미한다.

가타리의 '주체성(subjectivity)'은 관계망 속에서의 사유이기 때문에 주체와 대상의 이분법을 넘어서고, 주관과 객관을 분리시키는 아카데미의 방법론에 대해서도 근본적으로 질문을 던진다. 주체성은 구조주의처럼 구조 속에서 움직이는 개인과 같은 구조-환상에 빠지지 않고, 관계망의 돌봄, 모심, 살림, 보살핌, 섬김의 정동 효과에 의한 개인과 개인 사이의 흐름과 같은 것이다. 혹자는 이러한 주체성이 환상적 개념이 아니냐고 묻는다. 그러나 이것은 관계 속에서의 사랑이 만들어낼 주체의 모습이며, 여기서 사랑과 환상은 완전히 다르다. 또한 이것은 근대적인 지식 모델이 갖고 있는 주체/대상의 이분법에 의해서 의미 작용이나 주체화 양식과는 완전히 다른 방향성과 궤도를 그려낸다.

가타리의 주체성에 대한 잠정적인 정의는 "개인적 그리고/혹은 집단적인 층위들이 그 자체 주체적인 타자성과 인접한 혹은 한정하는 관계에 있는 자기 준거적인 실존적 영토로서 등장할 수 있도록 하는 조건들 전체"(『카오스모제』, 19쪽)이다. 이것은 개인이나 구조의 논의를 넘어서서 복수성의 논리에 입각한 접근이며, 이 복수성의 강렬도의 방향에서 생산되는 주체성을 통해서 집합적인 성격을 규정짓는 것이다. 한 사람의 개인이 있는 것이 아니라, 복수적이고 집합적인 공동체의 관계 성좌가 있고, 그 위에서 강렬도에 따

녹색은 적색의 미래다

라 무언의 춤사위를 추듯이 사람들이 말하고 감정을 느끼고 움직인다는 것이 가타리의 설명이다.

그것은 근대적 패러다임에 의해 책임 주체로서의 개인을 설정하고 가족, 관습, 법률에 의해서 지배되는 타자성을 설립하는 것이 아니라, 주체성이 갖고 있는 사회적/역사적 맥락과 집합적 존재 양상 속에서 구성되는 정서적, 무의식적, 감성적 지반에 주목하는 것이다. 책임 주체의 지반 내에서 사고하는 방식은 결국 개인을 등장시키고, 순수한 의식의 통합자로서 주체의 의미를 생산한다. 현존하는 자본주의적 문명의 기획자인 데카르트가 그렇듯이 주체를 움직이게 하는 작동 원인은 자연과 생명, 공동체의 관계망에 대한 착취 양식에 불과하다. 자연, 생명, 공동체적 관계망을 이분법으로 만든 주체와 대상 사이에 존재하는 흐름으로서의 분열 과정은 교감과 정동, 사랑이라는 섬광과 같은 분열 과정을 의미한다. 이 과정에서 관계망에 작용하는 추상 기계가 작동하는데, 추상 기계는 보이지 않지만 우리에게 결정적인 영향을 주는 작용 방식을 의미한다. 마치 차이와 반복의 생태계의 순환과 재생의 원리처럼 말이다.

공동체와 자연 생태계 속에 서식하는 무의식적 흐름과 복잡한 상호작용은 성좌와 같은 무의식의 출현을 의미하며, 뿌리와 근원을 찾는 방식의 형이상학적인 세계 연관과 기호의 흐름을 정지시키는 의미 연관으로 화석화될 수 없는 관계 성좌의 무의식을 의미한다. 주관/객관, 주체/대상의 구분점도 없는 그 사이에서 벌어지는 중간 세계의 등장은 계획과 실행, 기획자와 수행자 간의 경계를 허무는 것이다. 이러한 사이 존재의 양상은 관계를 성숙시키고 발전시키면서 주체성을 생산하는 공동체적 관계성 속에서 일관되게 등장한다. 자본주의적 생산양식과 비자본주의적 생산양식 간의 교섭 속에서 '성장의 논리'와 '발전의 논리'라는 양대 축은 레닌의 혁명론과 그 이후 오락가락했던 정치적 방황의 전모를 의미한다. 레닌은 마니교도적인 이분법으로 구성된 주체/대상 간의 극단적인 분리를 넘어 소비에트라는 관계망이 사회주의 혁명을 이룰 정도로 성숙했다는 점을 바라보았다. 그리고 관계의 성숙과 존재론적인 강렬도의 입장에서 러시아 혁명의 전망을 탐색하고 역사적인 주체성 생산의 전모를 들여다본다.

주체성 생산은 혁명에 필적할 수 있는 분자적이고 미시적인 수준의 변화를 초래한다. 주체성 생산 이후에 등장하는 '차이 나는 반복'——세상을 변화시키기 위한 대안적인 집단으로서, 협동조합, 공동체, 대안 섹터 등의 반복적인 작동——의 형태로 기계화된 [자기 생산하는] 복수성이 만드는 다채로운 가능성은 변화와 이행을 위해서 테크놀로지를 이용하는 것을 생각해 볼 수 있다. 이러한 기계 설립의 과정은 기술 낙관론적인 마르크스주의자들의 설정과는 달리, 생태계와 같은 보이지 않으면서도 아주 현실적으로 작동하는 수많은 차이 나는 반복의 양상을 띠는 추상 기계에 감응하는 것이고, 결국 기계 설립의 문제는 '기술주의'가 아니라 '생태적 지혜'의 문제이다. 이러한 기계는 구체적인 기계에 한정되는 것이 아

녹색은 적색의 미래다

니라 가상적인 실존의 양상을 띠며, 기계는 가상 속에서 만들어지는 무의식의 거대한 지반 위에서 '도표적 가상'이라는 수많은 도식들을 통해서 형태를 구성한다. 이렇게 구성된 색다른 현실은 가상적인 도식 간의 접촉 경계면 위에서 새로운 주체성을 생산하고 기계적 돌연변이를 가능케 한다.

근대의 주체/대상의 이분법은 개인이라는 영역을 만들고 사법적 책임 주체로서 개인이 작동하고 있음을 지속적으로 강조하면서, 집단, 사회의 책임 영역에 대해서는 주목하지 않았다. 반면에 가타리는 책임의 영역을 개인으로 한정하지 않고, 주체성 생산의 영역에 책임을 설정한다. 즉, 윤리적이고 미학적인 주체성의 생산은 책임의 문제를 의식적인 주체의 확실한 책임이라는 것으로 맡기는 것이 아니라, 무의식적인 집단 설비와 기계적 무의식의 영역까지도 포괄하는 책임의 영역으로 확장한다. 이러한 책임 논의의 새로운 지평은 공동체의 회의가 결론이 미리 정해져 있고 책임을 역분하기 위한 것이 아니라, 공감대에 기반해서 우리 중에 어느 누군가의 자발적인 참여와 실천을 유도하면서 주체성 생산에 따른 색다른 책임을 사고하는 것이다.

이에 따라 주체성을 생산하는 과정에서 개입하는 다양한 요소들은 기술적, 제도적 배열 장치와 더불어, 정신의학, 대학 교육, 대중 매체 등 주체성 생산에 영향력을 미치는 다양한 차원들이 언급되어야 한다. 결국 무의식의 차원을 결정하는 다양한 층위들의 개입과 배치에 대해서 주목하면서 그러한 요소들이 갖고 있는 비인

칭적인 공동 책임의 영역을 사고해야 한다. 이는 윤리적이고 미학적인 주체성 생산의 문제가 아주 가시적인 것에 의해서만 이루어지는 것이 아니라, 보이지 않는 영역에서의 관계의 층위와 배치의 문제일 수 있다는 점을 의미한다. 기계적 돌연변이와 재특이화 과정으로 언급되는 가타리의 주체성 논의를 마치 책임의 여부조차도 물을 수 없는 구조주의적 차원으로 바라보는 것은 집단적, 기계적, 무의식적 차원이 갖고 있는 책임의 공동 지대를 생산의 공동 지대와 일치시키는 것에 대해 이를 간과한 것이다. 가타리의 패러다임은 주체를 움직이게 하는 구조의 모델을 설립하는 모델링 작업이 아니라 복수의 지도 위에서 미학적-윤리적 주체성의 생산을 사고하는 메타 모델적 접근이라고 할 수 있다. 즉 천 명이 모이면 천 개이상의 마을이 있듯이, 관계망은 수많은 모델을 생산하는 기본적인 판이라고 할 수 있다.

가타리는 인간, 동물, 생명, 자연이 마치 수많은 자연과 우주의 울림에 반응하는 진동자와 같으며, 우리의 삶의 영토와 실존이 음악의 리듬과 화음과 같다고 사유한다. 즉, 실존적인 양상을 산출하는 주체화 양식 중에서 복수적이면서도 리듬적인 것, 시간(박자)를 맞추는 리토르넬로(=후렴구)의 역할에 대해서 주목한다. 늘 뻔하고 지루하며 비루한 일상이 우리의 실존을 조명할 수 있는 것이 아니라, 차이 나는 반복에 의해서 흥이 있고, 화음과 리듬이 있는 삶의 양상이 우리의 실존적 의문에 답해 줄 수 있는 것이다. 우리의 무의식의 선분이나 구성요소에 있어서 리토르넬로는 실존적인 근

녹색은 적색의 미래다

본 질문으로서의 "나는 누구이며, 우리는 어디에 있는가?"라는 뿌리의 질문에 침잠하는 것이 아니라, 미래를 향해서 즐겁고 재미있게 나아갈 수 있게 하기 때문이다. 이것은 마치 동물비교행동학에서 언급되는 조류들의 구애 행동이나 노래처럼 영토적 차원에서 만들어지는 리듬, 노래, 춤, 가면 등에 대해서 주목하는 것이다. "이 리토르넬로 개념으로 우리가 목표하는 것은 대량적인 정서들뿐만 아니라, 음악이나 수학의 세계들과 같은 무형적 세계들의 증장을 촉매하고 가장 탈영토화된 실존적 영토들을 결정화하는 초복합적 (hyper-complex) 리토르넬로들이다."(『카오스모제』, 29쪽)

리토르넬로는 우리가 시간 속에서 실존하려고 할 때, 리듬화의 강렬도를 생산함으로써 시간 외부에서 존재하는 소외 양식으로부터 벗어나 내재적인 강렬도의 지대를 창조할 수 있는 생활양식이다. 즉, 흥과 재미가 있고, 화음이 있다면 우리는 강렬해질 것이고 삶은 풍부해질 것이며, 공동체는 다채로워질 것이다. 그렇기 때문에 색다른 관계망으로서의 공동체가 갖고 있는 초복합적 리토르넬로가 어떤 기능을 하고 있는가에 대해서 주목해야 하며, 다성적인 주체성 생산에서 어떤 기능 연관을 갖고 있는지 사고해야 한다. 이에 대해 가타리는 공동체의 화음이 갖고 있는 작동에 대해서 아주 난해한 어투로 설명하고 있다. "복합적 리토르넬로는 비담론적인 가상성 세계들과 담론성의 현실화된 등록기들 사이에 접촉 경계면으로서 기능한다. 그것은 리토르넬로의 가장 탈영토화된 측면, 즉 가장 영토화된 지층들을 통제하는 무형적인 가치 세계의 차원이다."(『카오스모제』, 43쪽)라고 언급한다. 공동체의 복합적인 화음은 상품이라는 등가교환의 단조로운 박자에 의해서가 아니라, 자신의 거주지를 넘어서 탈영토화를 통해 관계 맺기가 가능할 수 있는 선물과 같은 가상적인 가치 질서가 갖는 다성적인 것들이 만드는 화음에 의해서 만들어진다. 즉, 대안적 가치 질서가 가상적인 형태로 교류되고 화음을 만들 때 공동체는 풍부해지는 것이다.

리토르넬로는 자본주의의 등가 교환이 가능하게끔 만드는 고정관념들인 '책상은 책상이다'라는 식의 기표적 질서 속에서 살고 있는 사람들이 가상 세계의 비기표적 기호 질서에 진입할 수 있도록 만드는 접촉 경계면이라는 점에서, 비루한 일상을 구성하는 시간의 박자를 넘어서는 탈영토화 운동이 어떻게 가능할 수 있는지를 밝히는 리트머스라고 할 수 있다. 즉, 공동체가 리듬과 화음을 가지면서 동시에 자신의 신체와 관계 속에 숨어 있는 예술과 사랑의 힘을 발견하는 것은 우연이 아니며, 그것은 주체성 생산의 황홀하면서도 섬광과 같은 순간에서 등장한다. 이러한 자신의 거주지를 벗어나는 탈영토화 운동은 예술, 과학, 혁명의 특이점의 차원에서 색다른 주체성으로 재탄생하며, 이는 통일, 적분, 획일화의 질서에서 벗어나 자유롭게 횡단하며 사유하는 관계망인 일관성의 구도(plan of consistence)를 재구축하는 과정이기도 하다. 즉, 공동체 속에서 사람들은 고도의 공감 대화의 양상을 띠며 다소 엉뚱해져서 광인들이 중언부언하는 것과 같은 형태의 대화를 하게 된다. 이러한 관계망의 무형의 변화는 초복합 리토르넬로의 기능 작용으로 설명되는데, 그것은 마치 진동자가 각각의 울림과 떨림을 일으켜 거대한 신서사이저와 같은 음색을 띠는 것과 같다.

이와 같은 이질 생성적인 과정에서의 실존적 양상은 바로 명확하고 의식적인 주체나 틀지워진 구조 사이에서 주체성이 실존할 수 있는 준안정화된 지대가 형성될 수 있다는 것을 의미하며, 그것을 들뢰즈와 가타리는 '욕망하는 기계'라고 규정한 바 있다. 그리고 가상성의 영역으로 접속하여 돌연변이를 일으키고, 새로운 화음과 리듬을 구성함으로써 시간의 비루한 박자를 차이 나는 반복의 다채로운 화음으로 바꿈으로써 실존을 가능케 하는 것이 리토르넬로의 핵심적인 기능이다. 이러한 주체성의 생산에는 흐름, 기계적 계통, 실존적 영토, 무형적 세계라는 요소들이 작동하며, 특이성의 생산이라는 계기에 따라 자신의 실존적인 양상을 재창조할 수 있는 가능성이 존재하는 것이다.

기계적 이질 생성

기계는 반복이다. 사람들은 어떤 기계가 필요한지에 대해서 말한다. 반복이라 하더라도 색다른 삶을 창조하고 대안을 수립하는 반복이 있고, 자본주의의 비루한 일상의 반복이 있다. 그래서 기계를 어떻게 만들 것인가는 우리의 실천에서 중요한 문제이다. 펠릭스 가타리의 기계 개념은 사람들을 혼란에 빠지게 하는데, 코드화되고 닫힌 기계학(mechanism)적 기계와, 열려 있으며 자기 생산적인 기계론(machinism)적 기계의 혼동에 기인한다. 여기서 반복은 기계성을 의미하며 동일성의 반복과 차이 나는 반복은 차이를 갖는다. 기계론적 기계는 차이 나는 반복에 의해서 열린 질서에 다가가는 기계이며, 우주, 자연, 생태계, 생활세계를 표현하는 기계의 의미를 갖는다. 그런 의미에서 가타리에게 있어서 기계는 기술의 하위 집단을 의미하는 것이 아니라, 존재론적인 강렬도가 다양한 문턱을 넘어서는 순간 색다른 반복 현상을 만드는 바에 대한 서술이다. 사람들은 기계는 생명 현상과 다른 특징을 갖고 있다고 생각하는데, 그 이유로서 인간-기계의 상호작용을 사례로 든다. 기계는 언표 행위임에도 특이한 힘을 갖고 있는 것으로 간주될 수 있으며, 기계의 형태를 물질적 배열 장치로서 사유할 수 있다. 그것은 우리가 나무를 나무라고 규정하는 것이 기표의 수준에서 고정관념을 만들기 위한 것에 머무는 것이 아니라, 여러 가지 이질적인 영역을 횡단하는 나무 기계의 작동 자체를 의미하는 것일 수도 있게 된다. "기계를 파악하려고 할 때, 물질적이고 에너지적인 구성 요소나 도표적이고 연상적인 구성요소, 인간 신체가 지닌 기관, 신경 충동, 기질의 구성 요소, 개별적이고 집단적인 표상 정보, 주체성을 생산하는 욕망하는 기계, 물질적, 인식적, 정서적, 사회적 기계 수준의 추상 기계들 등이 고려 대상이 된다."(『카오스모제』, 52쪽)

특히 이질적인 것을 횡단하는 역능을 지닌 '추상 기계'의 층위는 주목되어야 한다. 쉽게 말해서 생태계에서 차이 나는 반복을 만

녹색은 적색의 미래다

드는 보이지 않는 기계 작동을 생각해 보면 좋겠다. 추상 기계는 구체적인 기계에 머물지 않고 기계를 역동적으로 이해할 수 있는 개념이며, 단순히 추출이나 고도의 추상화 작업을 전제로 한 개념이 아니라 이질적인 수준과 구성 요소를 횡단할 수 있는 몽타주를 갖고 있다. 이 추상 기계는 보이지 않는 수준에서 존재하는 탈영토화의 과정에서 작동하는 관계망의 직조와 짜임의 수준을 드러내는데, 그것은 기표라는 고정관념을 넘어서 '이것일 수도 저것일 수도 있는' 도표적 차원을 보여주는 것이다. 그렇기 때문에 추상 기계라는 수준에서 기계를 인식하는 순간, 언표적 수준에서의 특이한 힘이라는 차원은 그것을 발생시키는 도표적 차원에서의 이질 생성과 마주치게 된다. 그러므로 기계는 특이한 수준을 발생시키는 색다른 관계망을 갖고 있는 매우 혁신적인 개념이 된다.

기계가 기술적이고 실험적인 배열 장치 속에서 도표적 작용을 하는 것은 기계 주위에서 일하는 사람들의 인간적 언표 행위와 같은 의미를 생산하는 기호학과 다른 차원을 만들어낸다. 여기서 도표적 작용이란 고도로 조직되어 있으면서도 고정관념으로부터 자유로운 기호 작동을 의미한다. 예를 들어 악보나 컴퓨터 코드, 수학 공식과 같이 고도로 조직된 질서는 기표의 고정관념으로부터 벗어날 수 있는 소재가 될 수 있다. 문제는 기표를 넘어서 도표적 차원을 개방함으로써 자본주의를 유지하는 고정관념으로부터 자유로운 공동체를 조성하는 것이다. 구조주의자들처럼 기표적 수준에서 모든 통합적 이미지를 제공하려는 시도를 하는 것이 아니라,

기표가 생산되는 과정의 배후에 도표의 차원에서의 기계 현상이 있음을 승인하는 것이다. 어떤 철학사가 색다른 사유를 한 것은 그의 철학 개념 내에서의 운동이 아니라, 그가 점심때 산책 중에 만난 광인과의 만남이나 아이와의 만남, 화려한 봄의 색채와 같은 것일 수도 있는 것이다.

　가타리에 의해서 기계는 고정되고 폐쇄된 이미지에서 벗어나 자기 생산적이며 열린 체계의 이미지를 갖게 되었다. 영원성의 욕망에 기인한 구조라는 개념이 아니라, 유한하고 국지적이며 자신의 사멸을 예견하는 것이 기계라고 할 수 있다. 어떤 조직을 접하는 사람의 경우 두 부류가 있을 수 있는데, 조직의 영원성의 입장에서 안정성을 추구하는 쪽과 조직의 유한성과 죽음을 전제하면서 불안정하더라도 그 속에서 활력과 욕망을 찾으려는 쪽이 있다. 전자가 구조의 관점이라면 후자는 기계의 관점이다. 이러한 기계는 구체적인 기술 기계에 머무는 것이 아니라, 생활, 생태, 생명에서의 반복을 만드는 추상적이고 가상적인 작동으로 간주되어야 한다. 결국 기표적 차원은 구조를 사유하게 될 수밖에 없고 고정되고 영원한 것으로 향한다면, 음향, 색채, 향기, 몸짓, 냄새 등과 같은 비기표적 기호계는 유한하고 일시적인 것으로서의 기계의 수준을 의미하는 것이다. 우리가 대화를 하는 것도 기표로 구성된 정보나 지식을 전달하는 것이 아니라, 서로의 표정을 보면서 교감하고, 차를 끓이고 향기와 몸짓을 통해서 공감대를 만드는 지극히 비효율적이라고 여겨지는 과정에 의해서 구성되어 있다.

　　　　　　　　　　　　녹색은 적색의 미래다

결국 수많은 기계들이 연결되고 접속되는 과정으로 이루어진 것이 관계망이며, 이 수많은 기계에 대한 기표적 틀 짜기가 중요한 것이 아니라, 특이성의 영역이 늘 출현하고 생산되는 수준에서 기계의 표현 소재인 비기표적 기호 작용과 이에 따른 강렬도, 이질적인 것을 횡단하며 존재론적 일관성을 부여할 수 있는 가상적인 능력에 집중해야 한다. 예를 들어 어떤 모임을 차를 마시기 위한 모임으로 규정하는 것이 중요한 것이 아니라, 차를 마시면서 교차하는 갖가지 냄새, 리듬, 몸짓, 색채 등에 주목해야 하며, 서로 중언부언하듯이 말하면서도 공감대를 형성하면서 일관된 공동체의 구도를 만드는 능력에 주목하자는 말을 어렵게 한 것이다.

그러므로 어떤 공동체가 자기 생산적인 기계의 핵인 핵심 집단을 구성하는 것에 대해서 어떻게 생각해야 할까? 어떤 사람들은 의식적 전위나 과학이 필요하다고 말할지 모른다. 가타리는 유한하고 국지적인 관계망의 기계 작동 속에서 서로의 영토, 관습, 거주지를 넘어서 탈영토화하는 과정에서 출현하는 비기표적 수준의 가상적인 작동 양상이 더 핵심 집단을 움직이는 원동력이라고 규정한다. 즉, 어떤 모임에 적극적으로 참여하는 이유는 무엇을 해야 하기 때문이라기보다는 그 모임의 리듬과 몸짓, 향기가 좋아서일 수도 있기 때문이며, 핵심 집단은 그것을 어떻게 조성하여 관계를 성숙시키고 있는가의 여부에 달린 것이다.

물론 사람들은 기계에 접근할 때 여전히 언표적 수준에서 그것과 관계하기 때문에 '책상은 책상이다'라는 방식의 기표에 머물지 않는가라고 반문한다. 하지만 공동체적 관계망의 욕망, 무의식, 정동의 흐름의 입장에서 기계 역시도 하나의 분절 마디로서 연결되고 접속되면서 흐름의 작동 방향을 변화시키는 요소이다. 결국 기표적 돌출부가 모든 기계적 차원을 의미하지는 않는다. 자본주의의 고정관념으로부터 자유로운 도표의 차원을 갖는 차이 나는 반복으로서의 기계 현상은 계통적, 집단적, 자기 생산적 흐름일 뿐만 아니라 공동체 내의 이질적인 것에 일관성을 부여하고 가상적인 것과 접촉 경계면을 만드는 상호작용이다. 결국 차이 나는 반복을 일으키는 모든 사회 집합체, 신체, 정보 등 다양한 차원의 도표적 현상들은 모두 기계적 수준에서 사고될 수 있다. 즉 기계는 구조변화를 기다리는 것이 아니라, 현실의 변화를 이끄는 대안적인 작동을 먼저 수행하는 것의 문제인 것이다.

기계적 주체성은 우리가 살아가는 실존적 영토성을 훨씬 넓히는 효과를 가지며, 유형의 영토에다가 무형의 가상 영토성을 추가한다. 사실 생태계의 잠재성은 이미 무형의 가상성을 갖고 있으며, 새삼스러울 바가 아니다. 장자의 「호접몽」에서 묘사되었던 잠재 현실의 지평은 이미 구체적이고 기술적인 기계 발명 이전에 기계의 지평이 있었음을 의미한다. 기계적 주체성이 가상적 주체성을 포괄한다면, 공동체가 갖고 있는 흐름, 관계망, 상호작용의 차원으로 우리의 실존의 영역이 넓어지고 유한한 좌표 위에 시간-공간-에너지의 실존 좌표를 설정하는 것을 의미한다. 결국 기계란 구체적인 기계의 영역에서 사고되던 기술 기계의 차원을 넘어서 있으

녹색은 적색의 미래다

며, 공동체적 관계망이 조성하는 가상 신체 현상이나 탈영토화 운동이 만드는 이질 생성의 영역을 설명할 수 있는 차원으로 나아간다. 가타리는 "기계는 무형적 준거(혹은 가치) 세계의 성좌에 근거하여 실존적 영토를 구성하는 핵심 지대와 동의어이다."(『카오스모제』, 76쪽)라고 언급한다. 기계가 부여하는 실존의 성좌는 매우 광활한 영토 위에 공동체적 관계망 자체가 갖는 유한하고 국지적인 영토로서 존재하면서 생태계의 화음과 일치하는 성좌의 의미를 갖는다. 결국 공동체와 생태계는 차이 나는 반복이라는 기계 작동이라는 측면에서 매우 유사한 작동 양상을 갖는다. 기계가 계획과 디자인에 따라 반복적인 패턴으로 움직이는 것이 아니라, 관계 성좌의 이질적인 상호작용에 입각해서 움직이는 세상을 바꾸고 이행시키는 원동력으로 사유될 수 있게 된다.

가타리는 다소 난해한 어투로 다음과 같이 말한다. "실존적 기계들은 내생적으로 복잡한 존재와 호흡을 맞춘다. 실존적 기계들은 초월적 기표에 의해 매개되지 않고, 일의적인 존재론적 근거에 의해 포섭되지 않는다. 실존적 기계들은 그들 자신의 기호적 표현소재이다. 탈영토화 과정으로서 실존은 특이화된 실존적 강렬도를 촉진시키는 특정한 기계 간의 작동이다."(『카오스모제』, 76쪽) 여기서 기계는 복잡한 존재들이 연결되고 접속되는 것의 표현이며, 우리가 현실에서 만나는 존재가 구체적이고 실물적인 것이 아니라, 가장 탈영토화하고 무형의 가상 세계의 성좌에 위치하고 있다는 점을 보여준다. 그런 의미에서 기계가 공동체에 남겨주는 것은 보이지 않는 무형의 느낌과 정동, 사랑과 같은 것이다.

　기계의 자기 생산과 자기 증식은 프랙털 운동의 영역을 보여준다. 기계가 프랙털적인 기계의 양상을 보여주는 이유는 그것 자체가 이미 횡단적이며, 실존 좌표를 끊임없이 증식하거나 변경하면서 접촉 경계면을 확장하는 것에 따른다. 기계의 프랙털적인 증식의 요소는 기계가 세계와 맺는 관계를 의미하는 것이다. 세계는 수많은 기계들이 프랙털 유형으로 교섭하고 접속하고 연결되어 있는 복잡계이며, 그런 의미에서 생명권이자 기계권이라고 불릴 수 있다. 이는 우리가 삶을 변화시키고 에너지-시간-공간의 실존 좌표를 변경하고자 할 때, 복잡한 존재 구성의 이행을 위해 공동체 관계망 내에 작동하는 다양한 기계들의 조성을 바꾸어야 한다는 것을 의미한다. 가타리의 아포리즘과 같은 발언은 다음과 같이 계속된다. "그리고 여기서 다시 우리는 자기 자신과 동일한 존재가 아닌——이전, 이후, 여기 그리고 다른 어디에서나 있는——존재, 자신의 가상적 조성을 활성화하는 무한 속도에 따라 무한히 복잡한 직조들로 특이화할 수 있고, 과정적이고 다성적인 존재의 존재 방식을 발견할 수 있다."(『카오스모제』, 74쪽) 프랙털 기계라는 차원의 등장은 복잡화되고 메타 모델로 진입한 존재, 배치와 배치 간의 사이 존재, 이행하며 특이한 것을 생산하는 존재라는 유형의 우주론으로 진입하도록 만든다. 프랙털 기계를 쉽게 이해하기 위해서는 마을, 공동체, 협동조합을 기계라고 보았을 때 어떻게 움직이는가를 생각해 보면 좋을 것 같다.

　녹색은 적색의 미래다

기계의 이질 생성의 차원은 보편적이고 단조롭고 중화되고 균질하게 만들어진 자본주의의 측정 가능한 가치 질서와 등가 교환을 넘어선 특이성 생산의 차원을 의미한다. 공동체는 너와 나 사이에서 공통의 것과 공유 자산을 만드는데, 이를 위해 우선 보편의 지평으로부터 벗어난 특이성 생산의 차원에 기반한다. 기계적 차원에서의 가치 질서는 기존 가치 질서가 갖고 있는 자본주의적 동질 발생의 영역 외부에서 생성되는 다양한 가치들 즉 예를 들어 생명 가치, 욕망 가치, 미학적 가치, 생태적 가치를 만들어내며 이것은 자본주의의 가치를 내부에서 침식한다. 특히 일반 지성에 기반한 기계류가 스스로 가치를 생산하는 것으로 여겨지는 기계적 가치의 상황의 등장은 비자본주의적인 영역이 자본주의 영역을 위해서 동원되고 있다는 증거이며, 질적 착취 양상으로 이행한 자본주의의 새로운 착취 양식의 단계를 독해하도록 만든다. 그러나 이러한 기계적 가치에 기반한 질적 착취 양상조차도 기계가 갖고 있는 자기 생산적이면서도 이질적인 것을 횡단하여 특이한 것을 생산할 수 있는 역능이 결국 자본주의 공리계가 설립한 보편이라는 차원을 파괴할 수밖에 없다는 점에 대해서 동시에 불안함을 갖고 있는 것도 사실이다.

자본주의하에서 탈영토화하는 기계적 흐름의 등장은 자본주의가 제어할 수 없고, 자본주의를 끊임없이 변경하거나 이행하도록 만드는 역할을 한다는 점이 중요하다. 그렇기 때문에 자본주의 가치화의 양상은 근대의 노동을 시간축으로 양화하던 자본화 경향에서 오늘날 카오스모제적인 기계적 가치의 수준을 고정관념화나 계산 가능성으로 환원하는 시스템을 통해서 움직일 수밖에 없는 상황이며, 이는 비가역적으로 나타나는 기계적 차원의 프랙털 운동을 뒤따라가는 탈주와 포획의 움직임을 만든다. 여기서 기계적 차원의 가치는 현존 자본주의 내부에서 서식하는 대안적인 활동의 새로운 실존 좌표가 갖고 있는 비자본주의적 가치를 의미하며, 스테레오타입화된 자본주의 문명이 갖고 있는 실존 좌표와 생활 양식을 끊임없이 공격하고 변형하게 만드는 원동력이라고 할 수 있다. 이러한 기계적 이질 생성이 만들어내는 실존 좌표는 기계권 혹은 생명권이 만드는 프랙털 운동의 차원을 따르며, 절대적이며 비가역적인 실존적 차원을 생산해 내는 것이다.

분열분석적 메타 모델화

'우리의 운동을 하나의 모델로 수렴하고 재생산할 것인가', 아니면 '다양한 모델을 만들어내는 판처럼 사고할 것인가'라는 문제는 실제로 운동이 딱딱하게 경직되거나 관료화될 것인지 아니면 유동적으로 이행하고 변화할 것인지를 결정하는 중요한 문제이다. 하나의 모델이 아니라, 다양한 모델 속에서 메타 모델을 발견하고자 하는 노력이 가타리의 분열분석적 메타 모델화라는 개념에 있다.

존재의 기능소의 영역은 세계, 기계적 계통, 흐름, 영토라는 네

녹색은 적색의 미래다

가지 구성 요소를 갖고 있으며, 이 현실적 기능소와 가상적 기능소 간에 강렬한 다리를 놓는 이행의 과정에서 카오스의 실존적 양상으로 나타난다. 다시 말해 유토피아라는 과거의 이미지와 달리, 미래적인 이행을 만들 가상 이미지의 등장은 공동체 내부를 일순간 혼돈에 빠지게 만드는 것이다. "매우 복잡한 형태로 나타나는 실존적 양상을 포착하기 위해서는 하나의 모델을 통해서 모든 것을 설명하는 방식으로는 불가능하다. 그렇기 때문에 현존의 모델화(종교적 모델화, 형이상학적 모델화, 과학적 모델화, 정신분석학적 모델화, 물활론적 모델화, 신경증적 모델화) 등의 체계가 갖고 있는 자기 준거적 언표 행위의 차원을 넘어설 필요가 있으며, 이것은 하나의 모델을 통해서 설명할 수 없는 실존적 차원과 무의식적 지반을 의미한다."(『카오스모제』, 85쪽) 다시 말해 모델링을 통해서 세계를 설명하겠다는 기획은 대부분 지적 사기술이거나 자신의 발상으로 환원하는 것이며, 공동체적 관계망은 다양한 모델들이 교차하는 메타 모델로 구성되어 있다는 점이다. 예를 들어 천 명이 모이면 천 개의 마을이 생기듯이 말이다.

그렇기 때문에 분열분석적 지도 제작법은 다양한 층위와 배치, 다채로운 모델을 한꺼번에 지도에 기입하여 자유롭게 이행하려는 도표적 작용——비기표적인 흐름, 관계망, 상호작용——을 설명하여야 할 것이다. 이 분열분석의 메타 모델화는 환원주의적 모델로 수렴되는 것이 아니라, 풍부화의 과정과 복잡화의 과정을 거쳐 다양한 수준에서 분기되는 존재론적 이질성의 차원을 드러내는 것이다. 지도에는 습곡이 있고, 지층도 있고, 논, 밭, 창고, 마을회 관 등 다양한 장소와 관계가 기입되듯이 다채로운 이질성이 각각 다른 논리와 표현 소재로 나타나 있다. 만약 당신이 그것을 하나의 모델로 만들어 재현하고 표상하려고 한다면 그것은 복잡계로 접 어들어간 공동체의 관계망을 하나의 권력의 기획으로 사로잡는 데 공모하는 것이 된다. 특히 현실적 기능소와 가상적 기능소가 만나 는 지점에서, 또한 유형적 존재와 무형적 존재가 만나는 지점에서 나타나는 탈영토화의 과정에 주목하면서, 배치들이 어떻게 이행하 고 변화하는지에 대해서 고찰해야 할 것이다. 쉽게 말해 도시에서 마을이라는 관계망이 성립될 때, 별명을 부른다거나, 자본주의 교 환양식과 다른 선물과 같은 가상적인 가치 관계를 맺는다거나, 아 주 색다른 장소성을 형성하는 것 등은 기존 배치를 이행시키고 변 화시키는 탈영토화의 운동이라고 할 수 있다.

하나의 모델이 갖고 있는 자기 준거적 모델을 벗어나 가상적인 영역에서 준거를 설정하는 것이 필요할 것이다. 즉, 한국에서의 성 공주의의 준거 집단이 강남 아줌마인 것과는 달리, 대안적인 공동 체는 아주 가상적인 준거 집단이기 때문에 늘 실험과 모험을 감행 할 수밖에 없는 것이다. 이러한 가상적 차원에서의 실존적 양상은 바로 집단적/기계적 무의식을 의미하는 것으로서, 기존에 갖고 있 었던 개인적이고 심리학적인 준거 틀에서 벗어나는 무의식의 설정 으로 나아갈 수 있다. 가타리는 다음과 같이 말한다. "프로이트의 모델화는 자신의 가족적이고 보편적인 개념들로 인해, 해석이라는

녹색은 적색의 미래다

자신의 상투적인 실천으로 인해, 무엇보다 스스로 언어기호학을 넘어설 능력이 없었으므로 곧바로 한계에 봉착했다."(『카오스모제』, 88쪽) 정신분석이 정신병을 모델화하면서 신경증에 천착하고 그것을 하나의 모델이나 기표로 수렴해 들어갔다면, 분열분석은 반대로 정신병 세계의 다양한 수준들을 역으로 존재 양식화하는 메타 모델화를 통해서 주체화 양태에 접근한다. 즉, 정신분석이 정상성의 궤도에서 출발하여 정신병 모델을 구축하려고 했다면, 분열분석은 광기가 갖고 있는 지극히 색다른 의미인 '다른 생활 양식과 다른 사유 양식이 가능하다'는 점에서 출발하여 주체화 양식으로 나아간다. 이러한 정상성이 아닌 광기에서 출발하는 역전된 방식으로 무의식을 재구성함으로써 무형적 구축물로서의 무의식에 접근할 수 있으며, 분열적 파열 속에서 타자성의 실존을 드러내는 그러한 무의식의 프랙털적인 속성에 접근하고자 하는 것이다. 분열은 마치 나 자신 내부에 다른 사람의 타자성이 들어와 있듯이 행동하며, 자아 이외에도 광활한 지평 속에 다채로운 인격, 성격, 취향이 함께 무의식 내부에서 공존하고 있다는 것을 알게 한다. 정신분석에서의 무의식은 타자성의 실존을 갖고 있지 못하며, 무의식이 타자성의 실존을 앞서 말했던 가상성으로서의 무형적인 실존적 양상으로 갖고 있다는 점에 대해서 접근하지 못했다.

가타리는 다음과 같이 말하는데, 판독하기 어려운 글이므로 참고하고 넘어갈 부분이다. "분열분석적 메타 모델화는 일의적인 방식으로 (그 집합체의 요소들 가운데 하나가 포함되는지 아닌지를 항상 분명히 아는 그런 식으로) 규정된 집합체의 전통적인 논리를 존재-논리로, 즉 고정되고 외생적인 좌표들 안에 한정되지 않는 대상을 지닌 실존의 기계론으로 대체한다. 그리고 어느 때나 자기 자신을 넘어 확장되고 증식되거나 자신을 구성할 수 있는 타자성의 세계와 함께 폐기될 수 있다."(『카오스모제』, 90쪽) 결국 이 타자성의 실존은 기계의 유한성을 의미하는 것으로서, 이는 구조의 영원성에 해당되는 개념이다. 타자성의 실존을 발견한 프로이트는 죽음 충동이 무의식에 내면화된 것으로 사고하고는 했는데, 그가 구조의 영원성을 떠받치는 하나의 심리적 구조의 일부로 사유했기 때문이다. 그러나 분열의 순간에 나타나는 기계는 죽음, 광기, 욕망 등이 유한성의 실존적 양상에 속하며, 기계적 차원에서 볼 때 타자성은 매우 불안정하고, 언제든 파괴될 수 있으며, 견고하지 못한 실존적 양상이지만, 우리 마음과 신체 내부에 내재하고 있는 것이라는 점을 사고할 수 있게 된다. 이러한 우리의 신체와 마음 내부에 타자성이 실존한다는 점은 가상적이고 무형적인 실존의 카오스적인 운동의 기반이라고 할 수 있다. 평생 노동만 하고 있던 노동자가 갑자기 피아노 건반을 두드리며 음악에 빠져들어 천재적인 감수성을 보여줄 수 있다. 이런 섬광과 같은 카오스(혼돈)의 가능성은 언제든 누구든 변화할 수 있다는 점을 의미한다. 이는 반복 강박과 같은 개념으로 묘사되는 부정적인 죽음에 대한 두려움에 따라 움직이는 부분 충동이 아니라, 이질적인 부분들이 만나 리토르넬로(화음)를 발생시키며 차이 나는 반복의 자기 생산적인 기계를 작동시키고 생산적인 영역으로 돌연변이할 수 있는 가능성을 의미한다.

분열분석은 정신병이 실존하는 것을 타자성의 실존으로 독해할 뿐만 아니라, 주체성을 설명할 수 있는 내재적인 지평이 존재한다는 점으로 나아간다. 물론 정신병을 찬양하거나 그러한 협착된 상태를 생산적인 지평이라고 지칭하는 것이 아니다. 주체성 생산이 가능할 내재적인 지평은 바로 냄새, 음악, 몸짓, 색채 등 비기표적인 영역으로 존재하면서 무의미한 영역으로 간주되었던 다양한 수준의 제도[관계망]와 다양한 층위의 정동, 욕망, 무의식의 흐름을 의미할 것이다. 정신분석은 전이와 역전이를 통해 가족 속의 형, 누나, 아버지로 동일시하는 사고를 통해서 치유가 가능하다고 말하고 있지만, 실은 다양한 수준을 횡단하는 개인들의 성좌, 제도적 집합체, 기계 체제, 경제적 기호 등이 존재한다. 무형적 세계의 상호작용의 영역을 사고할 때, 결과적으로 주체성의 실존을 구성하는 차원은 우리가 생각하는 자아라는 영역으로 축소시킬 수 있는 것이 아니라 매우 광범위한 차원을 의미하며, 안전한 영토가 아니라 자신의 한계와 유한성을 응시하기 때문에 매우 불안정한 실존적 양상을 의미한다.

기계의 계통적 흐름과 다양한 수준의 기호의 흐름들이 이 가상적 세계, 무형의 세계에서 벌어지고 있으며, 그것에 대해서 접촉 경계면을 넓히고 풍부하고 다채로운 수준에서 실존하는 것으로 사고할 때 실존의 범위는 매우 넓어진다. 그러나 여기서 그치는 것이 아니라 흐름이 만들어내는 이행의 제요소들이 무형의 세계인 가상적 실존의 지대에서 강렬도를 형성하고 있다는 점에서 탈영토화의 과정마저도 설명해야 한다. 왜 갑자기 사람들은 현존 문명이 잘못되었다고 느끼고 새로운 삶을 창안하고 새로운 모임과 조직을 구성하며 변혁의 강렬한 실천에 나서는 것일까? 이러한 질문은 우리가 실존적 지대로 생각하는 일상을 살아가는 영토 속에서도 다양한 흐름이 교차하고, 이질적인 것이 접속된 관계망들이 구축되며, 다양한 상호작용의 접촉 경계면이 형성되는 장소라는 점을 알 수 있게 한다. "그때 부엌은 작은 오페라 무대가 된다. 그 속에서 사람들은 모든 종류의 도구를 이용하여, 즉 물과 불, 과일 파이와 쓰레기통, 특권 관계와 복종 관계를 이용하여 말하고 춤추고 논다. 요리하는 장소로서의 부엌은 물질적 흐름과 신호적 흐름 그리고 모든 종류의 서비스 교환의 중심이다."(『카오스모제』, 95쪽)

분열분석적 지도 제작법은 매우 불안정하면서도 창조적인 기획이며, 부엌과 같은 미시적인 영역에서 벌어지는 일들이 무엇인가에 대해서 분석하고 설명해 내며, 동시에 이 부엌이라는 작은 공간에서 나타나는 비기표적인 물질적 흐름. 기호의 흐름, 신호의 흐름 등에 대해서 설명할 수 있다. 결국 공동체의 미시적인 영역에서 어떻게 주체성이 생산되고 분자 혁명이 일어날 수 있는지를 탐색하기 위한 의도로 분열분석적 지도 제작법이라는 방법론이 창안되었다. 분열분석적 메타 모델화는 여러 가지 굴곡과 변화가 있는 실존을 일관성 있게 설명하기 위하여 공동체의 미시적인 영역에서 이

녹색은 적색의 미래다

루어지는 흐름, 관계망, 상호작용과 같이 무형적이고 가상적인 수준을 통해서 주체성이 서식하는 지대를 분석하고자 하는 것이다. 즉, 하나의 준거나 수준에서 혹은 정상성의 기준에서 출발하여 세상을 하나의 모델로 설명하고자 하는 것이 아니라, 다양한 층위와 모델들로 분기되어 있는 가장 탈영토화된 수준에서의 각각의 자기 준거를 메타 모델화함으로써 복합적으로 세상을 재창조하여 다시 보는 것이다. 분열분석의 메타 모델화는 하나의 실존적 사건을 그저 하나의 현상으로만 보는 것이 아니라, 그 속에 내재해 있는 무형적이고 가상적인 실존 양상으로 파고들어가 보기 위한 것이며, 무의식의 차원이 보여주는 가상적인 잠재력의 범위를 파악하기 위한 것이다. 이러한 무의식 속에 서식하는 것이 '욕망하는 기계들' 이라고 할 수 있으며, 이것은 반복 강박적인 죽음 충동으로 구조화될 수 있는 것이 아니라, 유한하며 불안정하지만 창조적인 다양한 기계들이 어우러져 만드는 리토르넬로-기계의 작동으로서의 의미를 갖는다.

생태학-미학의 가능성

가타리는 우리가 살아가고 숨 쉬며 삶의 의미를 인식하는 실존적 양상이 단순히 시간-공간-에너지 좌표에서 머무는 것이 아니라, 가상적 영역에까지 확장된 것에 주목한다. 이는 인간의 실존이 보이지 않는 것과 같은 가상적인 것에 기반하고 있다는 생각이다. 사실 한 사람이 공동체에 남기고 가는 것은 보이지 않은 정동과 사랑 같은 것이다. 그래서 보이지 않는 가상 영역이 매우 중요해진다. 가상적 영역이 무엇인가에 대한 질문을 던진다면 무형의 질서이기 때문에 그것에 답하기 어려워지는데, 이 무형의 세계가 세상을 재창조하고 차이 나는 반복으로 늘 새롭게 삶을 살아갈 수 있는 원동력이라고 가타리는 사고한다. 도시에서 고립된 사람들이 공동체적 관계망에 처음으로 눈을 뜨면 문화와 예술의 감수성을 획득하는 것이 우연은 아니다. 가상 실존성은 예술이 만들어내는 돌연변이 좌표들을 발명하는 것이며, 자아와 같이 딱딱히 굳어 있는 존재를 특이성 생산을 만들어내는 영역으로 이행시킨다.

'인간은 무엇을 위해서 사는가? 어떻게 살아가야 하는가?'와 같은 질문에 대답하기 위해서 보이지 않는 것에 대해서 말하기 시작할 때, 이러한 가상 실존적 양상은 미학적-윤리적 주체성의 등장으로 나아갈 수 있다. 이러한 주체성은 아직 태어나지 않는 미래 세대나 지구의 미래나 보이지 않는 공기의 순환과 같은 것을 생각하는 것으로 드러난다. 이는 보이는 영역에서 책임을 다하는 근대적 주체와 달리 보이지 않는 영역까지 자신의 존재의 의미와 가치를 두는 가상적 실존을 의미한다. 이제 보이지 않는 영역에서 어떤 방식으로 관계망, 상호작용, 흐름을 형성할 것인가가 주요한 관건이 되며, 아주 미세한 가치가 우선이 된다. 이러한 가상적 실존 양상의 등장이 갖는 의미는 존재의 확장이라는 측면뿐만 아니라, 실

녹색은 적색의 미래다

존적 돌연변이 현상의 가속화라는 면에서 중요하다. 즉, 가상적인 영역은 사랑과 욕망이 흐르는 공간, 되기와 생성의 공간으로, 실존적 돌연변이가 교차하는 영역이 되며, 우리가 이제까지 본 적이 없는 색다른 주체성의 등장에 큰 역할을 하는 것이다.

가상적 실존의 영역은 무한한 가속과 감속에 따라 빠름과 느림이 교차하는 공간이다. 빛의 속도로 단번에 무형의 실존적 양상을 변화시킬 수 있는 탈영토화의 역능이 만들어질 수 있다. 즉, 평생 단조로운 노동 일에만 집중했던 사람도 음악과 미술과 춤의 세계로 단번에 진입할 수 있다. 물론 유형의 실존은 유한하며 국지적이지만, 가상적이고 무형적인 공간에서 변화의 무한한 가능성을 갖고 있다. 유형과 무형의 실존 간의 접촉 경계면이 넓어지면서 주체성의 역능은 확장된다. 가상의 영역을 무한한 잠재성의 공간으로 사고하는 것에 머무는 가상 공간에 대한 논의를 넘어서, 오히려 가상적인 무형의 공간과 유형의 공간 사이에서 만들어지는 감속과 가속이 만들어내는 탈영토화가 어떻게 실존을 재구성하는지에 더 주목해야 한다. 결국 무한 속도의 진입과 자신의 영토를 넘어선 절대적 탈영토화의 과정이 실존을 변모시킬 가능성은 도처에 존재한다. 예를 들어 공동체가 움직여서 비극적인 사고나 사건을 홀연히 자신의 일로 여기고 현장에 뛰어들어 연대와 사랑을 표명할 가능성은 언제나 존재하기 때문이다.

무형의 세계와 유형의 세계 간의 사이 존재가 바로 기계이다. 기계는 무형의 가상적인 능력을 통해서 이질 생성을 끊임없이 일으키면서 공동체의 실존적인 배치를 끊임없이 바꾸어낸다. 기계는 환상의 프로그램이 아니라 사랑의 관계망을 의미한다. 차이 나는 반복의 기계를 통해서 사랑들은 관계를 새롭게 만들 수 있으며, 서로 딴소리를 하면서도 공감대를 형성하는 일관성의 구도를 재구축할 수 있다.

여기서 가타리는 도표적 가상이라는 다소 어려운 개념을 구사한다. 가상적 소재가 고정관념을 유지하는 것이 아니라, 이것일 수도 저것일 수도 있는 자유로운 생각의 원천이 될 수 있다는 것이다. 이러한 가상 영역은 유/무형적 세계의 장을 횡단하는 무한 속도의 탈영토화 운동을 만들어낼 수 있기 때문에 우리는 이러한 보이지 않는 가치나 윤리를 어떻게 설립할 것인가라는 질문으로부터 출발하게 된다. 자신의 거주지를 벗어나서 영토 밖에 세계, 자연, 우주와 연대와 공감을 할 수 있는 가능성은 보이지 않는 윤리적이고 미학적인 패러다임을 어떻게 창조할 것인가의 문제인 것이다. 존재라는 정체성이 중요한 것이 아니라, 존재와 존재 사이에서 서식하는 관계망이 유/무형의 횡단 감각적인 접촉 경계면을 갖는 것이 중요하다. 이 관계 맺기의 새로운 방식에 따라 세계가 재창조될 수 있으며, 존재의 반경조차도 굉장히 넓은 반경으로 진입하게 된다. 무엇보다도 나와 너를 구분하지 않고 그 사이에서 특이한 생각과 아이디어, 주체성을 만들 수 있게 되는 것이다.

어떻게 사람들이 가상적이고 보이지 않는 것에 더 관심을 갖고

녹색은 적색의 미래다

그러한 가치에 의해서 삶을 살아가려고 할까? 이런 질문들에 대한 가타리의 대답으로, 우리의 실존은 이미 가상적인 양상을 갖고 그것이 유형의 현실과의 접촉 경계면에서 기계의 이질 생성을 만들어낸다고 말한다. 즉, 삶의 작동 방식이나 형태와는 완전히 다른 기계 작동으로 바뀐다는 것이다. 기계는 마치 광인처럼 낯선 것으로 향하게 만드는 속성을 갖고 있다.

예를 들어 스마트폰을 사용하는 아이들은 광인의 어색하고 부자연스러운 모습처럼 현실과 관계한다. 이렇듯 기계가 이질적인 것을 생산할 능력을 갖기 때문에 현실을 변화시키는 소재로 간주될 수 있으며, 공동체적 관계망에서 수많은 기계류가 작동하여 메타적 의미를 갖는 복잡화의 양상을 띨 때 자본주의를 떠받치는 등가 체계인 자본, 에너지, 기표, 정보의 형태로부터 벗어나 새로운 무형의 가치론적 기반을 형성할 가능성이 생긴다. 즉 자본주의를 유지하는 고정관념에 의해서 작동하는 등가 체계가 갖는 탈특이화의 현상을 넘어서, 무한한 변용의 흐름이 형성되고 끊임없이 이질적인 것을 발생시키는 기계를 만들어내서 세상을 바꾸어낼 수 있는 것이다.

결국 공동체는 세상을 단 한 번의 사회 변혁으로 바꾸는 것이 아니라, 자본주의의 작동 방식과 다르며 이질적인 것을 생산하는 기계 장치들——이를테면 협동조합, 대안학교, 텃밭 등——을 수립하여 영구적인 혁명에 돌입해야 하는 것이다. 결국 그 접촉 경계면에서 수많은 돌연변이가 일어나도록 만드는 것이 기계이며, 횡단과 연대의 공감과 감수성을 갖고 보이지 않는 가치를 강조하는 가상 실존의 무한지대로 진입한 주체성이 기존의 가치 체계와 완전히 색다른 가치 질서를 만들어내고 있는 것이다. 그런 의미에서 가장 예술적이고 미학적인 영역이 갖고 있는 세계의 재창조의 과정은 가장 가상적이기 때문에 가장 현실적이다.

가타리는 실존의 확장은 시간-공간-에너지라는 실존 좌표와 접속되어 있는 무한 속도로 진입한 무형의 가상 공간이 존재한다는 점을 예시로 들어 특이한 주체성들이 끊임없이 생성될 수 있는 새로운 사이버네틱스와 네트워크 환경에 대해서 주목한다. 가타리의 전략적 지도 그리기를 다시 살펴보면, 공동체와 네트워크가 어떻게 접속하여 배치되는가에 따라 색다른 기계 설립이 가능하다는 점을 응시하였다고 판단된다.

	표 현 현실[현동] (담론적)	내 용 가상적 언표 행위의 핵심 지대 (비담론적)
가능	Φ = 기계적 담론성	U = 무형적 복잡성
실재	F = 에너지-공간-시간적 담론성	T = 카오스모제적 구현

[표] 네 가지 존재론적 기능소들의 배치(『카오스모제』, 95쪽)

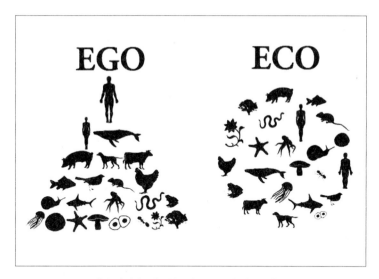

공동체적 관계망, 네트워크와 공동체의 상호작용 속에서
대안 사회를 위한 윤리적이고 미학적인 주체성을 생산해 내야 한다.

가타리의 생태 철학이 대상으로 하는 복잡성 분석은 물질적, 에너지적, 기호적 흐름과 구체적이고 추상적인 기계적 계통, 가상적 가치 세계, 유한한 실존 영토라는 네 가지 차원에 입각해 있다. 이러한 차원은 카오스모제적으로 흐름이 만들어지고, 횡단하며, 변용이 일어나는 실존적 공간을 복잡성에 입각하여 설명하고자 하는 방식이다. 이를 통해서 흐름과 기계적 계통, 가치 세계, 실존적 영토를 직조하며 횡단하는 새로운 주체성의 등장에 대해서 주목한다. 이 주체성은 주체와 대상을 구분하지 않는 관계 속에서의 사이 존재로서 횡단의 영역에서 등장하는 주체성이며, 미학적이고 윤리적인 주체성이기도 하다. 이러한 생태 철학이 주제로 삼고 있는 주체성은 지구의 미래와 아이들의 미래라는 보이지 않는 것까지도 행동과 실천의 가치로 삼는 색다른 사람들이 등장하고 있다는 점에 주목하며, 세계를 재창조하고 변화시킨다는 것은 무의식과 마음 등 보이지 않는 것의 변화를 어떻게 이룰 것인가의 문제로 본다. 그러므로 사회생태학의 문제는 정신생태학의 문제이기도 한 것이다.

생활, 생태, 생명은 서로 보이지 않게 연결되어 있어서 생태계 보존을 위해서 탄소 소비적인 삶의 무의식적 배치를 바꾸어야 하고, 다른 생각과 다른 삶의 방식을 만들어나가야 한다는 것을 의미한다. 이제까지의 세상을 바꾼다는 기획은 보이지 않는 영역에서의 문제에 응답하여야 하며, 거대 계획뿐만 아니라 삶의 미시적인 영역에서의 변화로부터 출발해야 한다. 생태학적 주체성은 주체성이 창조되고 새로운 양식의 삶을 만들어낼 수 있다는 점에 주지하며, 삶의 위기로서 다가오는 생태 위기의 상황을 극복하기 위해서 필요한 새로운 감수성과 인식, 지각의 가능성을 바라보는 것이다. 생태적 지혜가 만들어냈던 생명 현상처럼 섬광과 같은 변화가 가능하며, 그것은 우리가 전혀 생각지도 못했던 영역에서 이루어질 수 있다. 그러므로 전혀 생각지도 못했던 차원의 특이한 주체성의 생산이 가능하며, 그것이 문명의 위기와 생태 위기 시점에서 새로운 변화의 물꼬를 틀 것이라는 점을 전망한다. 그것은 카오스모제는 Chaos(혼돈)+Cosmos(질서)+osmose(상호 침투)의 결합

녹색은 적색의 미래다

어이며, 우리가 살아가고 있는 생활, 생태, 생명을 의미한다. 이 카오스모제는 욕망, 정동, 무의식과 비기표적 기호의 흐름, 공동체적 관계망, 네트워크와 공동체의 상호작용 속에서 대안 사회를 위한 윤리적이고 미학적인 주체성을 생산해 내야 한다는 점을 말하고 있는 것이다.

이 글은 향후 『욕망자본론』 서술을 위한 단상으로 2009년 습작으로 써놓았다가 2010년 박사논문과 『분열과 혁명의 영토』(2012, 중원문화)에도 함께 실렸다. 그 당시보다 훨씬 가필과 습작이 들어가 있는 상황이고, 틈틈이 수정 작업과 구상을 통해서 『욕망자본론』을 완성해 나갈 예정이다. 욕망가치론은 펠릭스 가타리에 의해서 제안된 혁신적인 개념이지만 주목받지 못한 불운한 아이디어이다. 이는 생명가치와 같이 사용가치를 갖되 교환가치가 없고, 고유한 가치는 있되 가격이 없는 대안적인 가치에 기반하고 있으면서도, 자본주의의 질적 착취 단계에서 주로 이용되면서도 미지불되는 영역이기도 하다. 욕망가치론과 기본소득 파트는 혁신적인 이론의 구도를 제시해 주며, 이는 한국에서의 기본소득 네트워크 운동에 영감과 활력을 불어넣을 수 있는 이론적 작업이다. 4년여 동안 『욕망자본론』 서술이 지연된 이유는 단조롭고 편편하며 고정관념으로 가득 찬 등가교환 체계와 다른 욕망의 다성성에 입각한 가치 질서 사이에서 어떻게 이 영역을 관계 설정할 것인가가 어려웠기 때문이며, 들뢰즈와 가타리가 제시한 『앙티 오이디푸스』 (1998, 민음사)에서의 리비도 경제학의 구상을 넘어선 또 다른 개념 생산이 요구되기 때문이었다. 들뢰즈와 가타리가 '기관 없는 신체'와 '욕망하는 기계'라는 개념으로 자본주의가 욕망을 생산하면서도 억제하는 분열증적 질서라고 밝힌 지점과 자본주의 질적 착취 단계의 '코드의 잉여가치'라는 개념을 더 진행해야 할 필요성이 있다.

4장

우리의 욕망에도 가치가 있다면?
—욕망가치론

첨단 기술 사회에서 잉여의 의미와 직결되는 범주들은 비-노동 부문의 욕망가치와 관련되어 있다는 점이 반드시 지적되어야 한다. 그러므로 노동가치설의 핵심에 바로 욕망가치설이 있다는 역설이 발생한다.

일면적 자본에 대한 전도는 다성적 욕망가치이다

들뢰즈와 가타리가 주로 들뢰즈의 주도로 공동 저술한 〈자본주의와 정신분열증〉 시리즈의 두 책인 『앙티 오이디푸스』와 『천 개의 고원』에서는 기호론에 입각한 자본주의 욕망 분석이 매우 단편적으로 제시되어 있다. 하지만 가타리의 단독 저작들인 『분자 혁명』과 『기계적 무의식』은 대부분 기호론을 다룰 만큼 이를 중요한 영역으로 사고한다. 가타리는 마르크스의 노동을 고찰하는 과정에서 사용가치와 교환가치를 발생시키는 시간으로 측정 가능한 영역에 있는 노동과는 질적으로 다른 영역에 있는 노동이 있다는 것을 지적하면서 이를 욕망 노동이라는 개념으로 구체화한다. 욕망 노

동의 범주는 정동 노동이나 비물질 노동의 영역을 포괄하는 혁신적 개념이다. 그에 따르면,

> 욕망 노동, 꿈 노동(꿈 작업에 관한 프로이트의 의미에서 어떤 간접적인 사회적 목적도 가지지 않은 노동) 예를 들어 똥을 처바르고 있는 어린이의 노동, 그럼에도 불구하고 그것은 가치를 가진 것, 노동이라는 것이다. 왜냐하면 특정한 측면에서 어린이는 어머니의 처방과 청결 교육 규칙을 따르거나 따르지 않는다는 사실 때문이다. 모든 다른 노동처럼 하나의 노동이다.

여기서 가타리는 욕망 영역에서 노동이라고 불릴 수 있는 부분이 있으며, 그러한 새로운 노동의 범주를 구성하면서 가치 영역에 대한 기존의 태도에 맞선다. 이에 대해 기존의 노동 개념에 익숙해 있던 이론가들은 가타리의 욕망 노동의 개념이 실효적으로 관계 맺고 있는 범위에 대해서 문제제기하고 마르크스의 일과 노동의 정의를 통해서 여기에 대해 반박한다. 그러나 가타리의 이러한 욕망 노동의 정의는 가치론의 시각에도 투영되어 '욕망가치론'이라는 새로운 영역에 대한 단상을 제출한다. 그가 정의하고 있는 교환가치, 사용가치, 욕망가치는 다음과 같다.

1) 교환가치, 자신의 구성적 요소의 상이한 가치 위에 움직이는 기호

녹색은 적색의 미래다

적 등가물 체계를 움직이는 교환가치

　2) 사용가치, 두 용어의 대립──다른 것[교환가치]과의 관계에 의해서 '가치가 나가는' 어떤 것──에서 생겨났지만 그 기호화 양식이 가치의 양극성에 기초한 세계 관념과 일치하는 사용가치

　3) 욕망의 강렬한 가치, 앞의 두 가지 안에 제가 욕망의 강렬한 가치, 정동(affect)의 가치라고 부르는 것

　이러한 욕망가치(valeur de désir)라는 개념은 가타리의 책에서 몇 번에 걸쳐서 증후적으로 나온다. 이것은 기존 마르크스의 가치론을 변형하기 위한 기초 작업이었음에도 불구하고, 매우 단상에 가까운 형태로 제기되어 주목받지 못했다.

　노동자 계급의 위대한 사상가, 카를 마르크스의 『자본론』이 이제는 박물관에 진열되는 풍경으로 나타나거나, 서재 구석에 꽂혀 있는 낡은 책이 되었다. 물론 그 고전적 가치나 마르크스라는 개념적 인물이 갖고 있는 의미 좌표는 사라지지 않았지만, 오늘날의 자본주의를 설명하는 데는 어려움이 있다는 것이 대체적인 반응이다. 카를 마르크스가 '자본을 파괴하기 위한 폭탄'으로 대영박물관을 오가며 『자본론』 집필을 시작했을 때만 해도 자본주의는 막 산업시대에 돌입하던 참이었다. 지금의 자본주의는 탈산업화와 정보, 지식, 정동, 욕망을 기반으로 한 재구조화된 자본주의라고 규정할 수 있다. 이러한 미시적인 변화를 읽기 위해서 『자본론』이 갖고

있는 흐름에 대한 시간 축을 전제로 한 양화의 가설을 기계 장치의 일부로 보아야 할 것이다. 『자본론』은 분명 완성품도 아니고, 언약의 궤처럼 다루어져야 할 것도 아니다. 이 책을 이용(=착취)하고, 그 맹아에서 품고 있는 다양한 전개의 가능성을 밝히는 것은 이 책이 낡은 서재에 꽂혀 있는 것보다는 훨씬 행운이라고 생각한다.

'마르크스'는 헤겔의 방법론으로부터 '전도'를 시도했다. 그는 『경제학 철학 수고』에서 헤겔이 사고하고 있는 이성의 자기 활동의 외화라고 할 수 있는 '노동'을 '소외된 노동'으로 바라보았다. 전도의 반대 면이 똑같은 거울 반영이라면, 우리는 해방의 가능성과 접속할 수 없을 것이다. 그래서 헤겔의 국가주의와 마르크스가 배태한 국가사회주의라는 괴물을 거울의 양면으로 바라보는 사람들도 있다. 헤겔과 『경제학 철학 수고』까지의 긴밀한 내적 연관과 헤겔 좌파로서의 마르크스의 흔적은 『자본론』에서 '상품 물신성 테제'로 전화되었다. 공동체에서는 선물 교류였던 것이 낯선 공동체 외부 인물과의 물물 교환으로 만들어내는 것이 상품 물신성의 비밀이다. 이 낯설고 물신화된 세계는 자본주의적 노동력이 상품이 되는 사회를 의미하는 것이기도 하다. 마르크스는 사회적 가치를 발생시키는 것은 노동뿐이라고 생각했으며, 이는 헤겔의 책에서 이성이 갖는 위상과 유사한 것으로 여겨지게 되었다. '노동 중심성'에 입각한 마르크스주의 계열의 사고방식은 노동 집약적 사회나 집단의 유형을 보여주고 있다. 세상을 노동이 만들어낸다는 좌파적 기획은 마르크스주의의 내재적인 원리로서 관철되고 있다.

이렇게 되면 헤겔의 '이성'을 거꾸로 세워 '노동'으로 전도시킨 것에 불과한 것이 된다. 더욱이 가장 이성적이고 합리적인 인간의 행동양식 중에서 노동이라는 고도로 집중된 형태의 활동이 있어서, 좌파적인 합리주의와 진보적인 이성중심주의가 형성되며 마르크스의 거대한 전복의 기획은 거기서 멈춘다.

여기서 주목할 점은 사회적 가치와 삶의 가치를 만들어내는 것에서 바로 욕망이나 정동, 변용과 같은 비물질적인 것이 차지하는 위상이다. 또한 욕망이라는 강렬한 삶의 흐름은 다성적이라는 점이다. 이런 점에서 마르크스가 헤겔을 전도시킨 것은, 자본주의 등가교환을 위한 일면적인 것에서 다측면적으로 분기하는 욕망의 다성성으로의 전도로 향하지 못한 것이다. 헤겔의 이성이나 마르크스의 노동이나 극도로 합리적이고 절제된 행동양식이며, 자유로운 관계 속에서 다채롭게 전개되는 삶과 욕망의 흐름을 외부로 배제하고 있다. 그래서 '사회적 가치'는 '사회적 노동'의 행동양식을 벗어나 삶의 내재성의 지반에서 형성되는 다성적 욕망의 가치의 수준에서 사유되어야 한다. 마르크스주의자들은 노동이 창조적이고 의식적이고 생산적이라고 말한다. 그러나 그것은 삶을 자기 생산하는 욕망이 갖는 본성을 의미하는 것으로 굳이 노동이 아니더라도 비노동 역시도 갖고 있는 본성이라고 할 수 있다. 마르크스의 사위인 라파르크가 『일하지 않을 권리』에서 응시했던, 노동 패러다임으로는 접속할 수 없는 외부의 지평에 주목해야 한다. 오히려 일하지 않아야 사람들은 과학, 예술, 혁명의 창조성과 생산성에 고

무될 수 있으며, 욕망의 다성성에 입각하여 다채로운 삶의 차원을 개방할 수 있다. 인류는 노동을 쫓아버리려 했고 동시에 마르크스도 함께 버리게 되었다. 이를 목욕물 버리다가 아이까지 버렸다라고 생각하는 사람도 있을지 모르겠다.

첨단 기술 사회인 탈근대 자본주의 사회에서는 문제가 더 복잡한 양상을 띤다. 첨단 기술의 도입과 로봇이 로봇을 생산하는 자동화는 기계류에 의한 부의 생산을 가속화시켰으며, 더구나 인간의 노동은 매우 축소되어 비-노동 부문으로 퇴출되었다. 이는 자본이 사회의 내재적인 관계망에서 생산되는 집단 지성을 매개하면서, 직접적인 노동과는 거리를 두는 것이기도 하다. 대기업과 자본의 부는 더 늘어났지만, 노동을 통해서 소득을 보장받던 시대는 끝이 났다. 이러한 단계를 자본주의 질적 착취 단계 혹은 코드의 잉여가치라고 부른다. 욕구와 필요에 기반한 홉스의 계산이성적인 패러다임에서 유래한 시간 개념을 통한 양적 착취 단계에서 볼 수 없었던 새로운 국면이 등장하였다. 기본소득과 같이 잉여에 대한 분배의 문제를 노동을 통하지 않고 제기하는 등의 새로운 국면의 운동이 자리잡은 것도 또 하나의 맥락을 형성하고 있다. 초국적 자본과 같이 축적된 자본은 공간이나 장소로부터도 자유롭게 되어 어디든지 움직이기 쉽게 되었으며, 노동이라는 기존 매개 방식을 찾아 떠도는 이주민들이 동시에 발생하게 된다.

잉여가치와 같은 적분으로서의 권력화 양식은 욕망을 매개하지 않고서는 불가능해진 상황에 있다. 어떻게든 다성적 욕망을 포획

녹색은 적색의 미래다

하면서도 등가교환이라는 양화된 체계 내로 집어넣어야 한다는 자본의 질적 착취 단계에서의 이중적인 전략이 나타나게 된다. 욕망 가치 혹은 욕망의 강렬한 가치는 정보 지식 사회의 비물질적 디지털콘텐츠의 소비 형식이나 이미지, 기호, 코드의 소비에 한정되지 않으며, 삶의 내재적인 관계망과 정동, 무의식, 욕망의 흐름, 집단 지성과 같은 영역을 구성하는 근본적인 질서를 의미한다. 그러므로 질적 착취 단계의 자본주의에서 욕망가치는 핵심적이다. 진보정당과 노동자당들은 '그림자 노동'의 시대에 과거적 착취의 실존 속에서 이해와 요구를 관철시키려 한다. 그러나 질적 착취 단계의 자본주의에서 착취보다는 배제와 차별이 더 큰 문제가 된다. 왜냐하면 욕망의 다성성을 무력화하기 위해서는 차별의 전략이 유효하기 때문이다.

'가치'의 문제에 있어서도 상당한 변화가 시작되고 있다. 생산력주의와 성장주의에 기반하여 사회적 가치를 객관적 가치로 바라보던 시기에서 벗어나, 사회적 경제의 태동은 가치가 시장에서만 결정되는 것이 아니라, 관계망이 갖고 있는 욕망가치의 영역에서도 결정된다는 점을 보여준다. 가치론의 쟁점에서 '욕망가치'를 주장하는 것은 여러모로 장점을 갖고 있는데, 그중 하나는 가치를 객관적인 자본 성장과 생산력 발전으로 사고하지 않는다는 점이다. 사실 질적 착취 단계에서의 자본주의에서 시장에서의 가치와 욕망가치, 생명가치, 생태적 가치, 가치관으로서의 가치는 크게 차이를 갖지 않는다. 어느때보다 주관적 가치라고 규정되었던 관계망, 흐름,

상호작용의 영역과 객관적 가치간의 경계는 모호해지고 있다. 가치는 자본주의적인 고정관념을 통해서 등가교환을 이루기 위한 기본 전제였지만, 이제 어떤 특이한 것이 새로운 가치로 혁신하는가의 여부가 중요해졌기 때문에 양적 가치와 질적 가치가 함께 공존하고 객관적 차이와 주관적 가치가 뒤섞이게 된다. 기존 경제학에서는 볼 수 없는 꿈 가치의 망상적 포섭까지도 사유되어야 할 정도로 가치론의 전제들은 흔들리게 된다. 그러나 물론 자본주의 경제를 작동시키는 것은 등가교환이라는 마르크스주의의 기본 전제가 여전히 작동하고 있다고 생각한다면, 현재의 국면에서 가치 질서의 변화는 크게 시야에 들어오지 않을 것이다. 여전히 욕망보다 노동이 가치의 주요 생산 원인이며, 기계는 가치를 산출할 수 없다는 방식의 사유로 머문다면 말이다.

'일하지 않는 자는 먹지도 말라'고 했던 산업 사회의 종말 속에서, 일하지 않더라도 욕망의 가치를 생산하는 사람들에게 노동가치설은 매우 보수적인 시각을 보인다. 케인즈주의의 사회보장제도가 갖고 있었던 내부 상점 모델에 입각한 내수 소비 진작을 위한 필요와 욕망의 경제를 넘어서서 욕망의 다성적이고 생산적인 가치를 전면적으로 긍정하는 보장 소득의 논의가 필요한 시점이다. 이러한 지점이 욕망가치론의 주요한 쟁점이며, 욕망의 다채로운 생성의 능력을 긍정하고 욕망이라는 생명 에너지를 활성화하여 사회 발전의 원동력으로 삼는 것은 매우 혁신적인 프로그램이라고 할 수 있다. 이런 의미에서 욕망가치론은 스피노자(Baruch de Spinoza,

1632~1677)와 라이히(Wilhelm Reich, 1897~1957)의 전통을 따르고 있다. 부정으로서의 노동이 긍정으로서의 욕망으로 전화되는 지점은 니체(Friedrich Wilhelm Nietzsche, 1844~1900)의 가치론과 유사한 모습을 띠고 있다. 마치 니체의 영원회귀처럼 일면성에서 다면성으로 부정에서 긍정으로의 가치 전도가 나타나기 때문이다. 그러나 공동체적 관계망이 없는 니체의 철학적 구도는 욕망가치론에서 도입되기 힘든 점이 있다.

네그리(Antonio Negri, 1933~)가 『제국(*Empire*)』(2000)에서 언급하고 있는 비물질적 노동이나 정동노동이라는 개념은 삶의 내재적 욕망의 차원으로 패러다임을 변화시키는 것을 다시 노동의 하나의 유형으로 환원하는 모습을 띤다. 진정한 자율주의는 욕망의 야성성에 대한 긍정 속에서만 가능하다. 욕망의 야성성(=자율성)은 사회적 가치를 완전히 다른 의미로 재구성하며, 삶의 내재성에 기반한 미시 정치에 대한 긍정으로 나아갈 수 있다. 욕망가치론은 펠릭스 가타리에 의해서 『분자 혁명』이라는 책에서 개념화되었으나 그간 발전적인 논의가 부재했던 상황이다. 이에 따라 나는 이 글, 〈욕망가치론〉에서 이 개념을 전면에 내걸고 사상적 패러다임의 획기적인 변화를 실험하고자 한다.

마르크스 저작 내부의 증후적인 욕망가치 논의들

마르크스는 욕망(desire)과 욕구(need)를 구별하면서, 후자를 중심적으로 사고한다. 마르크스가 다룬 욕구의 문제는 물질적 소재 차원에서 벗어나지 못하며, 그러한 점에서 욕망의 차원을 부르주아적인 영역으로 남겨놓는다. 욕구에 대한 일반적 정의는 그의 초기 저작들에서 발견된다. 그는 "역사 행위란 욕구 충족과 물질적 생활 그 자체의 생산"이라고 보면서, 욕구 충족의 차원에서 '노동'이 존재한다는 것을 발견한다. 마르크스의 '욕구'는 결핍에 따라 반드시 대상의 충족을 위한 노동의 대상 변형 행위를 요구한다는 도식과 만나게 되는데, 이 욕구에 기반할 때 실질적으로 창조적인 역량을 갖춘 감성적 실천으로 나아가지 못한다. 마르크스는 노동이라는 대상에 대한 매개적인 개념이 아니라, 생성과 창조를 향한 욕망이라는 가장 근본주의적인 개념으로 나아가지 못한다. 마르크스의 욕구와 욕망의 구분은 욕구를 충족하기 위한 노동과 부르주아적 사치와 방탕의 차원에 있는 욕망이라는 것으로 정의된다. 마르크스의 객관주의적 유물론에 따른 사물 발전의 시각은 욕망 경제의 차원을 간과한다. 마르크스에게 있어서 욕망 경제인 리비도 경제는 현실 정치경제와 분리되어 부재한 상황에 있다.

그러나 자본주의 하에서 물질의 자기 운동의 차원은 욕망의 자기 운동의 차원을 반드시 내포하고 있다는 점에 주목해야 한다. 이 점은 마르크스가 스피노자를 읽지 않았다는 점을 반증하는 것이

녹색은 적색의 미래다

다. 헤겔의 스피노자에 대한 해석이 매우 불철저했듯이, 더불어 마르크스의 스피노자에 대한 해석은 매우 피상적이고 불철저했다. 창조적이며, 생성적 역량을 성장시키는 자기 보존 욕구로서의 '욕망의 자기 운동'이라는 개념으로 나아가지 못한 마르크스는 노동의 이중성을 통해서 모호하게 문제를 해결하려고 한다. 즉, 노동은 창조적이면서도, 소외되어 있다는 아이러니적인 사유의 도입이 존재한다. 마르크스의 객관주의적 유물론에 따르면 객관적 사물의 발전에는 주관적 욕망과 같은 가치 명제가 개입할 수 없다. 그러한 사유는 과학기술의 객관주의적이고 맹목적인 발전주의 노선(=부르주아 진보주의)으로부터 벗어나지 못하였다는 점을 보여준다. 현대 사회처럼 생명윤리나 지속 가능성 등이 연구 디자인 단계에서부터 개입되는 상황에서 가치 명제에 대한 개입 없는 사실 명제로서의 진리 테제는 유효할 수 없지만, 근대 초기 자본주의에서는 가치 명제라고 할 수 있는 욕망, 꿈, 윤리, 정서, 미학의 개입은 존재할 여지가 없었다. 그런 속에서 마르크스는 자연스럽게 객관주의적 유물론의 입장을 취한 것이었다.

마르크스는 자본주의적인 욕구의 재생산 국면에 대해서 근본적인 운동을 욕망의 자기 운동이 아니라, 물질의 자기 운동이라고 본다. 마르크스의 저작 내에서는 욕구와 욕망 간의 충돌이 숨은 전제로서 내재하고 있었지만 이 점을 마르크스는 창조적이면서도 예속되어 있는 노동이라는 설명 방식으로 노동의 이중성의 범주를 통해서 간단하게 처리한다. 마르크스는 창조와 생산의 원동력인 욕망의 심원한 수준을 보여주지 못한다. 자본주의의 궁핍화 문제에 있어서 초기에는 신체 유지를 위한 욕구와 사회적 욕구 간의 간극으로 보는 입장에서 상대적 빈곤의 명제가 제시되는데 이것은 욕망과 사회적 욕구 간의 간극을 의미하는 것으로, 마르크스주의 내에 욕망이라는 개념이 숨은 전제로서 작동하고 있었음을 반증한다.

마르크스의 체계와 방법론은 스피노자적인 이론에 의해서 재구성되어야만 욕망가치에 대한 접근이 비로소 가능해질 것이다. 그럼에도 불구하고 마르크스는 〈기계에 대한 단상〉의 장에서 풍부한 가치론적 시사점을 보여준다. 『요강(Grundrisse)』은 기계가 일반 지성의 산물이라고 언급하면서 역사적 노동인 '사회적 노동'의 산물로서 기계류와 현재의 노동인 공존노동이 혼재되는 노동 과정을 언급한다. 즉, 노동과 기계는 대립하는 것이 아니라 노동의 일부로서 기계류가 존재한다는 것이다. 그러나 앞서 얘기했듯이 과학기술이 객관주의적인 의미를 벗어나 가치론적인 의미가 들어가고 있는 현재의 상황에서, 기계는 노동보다는 욕망과 결합되어야 한다. 그러나 마르크스는 공존노동과 구별되는 사회적 노동이라는 범주에 이러한 가치론적 함축을 담아내는데, 이것이 마르크스의 한계라고 할 수 있다. 일반 지성의 성장은 숙련 노동의 시대 이후에 노동 과정에서 생겨난다기보다는 비-노동의 영역인 욕망의 차원에서 생산되고, 그것도 욕망의 기계적인 창조와 생성, 상상력의 역량이라는 것은 반드시 언급되어야 할 부분이다.

녹색은 적색의 미래다

마르크스는 노동의 역할을 체계적으로 정리하여 필요노동과 잉여노동의 두 가지 범주로 나누었고 그것의 가치론적 의미를 사용가치와 가치의 범주로 체계화하였다. 그러나 이 범주는 세련된 오늘날의 자본주의 하에서 다른 방식으로 독해될 수밖에 없다. 노동의 이중성에 있어서 사물에 대한 속박의 의미를 갖는 사용가치는 사실상 사회적 욕구와 긴밀히 연동된 개념이다. 그리고 가치와 그 전개의 산물인 잉여가치는 욕망과 관련된 개념이다. 노동의 가치는 잉여가치일 때, 노동력의 사용가치가 임금이라는 테제는 노동가치설을 떠받들던 핵심적인 개념적 내포와 외연을 결정하는 것이었다. 그러나 노동의 가치는 잉여가치와 직결될 수 있는 것이 아니라는 점이 첨단 기술 사회에서의 기계적 가치가 존재한다는 점에서 지적되어야 하며, 잉여의 의미는 욕망의 가치에 대한 실존적 의미와 결부되어 있다는 점이 등장한다. 즉, 첨단 기술 사회에서 잉여의 의미와 직결되는 범주들은 비-노동 부문의 욕망가치와 관련되어 있다는 점이 반드시 지적되어야 한다. 그러므로 노동가치설의 핵심에 바로 욕망가치설이 있다는 역설이 발생한다.

욕망가치에 대한 이러한 주장은 노동이 가치의 발생론적 원천이 된다는 노동가치설의 입장에서 본다면 수긍할 수 없는 개념과 논리일 것이다. 그러나 노동이 가치의 원천이 아니라 일반 지성을 생산하는 기계류가 부의 생산의 원천이 될 때 문제는 역전된다. 앞서 말했듯이 현대의 기계류는 가치론적 욕망이 도입된 기계들이다. 그런 의미에서 들뢰즈·가타리의 욕망하는 기계는 정확한 내용과 실재성을 갖는 유효한 개념이라고 할 수 있다. 특히 노동의 가치인 잉여가치의 영역에 대한 해석의 부분에서 현대의 잉여가치는 절대적 노동 시간을 동원하는 형태인 '절대적 잉여가치'라고 할 수 없으며, 기계류의 도입을 통해서 이루어지는 '상대적 잉여가치'라고 할 수밖에 없다. 현재의 잉여가치가 욕망가치인 이유는 바로 여기에 있다. 그것을 노동의 가치라고 주장하는 사람들은 여전히 사용가치에 속박되어 있으며, 절대적 잉여가치의 개념에 예속되어 있는 것이 된다.

욕망가치와 기본소득

'욕망가치'에 대한 논의는 이미 시장 경제에 대한 흐름 속에서 구체화되고 있다. 시장 경제의 내부에는 욕망 경제가 작동하고 있으며, 더 나아가 시장 경제가 바로 욕망 경제라는 등식이 성립된다. 욕망 경제를 설명하기 위해서는 라이히처럼 리비도 성경제학에 한정될 것이 아니라 자본주의 내부에서 작동하는 욕망의 정치경제학을 설명해야 한다. 미시경제학에서 욕망의 설정은 수요와 공급곡선에 있어서 희소가치라는 욕망의 설정으로 다가온다. 그런데 부와 재화는 과소해서 문제가 아니라 잉여가 넘치고 과잉이어서 문제인 시대이다. 미시경제학의 희소성의 원칙은 시대에 맞지 않는 원리이며, 이것은 홉스의 유명한 공식 '만인에 대한 만인의 투쟁'의 근본 전제인 매우 적은 재화를 둘러싼 투쟁의 공식이 더 이상 유효하지 않은 시대인 것과 동일하다. 그러나 그러한 이론이 얼마나 욕망을 설명하기에 낡은 공식인가는 조금만 생각해 보더라도 알 수 있다. 현대의 경제는 베블런의 가격이 높아질수록 공급이 많아지는 과시소비형의 가격곡선을 만들고 있으며, 희소한 것에 대한 수요를 설명할 때조차도 스놉(snob) 효과라는 영역에서만 설명 가능하다. 즉 현대 자본주의는 재화나 부가 부족해서 문제가 아니라, 잉여에 대해서 어떻게 처분할 것인가가 문제가 되는 사회이다.

다른 한편으로 케인즈주의적인 욕망에 대한 설정은 공황 상태에서 상품의 소비 경제를 스스로 만들어내기 위한 내수 소비 욕망의 긍정이라는 측면에서 욕망가치의 일부를 인정한 것으로 다가온다. 그러나 이러한 전시 경제와 같은 획일성은 욕망의 다양한 야성성에 대해서 접속할 수 없다는 점이 분명하다. 대량 소비와 대량 생산으로 나타난 포드주의 시스템 내부로 소비자로서 포섭되어야 한다는 케인즈주의의 설정은 욕망의 주체들이 기존에 생산된 재화들을 소비하는 데 그치는 것이 아니라, 생산적이고 창조적인 욕망을 가진 주체라는 점을 간과하는 것이다. 그러나 적어도 케인즈주의는 소비 욕망을 긍정한다는 측면에서 욕망가치에 대한 최소한의 시각을 가지고 있었으며, 그것은 사회주의 경제에 대한 자본주의적인 독해였다고 볼 수 있다. '욕망가치'는 전략적으로 다채로운 삶의 역량에 기반한 다양한 욕망 활동과 구성주의적 기획의 실천이 실존하고 있다는 것을 알려준다. 그것은 욕망도 가치화될 수 있다는 자본의 확장된 영토를 의미하는 것이 아니라, 아주 근본적으로 오래전부터 욕망의 창조적인 가치가 존재하고 작동 중이었다는 점을 알려준다.

비-노동의 영역이 개방되고, 욕망의 야성적 수준이 드러나고 있는 현재의 상황에서조차도 욕망의 잠재성에 대한 언급은 회피되고 있다. 68년 혁명은 소수자와 주변 사회를 구성하는 이방인들의 욕망 해방 운동이었다. 물론 주변에서 중심으로 이동하여 그 힘이 노동자 계급을 움직이게 했지만 말이다. 이러한 욕망가치의 역량은 어디에도 예속되지 않은 자유인들인 비-노동 영역의 프롤레타리아트, 소수자들의 신체의 욕망 에너지에서 시작된 것이며, 그들이 인간답게 살고자 하는 삶의 욕망으로부터 나온 것이었다. 어디에도 예속되지 않은 이러한 신체는 들뢰즈와 가타리의 개념인 '기관 없는 신체'라는 개념으로 나타나는데, 유기체적으로 작동하지 않는 현대 사회의 소수자적 신체, 광인의 신체를 정확히 설명하는 것이다. 정신질환자들, 장애인들, 노인들, 소외받은 실업자, 이방인들, 이주 노동자들, 다문화 세대들은 사회에서 자신의 욕망이 긍정되고 있지 않다는 것을 가장 심각하게 느끼고 있었으며, 사회적 차별과 억압이 없고 자신의 삶의 욕망이 존중될 수 있는 사회를 요구했다.

이 소수자들이 갖고 있는 변용 역량의 문제는 스피노자의 정서에 대한 탐구에서 이미 이루어져 있다. 자신의 신체를 가상적으로

　　　　　　　　녹색은 적색의 미래다

변용하는 역량은 비물질적 정동, 정서, 감정으로 다루어지는 경우가 있다. 물론 욕망가치에 대한 근본적인 긍정 없이 정동노동이라는 노동의 패러다임으로 설명하는 방향으로 돌아갈 수도 있다. 그러나 스피노자가 밝힌 정서 작용의 근원에는 욕망의 증대와 감소, 혹은 욕망의 활성화와 좌절이 존재한다. 정서 작용을 욕망의 능력으로 파악한 스피노자의 사상에 기반한다면 정동노동의 실체는 욕망가치의 실존을 의미하는 것이다. 새로운 차원의 문제는 정동노동만으로도 욕망가치화가 이루어진다는 점이 아니라, 욕망가치가 노동이라는 틀을 넘어서서 사회의 곳곳에서 등장하고 있다는 점이다. 변용 역량을 강화하기 위해서 가상적인 신체 에너지를 활성화시키거나, 몸의 일부 혹은 전부를 변용하는 것은 '욕망가치' 생성을 위한 기본적인 방법론이 되고 있는 것이다. 그러한 의미에서 변용 역량은 바로 욕망의 역능인 셈이며, 그것은 욕망가치의 실존을 의미하는 것이다.

도착적이고 탐욕적인 자본주의적 욕망은 영구적으로 진보하고 발전하려는 욕망 증대적 구조를 갖고 있지만 생태, 생활, 생명의 지구적 유한성의 실존 좌표와 욕망, 광기, 죽음 등의 실존 좌표와 마주쳐서 사회적 성좌 속에서 자신의 좌표를 변모시킬 수 있다. 여기서 자본도 기관 없는 신체라고 볼 수 있는데, 자본주의적 성장주의와 발전주의 맹목적인 충동이 도달하고자 하는 상태가 자본이라는 기관 없는 신체의 평온한 상태라는 것이 매우 역설적이다. 욕망이 가지고 있는 '자기 보존'과 '자기 긍정'의 능력만큼이나 기초적인 것도 없다. 노동가치의 입장에서는 노동을 통한 소득인 임금체계가 당연시되는데, 욕망가치는 이것을 문제로 삼는다. 첨단 기술 사회에서 기계류의 성장은 비-노동 부문에서 생성되는 일반 지성의 발전과 긴밀한 관계를 갖는다. 그렇다면, 사회적 가치와 사회적 부는 성장했음에도 불구하고, 비-노동 부문으로 퇴출된 인민들에게 소득에 대한 보장 문제가 대두된다. 노동과 소득을 연관시켰던 임금체제는 더 이상 유효하지 않다. 노동이 가치를 발생시켜서 임금을 받던 시대는 끝났고, 노동을 하지 않음에도 욕망하는 존재이기 때문에 삶의 욕망의 가치가 보장받아야 하는 시대가 찾아왔다. 기본소득에 대한 논의는 케인즈주의 시대와는 완전히 다른 배경을 갖는다. 케인즈가 구상한 대중은 소모하고 소비하는 대중이며, 소비의 욕망이 중심이었던 데 반해, 현재의 인민 대중은 기계류를 혁신시키고, 생산적인 욕망을 발산하는 주체성으로서 의미를 갖는다. 욕망가치에 기반한 '기본소득'의 논의는 가치에 대한 통념을 전도시키는 매우 중요한 실천이라고 할 수 있다.

기본소득이 갖고 있는 소수자의 욕망에 대한 긍정은 매우 중요한 의미를 갖는다. 장애인, 정신질환자, 이주민, 여성, 어린아이, 노인, 다문화 세대들은 자신의 가치를 인정받고, 매우 생산적인 욕망의 존재로 긍정되기를 원한다. 이것은 욕망한다는 것 자체로서 가치를 인정받고 소득이 보장되는 것이 필요한 이유이기도 하다. 제3섹터 부문의 성장은 '그림자 노동'으로 존재하는 노동의 잉여적 성격으로 인한 것이다. 그러나 그림자 노동이라는 상황이 비관적

녹색은 적색의 미래다

전망을 의미하는 것은 아니다. 소수자의 욕망가치 속에서 존재하는 사회적 가치의 생성의 역량을 구성하는 새로운 일자리의 창출은 이 그림자 노동의 성격을 활용한다. 노동은 노동가치에 의해서 주어지는 것이 아니라, 욕망가치에 의해서 만들어질 수 있는 것이다. 새로운 삶의 활력과 사회적 가치에 대한 기여를 했다는 자긍심을 심어줄 수 있는 '사회적 일자리'가 대부분 소수자의 욕망가치와 관련이 있다는 것은 아주 이상한 일이 아니다. 그러나 여전히 규격화된 노동가치의 일의 성격은 '사회적 일자리'에 영향을 주고 있으며, 소수자의 욕망가치에 대한 긍정으로 나아가지 못하고 있는 것이 현실이다. 새롭게 생성되고 있는 제4섹터 부문이 소수자의 욕망가치에 기반한 사회적 일자리로서 기능할 수 있는가의 여부는 매우 중요한 시금석이며, 욕망가치가 끊임없이 새로운 영역을 개척하고 있다는 것을 보여주는 반례라고 할 수 있다. 욕망가치에 대한 긍정은 지역 공동체에 기반한 풀뿌리 운동에서도 이루어지고 있다. 이 풀뿌리 집단들은 지역의 생활 공간의 의미를 새롭게 재구성하면서 다양한 실험에 나서고 있다. 대안적 삶의 가치에 기반하여 움직이는 공동체는 생태 코뮌의 실험, 대안학교, 지역 화폐, 생활협동조합 등 다양한 모습으로 등장하고 있는 이러한 주체성은 욕망가치의 생산적이고 창조적인 능력이 대중 속에 실존함을 의미하는 것이다. 그것은 객관적 가치가 아니라, 자기 긍정과 자기 보존, 생성의 욕망가치를 의미한다. 이러한 새로운 가치화 모델의 등장은 욕망가치가 아주 멀리 있는 이상이 아니라, 우리의 삶 속에서 구성될 수 있다는 것을 보여주는 것이다.

욕망가치의 사회적 실존 중에서도 욕망의 다채로운 야성성을 유감없이 보여주는 것은 아무래도 예술가치 영역이라고 할 수 있다. 대중의 예술 행위는 소수 전문가 집단에 의해서 향유되는 예술의 영역을 욕망가치의 영역으로 바꾸어내어 삶 자체를 다채로운 예술적 가치의 의미로 만들어내고 있다. 욕망가치 중에서 예술가치에 대한 긍정은 꿈꾸고, 노래하고, 춤추는 행위에 대한 가치를 긍정한다는 중요한 의미를 갖고 있다. 그것은 욕망이 가지고 있는 변용, 생성되는 신체를 보여줌으로써 신체의 변용의 역량을 극대화하고 욕망의 에너지를 향유하는 것을 의미한다. 예술가치에 대한 긍정은 매우 중요한 상품가치 체계에 대한 도전을 의미한다. 상업 예술이나 문화 센터가 존재함에도 불구하고, 예술가치는 늘 외부에서 생성되고, 향유된다. 욕망가치는 예술가치를 사회적 가치로 긍정하도록 추동하며, 예술가치가 발산하는 생체 에너지가 자기 긍정, 자기 보존, 생성의 욕망의 힘으로 긍정될 수 있도록 사회를 재배치할 것이다.

일하지 않는 자는 먹지도 말라던 산업사회가 종말을 고하고 일이 아닌 욕망함 자체로도 먹고살 수 있어야 하는 첨단 기술 사회가 다가오면서 노동가치설과 그것이 기반을 삼고 있었던 사용가치와 교환가치의 정식은 낡은 것이 되었다. 자율주의자들이 마르크스의 「기계에 대한 단상」에서 다루어진 일반 지성이라는 개념을 확장하는 지점에 대해서 주목할 필요가 있다. 즉, 일반 지성은 기계류를

녹색은 적색의 미래다

만들어내는 사회적 지성의 차원이 사회적 노동으로 존재하고 있음을 의미하며, 상대적 잉여가치의 차원에서 기계-인간의 관계, 즉 유기적 구성의 변화에서 기계류의 부분에서 부가 생산되는 것은 사회적 가치의 무단 점유분을 의미한다는 점을 독해해 낸다. 그러나 중요한 부분은 이러한 일반 지성의 강화나 정상화 노동——출근하기 전까지의 모든 준비동작——의 차원은 비노동 부문이라고 사고되었던 욕망의 차원에서 이루어진다는 점이다. 그러므로 잉여가치는 노동의 영역이 아니라 욕망의 영역이라는 점을, 첨단 기계류를 생산하는 일반 지성의 차원을 살펴보면서 도출할 수 있다.

가타리는 여기서 한 발자국을 더 나간다. 텔레비전을 보는 것, 오줌을 누는 것, 꿈을 꾸는 것도 모두 다 자본주의에 의해서 코드화되어 있으며, 노동이라고 할 수 있는 것이다. 그러므로 욕망하는 것 자체에 의해서 가치의 수준이 결정되는데, 문제는 어떠한 욕망을 작동시키는가이다. 새로운 차원과 수준의 욕망이 자본주의적 욕망의 코드화 양식을 탈코드화시킬 때, 욕망가치는 발생하며 기존의 가치공리계를 전복시킨다. 그러므로 욕망의 야성성이 나타나면서 자본주의를 도관 뚫듯이 탈주하고, 새로운 수준의 욕망을 형성하는 것이 문제가 되지 자본주의적 욕망이 가치를 갖고 있다는 것을 긍정하는 것이 문제가 아니다.

소수자들의 욕망이 소비 욕망의 차원에서 한정되는 것은 아니다. 접속-흐름, 흐름-생성, 생성-연결이라는 과정으로 드러나는 '욕망하는 기계'라는 차원에서 바라보는 것이 가타리의 욕망가치론에서의 핵심이다. 그러므로 자율주의자들의 일반 지성의 논의가 기계류에 대한 비물질적 노동 역할을 말하고 있다면, 가타리는 욕망 자체가 기관, 기능, 기호를 연결하는 기계이며, 그 기계가 새로운 기계를 출현시키는 기계적 이질발생이 중요하다는 점을 말하는 것이다. 신자유주의는 삶에 대한 욕망을 자본의 욕망으로 망상적으로 포섭하려는 시스템이지만, 욕망의 새로운 출현과 탈주 속에서 기계적 자율성이 만들어지면 분자적 욕망은 기계화된 새로운 배치를 바꾸어낸다. 그러므로 욕망하는 기계의 새로운 생산과 흐름이 중요하다고 할 수 있다.

욕망가치의 영역은 욕망한다는 것 자체가 존엄성을 갖기 때문에 장애인, 아이, 노인, 광인 등의 소득이 보장되어야 한다는 점에서 논의될 수 있다. 그러나 욕망가치는 소수자들의 욕망이 하나의 권리로서 보장되어야 한다는 차원을 뛰어넘어 욕망의 기계적 이질발생의 수준이 새로운 차원의 삶과 새로운 차원의 욕망하는 기계를 가능케 할 수 있다는 점을 지적한다는 점에서 매우 혁명적인 논의로 바뀔 수 있다. 새로운 주체성의 등장을 탐색하는 가타리로서는, 욕망가치는 기본소득의 논의로 한정되지 않는 특이화의 과정, 미시적 배치의 변화, 그리고 그 속에서 생성되는 자율성의 영역을 말하고 있는 것이다. 그러므로 가타리의 욕망가치를 기본소득과 연결시켜 사고하는 것은 가타리가 사고한 예술적, 심미적, 혁명적, 윤리적 주체성의 생산과 관련되어 있으나, 특이한 주체성이라는 입장에서는 충분하지 않다. 물론 가타리의 욕망가치론이 기본소득

녹색은 적색의 미래다

에 대한 논의에 풍부한 재료를 제공해 주는 측면이 있다.

정보재와 욕망가치

자본주의는 다양한 흐름을 갖고 있는데, 주식 시세의 흐름이나 돈의 흐름, 상품의 흐름 등으로 나타난다. 이것은 자본주의가 이 흐름을 틀 지우는 과정에서 잉여가치를 발생시킨다는 점에서 가타리의 코드의 잉여가치는 중요성을 갖는다. 이러한 흐름 중에서 정보재의 흐름은 독특한 위상을 가지고 있다. 정보재는 그 자신이 흐름으로서 존재하면서도 동시에 욕망의 흐름을 코드화하는 과정에서 발생된다는 점에서 특징을 갖고 있다. 다양한 수준에서 생산되는 정보재는 기계적 잉여가치의 기반이 된다는 점에서 주목받고 있다. 그렇지만 정보재를 생산하는 과정에서 비노동의 영역이 개입한다는 것은 은폐되는 경우가 많다. 비노동 프롤레타리아트가 생산하는 다양한 종류의 정보들은 그들이 욕망하는 순간에서 얻게 되는 결과물이며, 그런 의미에서 디지털 코드화의 과정에 참여하는 사람들은 욕망의 흐름을 생산하면서 동시에 접속하기 위한 수단으로 이것을 이용한다고 할 수 있다. 그러나 정보재는 이 욕망을 탈색시키고, 중화하며 살균한 채로 디지털화되는 특징을 갖기 때문에, 욕망과 정보재의 관계에 대해서는 더 이상 묻지 않게 된다. 그러나 욕망의 야성성과 다채로움, 특이성은 디지털 코드화에서 사라지는 것이 아니라, 매우 특징적인 형태로 드러난다. 바로 가타리가 언급했던 주체화의 집단적 설비라는 입장에서이다.

> "대중매체, 정보과학, 정보통신, 로봇공학의 기호적 생산은 심리학적 주체성에서 분리시켜야 할까? 나는 그렇게 생각하지 않는다. 집단적 장비[설비]라는 일반적 이름 아래 묶을 수 있는 사회 기계들처럼, 테크놀로지적인 정보 기계와 소통 기계는 인간 주체성의 핵심에서 작동한다. 자신의 기억과 지성 속에서뿐만 아니라, 감성, 정서, 무의식적인 환상에서도 작동한다."

정보재는 욕망의 흐름을 코드화하는 기계적/집단적 설비 모델에 의해서 발생하기 때문에 정보재의 기계적 가치의 의미는 욕망가치에 기반하고 있다. 정보재는 욕망이 갖고 있는 창조와 생성의 의미에 기반할 수밖에 없으며, 정보재의 대부분은 욕망가치 영역에 있는 다양한 테마들에 배치되어 있다. 만약 정보재가 욕망에 의해서 생산되지 않고, 욕망을 추동시킬 수 없다면 그저 디지털 코드의 화석화된 부분으로 남아 있을 것이다. 그런데 여기서 전도가 일어난다. 정보재의 가치를 갖고 있는 비노동 프롤레타리아트의 욕망의 역할은 누락되고, 대신 이러한 욕망의 흐름을 틀 지우고 코드화하는 것 자체에만 가치가 부여된다. 이 속에서 흐름의 잉여가치를 창출하려는 자본주의의 기본 구도가 드러난다. 욕망의 흐름을

녹색은 적색의 미래다

판독하며, 식별하고, 권력을 추출해 내는 것이 자본주의의 목표이며, 이 과정에서 정보재가 하나의 기능과 역할을 수행한다는 점이 그것이다. 이 속에서 흐름의 잉여가치, 코드의 잉여가치에 대한 자본의 약탈이 벌어진다.

자본은 욕망이 생산하는 다채로운 가능성보다는 그것을 디지털 코드로 만들어서 자본의 기계적 가치의 증대에 기여할 수 있는 증여의 영역으로 만들기를 원한다. 그렇기 때문에 욕망가치에 대한 무한한 약탈과 자본에 대한 무상증여라는 가능성이 생긴다. 만약 정보와 기계적 가치를 생산해 낼 수 있는 비노동 프롤레타리아트의 욕망의 역능을 인정하는 경우는 어떨까? 물론 이것은 욕망가치를 긍정할 가능성 속에서 정보 지식 생태계의 새로운 차원을 개방할 것이다. 이러한 두 가지의 가능성은 양면적으로 존재하며, 그렇기 때문에 정보재의 차원에서 벌어지는 두 가지 측면——즉, 욕망가치를 승인하느냐 아니면 무단 전용하느냐의 여부——은 동시에 공존하는 잠재성의 영역이라고 할 수 있다.

또한 정보재의 특징은 자본주의적 욕망을 추동하는 역할을 하면서도 동시에 자본주의적 욕망을 가상 실효적 공간 내로 포섭하는 효과를 갖고 있다. 그렇기 때문에 개발주의나 성장주의적 방식으로 욕망 증대 구조를 갖고 있던 자본주의 욕망이 외연적 확장이 아니라, 가상공간 내에서 내포적인 증대를 할 수 있는 가능성이 생긴다. 그렇기 때문에 자본주의적 욕망의 흐름을 가상공간 내로 인입시켜 내고, 정보재의 생산과 소비 자체로 만들어버리는 이러한 측면이 매우 강력한 대안으로 형성된다. 그러나 자본주의는 이러한 정보재의 속성을 간파하면서도 현실 공간에서의 생산과 소비를 추동하는 역할을 하도록 디자인하려고 한다. 이러한 양면적인 측면에도 불구하고, 자본주의적 욕망을 블랙홀처럼 빨아들이는 가상 공간의 효과는 정보재가 실제 오프라인 상의 욕망의 대체물이 될 수 있음을 의미한다. 그러므로 욕망가치는 정보재를 기반으로 하여 자본주의적 도착, 중독, 분열의 흐름을 기계적으로 제어할 수 있는 가능성을 갖게 된다.

가타리는 기계적 가치 중 일부인 강렬한 욕망의 가치가 자본주의를 내부에서 파열시킬 수 있는 가능성으로 나아간다. 즉, 기계적 제어의 수준에서 자본주의의 문제를 해결하고자 하는 방향에 서는 것이 아니라, 욕망의 야성성에 입각한 자본주의 내파의 가능성으로 나아가는 것이다. 결국 정보재의 기계적 가치는 욕망가치가 전면화되었을 때 코드의 잉여가치를 생산하는 방향이 아니라, 욕망가치의 수준을 직접적으로 드러내는 수준으로 재구성되어야 하는 것이다. "사용가치와 교환가치 사이의 비생산적 대립에 대하여 모든 기계적 가치의 증식의 양태들 즉 욕망적 가치, 미학적 가치, 생태적 가치, 경제적 가치……를 포함하는 가치론적 복합체를 대립시키는 것이 좋을 것이다. 일반적으로 이런 기계적 잉여가치들 전체를 포섭하는 자본주의적 가치는 경제적이고 화폐적인 기호계의 우선성에 근거하여 탈영토화의 세력의 공격에 착수하고, 모든 실존적 영토성에 대한 일종의 전반적 내부 파열에 상응한다."

녹색은 적색의 미래다

욕망가치의 전면화는 자본주의 가치 체계의 변형을 의미하며, 새로운 구도 속에서 가치 복합체를 구성해야 한다는 것을 의미한다. 그러한 가능성은 정보재의 흐름과 순환의 과정에서 나타나는 새로운 대안들의 등장과 무관하지 않다. 즉, 욕망의 복수성에 입각한 대중 지성 시대의 개막은 탈영토화하는 다양한 욕망의 운동들이 만들어내는 새로운 수준의 일관성의 구도를 의미한다. 매우 특이한 차원의 주체성이 등장하며, 그것은 기계적 수준 즉 네트워크 속에서 나타난다. 기계적 초과 현실성은 새로운 주체성을 생산하고 특이한 욕망을 생성한다.

　정보재의 흐름은 이러한 욕망의 가치론적 수준에 상응하여 자신 내부에 갖고 있는 이중적 잠재성의 차원을 드러내 보이는데, 정보재가 기계적 가치의 수준에서 탈영토화하는 욕망의 흐름의 차원을 개방할 것인가 아니면 욕망을 코드화하고 자본주의적 영토 속으로 폐쇄될 것인가라는 이중적 문턱에 직면한다. 자기 생산적인 기계들을 장착하고 있는 새로운 주체성——네트워커들——의 등장 속에서 가치론적 차원은 기계적 집단 설비의 전면화와 이것의 도표적 과정——상호작용, 흐름, 관계망——이 자본주의 가치 체계보다 우선한다는 점이 드러날 것이다. 역으로 자본주의 가치 체계를 착취하거나 외부에 있는 기계 설비의 등장과 특이한 주체성이 만들어내는 하이퍼리얼리티 등의 전망은 정보재와 욕망가치의 상관관계를 의미할 것이다.

　정보재가 욕망가치에 기반한다는 것은 자기 생산적인 기계장치들을 통해서 절대적으로 가속 혹은 감속되면서 시간-공간-에너지 좌표를 변경하는 과정을 의미하는 것이며, 기계적 접촉 경계면(interface)에 따라 무한한 프랙털 운동으로 진입하는 복잡계로서의 지식 정보 생태계의 구성을 의미할 것이다.

코드의 잉여가치의 문제: 착취의 새로운 양상

가타리는 잉여가치에 대한 정통적인 패러다임에 대해서 문제 삼으며, 가변자본(variable capital)에 의한 인간의 잉여가치와 다른 불변자본(constant capital)에 의한 기계의 잉여가치를 쟁점화한다. 기계에 의한 잉여가치의 문제는 마르크스주의가 배제해 왔던 부분이었으며, 단순히 기계의 마모분이나 대체분에 대한 손실분을 보충하는 것만을 문제 삼고 기계는 가치를 생산하지 않는다는 통념을 만들었다. 그러나 첨단 기술 사회의 도래와 정보 지식 사회의 현실화는 기계에 대한 패러다임을 바꾸었으며, 기계가 발생시키는 코드의 잉여가치가 단순히 인간 노동으로 환원할 수 없는 수준이라는 점이 분명해지고 있다. 코드의 잉여가치의 문제에 접근하기 위해서는 이 개념의 이미지를 분명히 할 필요가 있으며, 기계가 단순히 무생물체의 현상이 아님을 분명히 할 필요가 있다.

"버틀러는 여기서 코드의 잉여가치의 현상을 만나고 있다. 이것은 기계의 한 부분이 자기 자신의 코드 속에 다른 기계의 코드를 받아들여 이 다른 기계의 한 부분의 덕택으로 자기를 재생산하는 경우이다. 빨간 클로버와 꿀벌 수컷이 이런 경우이다. 혹은 난초과의 식물인 오르쉬드와 이것이 끌어당기는 말벌 수컷이 이런 경우인데, 오르쉬드는 그 꽃에 말벌 암컷의 냄새를 지님으로써 말벌 수컷을 불러들인다."

코드의 잉여가치는 기계의 코드 간의 상호작용으로부터 생겨난다. 이 기계의 코드의 상호작용은 개체들 간의 상호 변용과 이질 발생의 가능성으로 나타난다. 기계의 의미는 단순히 동일반복적인 폐쇄적 틀이 아니라, 이러한 상호작용에 의해서 코드 사이의 잉여가치를 만들어내는 열린 체계이다. 그렇기 때문에 코드의 잉여가치는 기계적 잉여가치라고도 불릴 수 있다. 그런데 이 코드의 잉여가치의 문제는 기계적 이질 발생의 영역에서 발생할 수도 있지만, 동시에 기계 간의 상호작용 속에서의 권력의 추출 과정으로도 전용될 수 있다. 즉 중심노동과 주변노동의 분할이라는 현실, 최첨단 기계에 의한 잉여가치의 발생, 국가나 자본 등의 반생산(anti-production)의 도입이라는 메커니즘 속에서 흐름의 잉여가치 속에서 권력을 추출할 수 있는 것이다. 여기서 잉여가치의 의미는 단순히 추상노동량(abstract labor quantity)에 대한 전용 부분이라기보다는 생활양식이나 무의식, 심상, 지성, 감수성 등을 형성하는 상호작용과 흐름에 대한 영역을 의미하는 것이다. 그렇기 때문에 자본주의는 노동 자체의 재생산 수준이 아니라, 코드의 재생산의 수준, 즉 관계망, 흐름, 상호작용이라는 수준에서 나타나는 비기표적 기호작용 전반에 대한 재생산에 대해서 주목한다.

코드의 잉여가치(surplus de code)는 흐름의 잉여가치(surplus de flux)이기도 하다. 자본주의에서는 다양한 흐름들이 교차되고 상호작용하는데, 자본주의는 이 비기표적 흐름이 어떻게 기계적 패턴을 갖고 있으며, 어떤 방향으로 나아가는지에 대해서 관심을 가지고 있으며, 그 흐름이 갖고 있는 코드의 증식과 재생산의 과정에 주목한다. 그러므로 자본주의의 잉여가치의 수준은 기표화될 수 있는 수준의 계산 가능한 영역에서 이루어지는 것이 아니라, 도표적이며 계산 불가능한 영역에서 이루어진다고 볼 수 있다. 자본주의는 도표적 차원에 대해서 주목하지만, 이것이 탈영토화된 흐름에 의해서 이행적인 의미를 갖는다는 것에 대해서 주목하는 것은 아니다. 오히려 도표적 생성과 흐름에 대해서 주목하는 이유는 위계화, 선별, 권력 추출 등을 통해서 자본주의의 재생산으로 나아가기 위한 기반으로 삼기 위함이다.

첨단 기술 사회에서 코드의 잉여가치의 문제는 정보 지식이라는 대중 지성에 대한 태도의 문제와 직결된다. 즉, 인간의 역할이 노동으로 한정되지 않고 기계류를 혁신시킬 수 있는 지성을 산출할 수 있는 능력을 가진 것으로 간주될 때, 이 정보 지식의 흐름이 발생시키는 코드를 어떻게 볼 것인가의 문제가 발생한다. 그것은 기계 간의 상호작용이 발생시키는 잉여가치의 수준에서 사고되며,

녹색은 적색의 미래다

단순한 비물질적 노동의 차원으로 국한되지 않는다. 무의식, 심상, 지각 작용, 인지 능력 전반은 기계적 잉여가치의 생산의 능력으로 간주될 수 있으며, 그렇기 때문에 정보 지식을 산출할 수 있는 인간에 대한 관리와 권력 추출이 더 우선적으로 제기된다. 그렇기 때문에 이들에 대한 관리와 통제의 능력은 욕망에 대한 관리와 통제의 능력으로 간주될 수 있다. 기존 자본주의 잉여가치의 추출이 착취의 공식이었다고 한다면, 이번에는 코드의 잉여가치의 추출에 대한 태도로 기계의 계통적 추출에 대한 틀 지우기가 등장한다. 이것이 사회적 차별의 원천이며, 기계에서 잉여가치를 추출할 때 나타나는 태도이다. 차별이라는 미시 파시즘은 노동 현장에 한정된 문제가 아니라, 기계적 잉여가치를 창출할 수 있는 인간들의 상호관계 속에서 권력을 추출할 수 있는가의 여부이며, 정보 지식의 무한한 흐름에 대해서 통제할 수 있는 기법이다. 자본주의의 초코드화 양식이라는 통제 기법과 함께 등장하는 분자적인 수준에서의 차별의 방법론은 코드의 잉여가치를 전용하기 위한 자본주의의 강력한 수단을 의미한다.

자본주의는 다양한 자기 생산하는 기계의 흐름, 상호작용, 관계망 자체를 사로잡기 위해서 반드시 권력 추출 과정으로서 차별을 재생산하여 코드의 흐름이 탈영토화의 과정으로 나아가지 못하도록 사로잡는다. 그러므로 첨단 기술 사회에서 벌어지는 문제들 예를 들어 첨단 기계의 생산 활동, 주변부 노동과 중심부 노동 간의 차별의 발생, 소수자에 대한 전방위적인 차별의 재생산과 같은 현상을 설명하기 위해서는 반드시 이러한 현상의 배후에 존재하는 역학관계를 중심으로 보아야 한다. 자기 생산하는 집단이나 자기 생산하는 시스템으로서의 기계가 발생시키는 계통적 흐름이 바로 잉여가치를 생산하기 때문에, 자본주의는 이러한 집단 내부에 권력의 위계, 차별, 서열을 필사적으로 틀 지우고 그 속에서 자본주의가 재생산될 수 있도록 만든다. 그렇기 때문에 자본주의는 착취만이 아니라 차별 속에서 잉여가치를 생산하고, 도표적인 흐름을 통제하고 기계의 상호작용 속에서 권력을 추출하려고 필사의 노력을 한다.

"그러므로 불변자본에 의하여 생산된 기계에 의한 잉여가치가 있다. 이 잉여가치는 자동화 및 생산성과 더불어 발전하며, 경향적 저하를 방해하는 요인들(인간의 노동을 착취하는 강도의 증대, 불변자본의 요소들의 가격의 저하 등)에 의해서는 설명될 수 없다. 왜냐하면 이 요인들은 도리어 자동화와 생산성에 의존하는 것이기 때문이다. 어쩔 수 없이 우리도 문외한으로서 말해야 하겠지만 이 문제는 코드의 잉여가치가 흐름의 잉여가치로 변모하는 조건들 아래서만 검토될 수 있을 성싶다."

기존의 잉여가치는 노동량을 정량화할 수 있는 노동 현장의 수준에서의 문제였다면, 착취의 새로운 양상은 관계망 자체를 착취하는 양상을 띤다. 그렇기 때문에 공동체를 착취하거나 소통 과정

녹색은 적색의 미래다

자체를 착취하고 대중 지성을 착취하는 양상으로 나타난다. 도표를 발생시키는 기호적 영역으로서의 흐름, 관계망, 상호작용과 같은 영역은 새로운 착취의 영역으로 등장하는데, 이러한 착취의 양상에서 동원되는 것이 사회적 차별의 동원이라고 할 수 있다. 결국 사회의 각 영역 속에서 대중지성을 추출하거나, 소통에 대해서 착취를 동원할 수 있는 새로운 양상의 착취에 있어서 중요한 것은 주체에 대한 양적인 보상 체계라기보다는 주체가 접근할 수 없는 관계성에 대한 장악이다. 그렇기 때문에 관계 양상 자체에 새로운 틀을 부과하려는 시도가 나타나며 그것은 초코드화의 양상이 갖고 있는 명령 지배적 관계 양상의 한계를 답습한다. 매우 부드럽고 유연하며 전방위적인 관계망에 대한 틀 지우기는 천 개의 방향으로 탈주하는 탈영토화의 운동을 막을 수 없으므로 초과 실재성의 가상현실로 나타나는 가상 실효적 포섭이 코드의 잉여가치에 있어서 핵심적인 구성요소가 된다.

덧붙이는 말

연구가 답보상태인 이유 중 하나는 욕망의 자율성의 시각에 서서 〈욕망가치론〉을 서술하다가, 양적인 성장과 구분되는 질적이고 내포적인 발전으로 설명되는 마을 만들기, 협동조합, 지연 순환 경제, 공동체 경제 등이 코드의 잉여가치의 논리의 동전의 양면이지 않은가라는 문제제기를 받았기 때문이었다. 결국 권력의 적분이 더 미세해져 자율적인 욕망가치는 불가능하다는 것이, 이러한 푸코를 근거로 한 통치성 및 생명 정치를 주장하는 사람들의 논거이다. 그러나 코드의 잉여가치라는 질적 착취 양상으로 인해 모든 것이 미시 권력에 포획된 것이 아니라, 사랑과 욕망의 부드러운 흐름과 그것의 욕망가치의 자율성은 더 확산되었으며, 코드의 잉여가치는 이를 숙주로 해서 기생하는 자본의 방식이라는 것이 필자의 주장이다.

물론 푸코주의자들의 지적은 미시 권력에 대해서 언제나 신중하고, 주의해야 한다는 지적으로서 유의미하지만, 필자에게는 욕망가치의 자율성이 어떻게 확장되고 보이지 않는 영역으로 향하고 있으며 강렬하고 거스를 수 없는 흐름이 되고 있는가라는 지점이 향후 연구과제이다. 여기서 펠릭스 가타리의 지적처럼 분열과 주체성 생산, 욕망가치는 서로 다른 개념으로 쓰이고 있지만, 공통 지평에 있다. 그래서 욕망가치에 대한 보다 진전된 논의를 진행하기 위해서는 가타리의 한국에서의 미출간 역작인 『분열분석적 지도 제작』에 대한 탐색이 필요하다고 생각된다. 이를 통해 분열생성이 만든 강렬한 욕망가치의 자율성에 대한 논의는 한국 사회에서 새로운 장을 열 것이라고 생각된다. 때로는 오랜 기다림이 가장 빠른 길일 수도 있다.

　　　　　　　　　　　　녹색은 적색의 미래다

4부

생태적 지혜를 위한
첫 발자국들

이 글은 2011년 봄 한국철학사상연구회의 요청으로 《프레시안》 철학자의 서재 코너에 실렸으며, 『철학자의 서재2』(알렙, 2012)에 함께 실렸다. 이 글은 펠릭스 가타리의 『세 가지 생태학』(동문선, 2003)을 소개하기 위한 글이지만, 한국 사회의 생태 위기와 주체성 생산에 대해서도 다루었다. 펠릭스 가타리의 특이한 책인 『세 가지 생태학』은 생태 운동의 전략 지도와 같아서, 우파 생태주의와 좌파 생태주의를 포괄하는 책이다. 동시에 마음생태, 자연생태, 사회생태라는 개념의 구도는 근본생태주의, 환경관리주의, 사회생태주의를 횡단하여 위치한다는 점이 중요하다. 나는 이 글을 쓰면서, 제주도에 여행 가면서 봇짐 속에서 자꾸 꺼내 읽었던 그때를 다시 기억하게 되었다. 이 책이 부피가 워낙 얇지만 지나친 난독증을 유발해서 자꾸 생각하면서 여행을 다녔으며, 알 수 없는 바위에 앉아 태양 빛을 쬐며 파도를 바라보면서 읽었던 때가 어제처럼 느껴진다. 이 글은 그때를 추억하며 향기와 울림을 함께 하며 썼다.

우리 자신을 만드는
생태운동을 시작하자!
―아주 특이한 책『세 가지 생태학』

> 네트워크와 공동체의 연결망은 작은 변화에도 민감하다. 그래서 분자 혁명과 같이 색다른
> 주체성의 움직임이 앞으로 공동체 전부의 행로를 결정한다. 아주 미세한 영역에서의 변화는
> 전체 네트워크와 공동체에서 전대미문의 변화를 촉발할 수 있다.

온난화로 인한 기후 변화, 생태 순환의 지류를 바꾼 4대 강 살리기 사업, 수많은 무고한 생명이 죽어간 구제역 사태, 청정 에너지에서 절멸의 에너지로 정체를 드러낸 후쿠시마 원전 사건, 이 정도 상황에서 위기라는 얘기가 안 나온다면 이상한 일이다. 육식 문명, 화석 문명, 원자력 문명 등 문명의 그늘은 짙게 드리우고 있다. 이런 사태의 위중함을 인식한 이상 무엇인가를 해야 한다는 강박감이 들게 마련이다. 후배들에게 한국 사회에도 녹색당 운동이 필요하지 않냐고 제안하고 다니면서 내게 큰 의지가 된 책이 있다. "어려워요!" 한마디의 반응으로 상황이 곧 정리되고는 했지만 그래도 계속 주변에 권해 주던 주옥같은 책, 위기의 상황에서 큰 위안이 되고 지지대가 되어준 책이 바로 펠릭스 가타리의『세 가지 생태

학』이다.

이 책을 처음 서점에서 사 들고 금방 읽어버렸지만, 다시 읽게 되고 또다시 그런 식으로 반복해서 읽게 되었다. 포켓북이라서 그런지 부피감은 한없이 얇지만 비중감은 한없이 높은 책이다. 전 세계 생태주의자들, 그중에서도 녹색당 운동가들에게서 지금까지 회자되며, 널리 읽히고 있는 책이다.

"왜 하필이면 두 가지가 아니라 세 가지인가?" 느닷없이 후배가 질문했다. 주춤거리며 나는 주저리주저리 대답했다. 단지 세 가지에 대한 집착에서 나온 것은 아닐 게다. 세 가지가 갖는 장점은 두 가지와 달리 n개의 지평으로 향할 수 있는 조합이 얼마든지 가능하지 않나 등등. 나중에 한참 읽고 나서야 알게 되었지만 세 가지는 마음생태, 사회생태, 자연생태였다. 마치 신조어증처럼 만들어지는 가타리의 특이한 개념은 사람들을 약간 당황하게 만든다. 그러나 잘 들여다보면 그 속에서는 생태적 지혜를 엿볼 수 있다. 생태적 지혜는 창의적 관계가 특이한 것을 만들어내는 '관계성 창발'이라고도 볼 수 있다.

처음 이 책을 휴가 때 봇짐 속에 넣고 갔다. 그리고 봇짐에서 들락날락거리면서 자꾸 햇볕을 보게 해주었다. 처음에는 어려웠지만 마치 딱딱하게 굳은 빵에 우유가 스미듯이 나의 두뇌 속에도 생태적 지혜가 들어오는 느낌이었다. 휴가 기간 동안 이 책 하나로 충분했다.

녹색은 적색의 미래다

가짜 녹색을 넘어 녹색의 향연으로

사상가마다 조금씩은 정치적 색깔이 있기 마련이다. 가타리는 말년에 녹색이었다. 그것도 진한 녹색이어서 초록색이라고 불려야 되는 인물이었다. 그는 녹색당 지방의회 후보 리스트의 마지막 명단에도 올랐던 인물이었다. 가타리의 생태주의와 녹색당에 대한 애정만큼이나 이 책에는 곳곳에 많은 애정이 들어가 있다. 이 책은 좌파 생태주의와 우파 생태주의 모두를 포괄하고 있다. 그래서 생태주의가 좌우의 공리계를 넘어서 있다는 점은, 가타리의 이 책에서 드러나는 사상적 면모이다. 마음생태, 사회생태, 자연생태 이 세 가지 생태의 영역은 환경관리주의, 사회생태주의, 근본생태주의를 동시에 겨냥하고 있다.

'자연생태'라고 언급되었던 환경관리주의는 환경 보전과 보존, 기업에 의한 환경 오염에 대한 견제와 감시 등의 움직임을 의미한다. 태안 사태가 터졌을 때 내 강의를 듣는 학생들과 함께 태안으로 기름 제거 작업을 위해 현장 수업을 나갔다. 그곳에서 양동이를 들고 걸레를 들고 겨우 몇 리터의 기름을 훔쳤던 기억이 있다. 막강한 환경 파괴에 한국 사회는 인해전술로 응답했다. 그 역동적인 움직임의 배후에는 환경 파괴의 몫은 인간에게 특히 미래 후손에게 되돌아온다는 생각이 있었다. 더 이상 환경은 인간의 도구나 수단이나 원료가 아니다.

'사회생태'라고 언급되었던 사회생태주의는 사회 변혁과 과학

기술의 재전유를 추구하는 움직임이다. 생태를 살리기 위해서 자본주의 사회를 변혁해야 한다는 생각은 4대 강 살리기 사업, 원전 수출, 녹색 성장이라는 가짜 녹색들을 보면서 구체화되었다. 강물은 흘러야 한다, 원자력은 죽음의 에너지다, 성장과 녹색은 함께하기 어렵다 등등 이 모든 생각의 배후에서 자본주의를 어떻게 넘어설 것인가의 문제가 도사리고 있었다.

'마음생태'라고 언급되었던 근본생태주의는 생명 파괴적인 삶의 방식을 거부하고 삶의 변화를 추구하며 생태 영성에 따른 대안적 삶으로 나아가려는 움직임이다. 근본생태주의와의 만남은 지율 스님의 도롱뇽 소송 때가 처음이었다. 지율 스님의 100일간의 단식 동안 한국 사회에서 한 사람의 분자 혁명이 만들어낸 한 편의 드라마가 펼쳐졌다. 그때 한 사람의 마음이 여러 사람의 마음을 움직일 수 있다는 것을 처음으로 알았다.

펠릭스 가타리는 마치 수학 시간에 그렸던 것처럼 슥슥 세 개의 다이어그램을 겹치게 한 다음 하나의 그림에 그려낸다. 복잡한 생태주의 지형은 마음생태, 사회생태, 자연생태의 원 다이어그램이 된다. 아마 수학자들이라면 이 그림이 그려낸 통합적 이미지에 만족하며 "음음 너무 좋은 걸." 하면서 그 의미를 음미할지도 모른다. 서로 분리되어 있을 것 같았던 운동은 서로 겹쳐 있기도 하고 공명하는 부분이 많을 것이다. 이 세 가지 영역은 주체성의 문제, 사회적 관계의 문제, 자연과 인간의 관계의 문제 등을 각각 의미한다.

이 책의 곳곳에서 가타리는 '주체성 생산'의 중요성을 역설한다.

녹색은 적색의 미래다

전에 학생회에서 회의를 할 때 여러 가지 안건들이 나온 적이 있었다. 이것 해보자, 저것 해보자, 그러다 보니 해야 할 일들이 많아졌다. 그런데 누가 할 것인가의 문제에서 선뜻 나서지 못하고 조용히 서로 바라보기만 했던 적이 있다. 그래도 회의는 의미가 있었다고 생각한다. 그렇게 생각하고 있는 바로 자신을 생산하니까 말이다.

주체성 생산의 문제는 특이한 움직임을 어떻게 만들 것인가의 문제이다. 모든 생명은 특이하다. 생태적 연결망은 특이한 것을 생산한다. 그러한 생태적 연결망처럼 공동체나 네트워크에서도 특이한 움직임이 형성되는 것이 매우 중요하다. 그것이 생명 현상과 같이 변화의 시작이기 때문이다. 작은 변화는 서로 연결된 네트워크에서 눈덩이처럼 뭉쳐져 큰 변화를 만들 수 있다. 작은 특이함과 다름을 만드는 것은 세상을 재창조한다.

녹색당 운동의 특이점, 펠릭스 가타리

펠릭스 가타리는 고등학교 졸업이 최종 학력의 전부다. 소르본 대학의 약학과에 입학해서 전도양양한 대학 생활을 시작했던 그였지만, 곧 아카데미가 갖고 있는 반동적인 메커니즘을 깨닫고 대학을 뛰쳐나온다. 가타리의 대학 자퇴는 고려대 김예슬 씨를 생각하게 만든다. 대학이 가르치는 커리큘럼은 자유로운 정신을 마비시키고 학문적 틀을 고정시킨다. 대학은 취업 준비 공간이자 스펙 쌓

기의 공간이 되고 있는 현실에서 가타리의 행동은 시사점을 준다.

대학을 떠난 가타리는 자유로웠다. 특이한 노동자들을 만나러 다니고 심리 치료를 공부하고 다녔다. 가타리에게는 어떤 고정된 틀도 어울리지 않는 자유로움이 있다. 늘 횡단하며 움직이는 열정적인 인물이었다. 그는 별난 사람들을 좋아했다. 투쟁의 현장에서 좌익 공산주의 계열의 정체 모를 특이한 운동을 하는 노동자인 이스파노와 어울려서 활동했다. 이들과 함께 68년 혁명의 도화선이 되었던 3·22 운동을 주도했다. 또한 그는 심리치료사로서 프랑스 최초의 사설 클리닉인 보르드 병원을 장 우리와 함께 이끌며 정신의학의 대안을 탐색했다. 그리고 친구의 소개로 들뢰즈를 만나『앙티 오이디푸스』,『천 개의 고원』등의 실험적인 책을 저술하기도 했다.

가타리는 프랑스 사회의 생태 운동의 두 가지 축인 '녹색당'과 '생태 세대' 두 영역으로부터 인정받는 유일한 사람이었다. 가타리가 정열을 쏟아붓고 활동했던 녹색당 운동 시절에 대해서는 많이 알려지지 않고 있다. 그 이유는 가타리가 보이지 않는 움직임을 만드는 일에 전념했기 때문이다. 미디어나 신문 매체에 알려지고 이름 나기보다는 보이지 않는 변화가 가타리에게는 더 중요했다. 저변에 흐르는 물길을 만들기 위해서 네트워크 활동에 주력했던 가타리의 실천은 시사하는 바가 크다.

녹색은 적색의 미래다

녹색은 적색의 미래다

적색은 녹색과 만나야 한다. 이런 생각은 가타리의 실천에서 중요한 명제였다. 왜 그랬을까? 그 이유는 적색이 성장주의와 개발주의로부터 자유롭게 되기 위한 방안이기 때문이다. 적색은 발전주의적 시각에서 벗어나 생명·아이·소수자 등과 만나야 한다. 그랬을 때 성인-백인-자국민-인간이라는 고정된 틀에서 벗어나게 된다. 적색의 진보의 내용이 자본주의적 진보로부터 벗어나 색다른 대안을 제시하려면 녹색과의 만남은 필수적이다. 한국 사회의 진보 진영에서도 녹색과의 만남을 중시하는 흐름이 형성되고 있다고 들었다. 아주 작은 움직임이지만 그것은 적색과 녹색 모두에게 좋은 일이다. 녹색은 적색의 미래다.

통합된 세계 자본주의인 제국은 외부가 없다고 네그리가 지적했다. 그러나 잘 들여다보면 내부에 외부가 있다는 것을 알 수 있다. 아이·생명·광인과 같은 소수자들은 자본주의가 식민화하고자 하지만 자본주의의 외부이다. 그것이 녹색의 대안을 의미한다. 적색과 녹색과의 만남은 사회 발전의 움직임과 또 다른 움직임을 유통시킨다. 그것은 소수자 되기라는 색다른 부드러움이다. 또한 그것은 사랑과 욕망의 흐름이다. 반자본주의 투쟁과 비자본주의 간의 연대는 대안 사회를 발전의 결과물이 아니라, 이 사회의 내부에 있는 공동체 속에서 찾도록 만든다.

적색이 유토피아적 공산주의로부터 결별할 때 녹색과 가까워진다. 현존하는 비자본주의적 공동체 속에서 대안을 발견하기 때문이다. 가타리는 네그리와 함께 「자유의 새로운 공간」이라는 문건에서 코뮤니즘이 재창안되어야 한다고 역설했다. 그리고 이후 이기획은 적녹연정의 실천으로 이어진다. 펠릭스 가타리의 적녹연정의 시도는 비록 성공하지 못했지만, 이러한 실험적인 실천은 『세가지 생태학』의 내용이 되었다.

생태 위기 시대에 생태적 지혜를 모아야 할 때

가타리의 생태는 자연에 머무는 것이 아니다. 사회 더 나아가 마음까지 생태의 원리가 적용된다. 따로 떨어진 100그루 나무보다 서로 연결되어 숲 생태계를 구성한 50그루의 나무가 외부 조건에 더 잘 맞설 수 있다. 그리고 이 숲 생태계 속에서 벌레, 동물, 버섯 등의 생명들이 생성되며 창발될 수 있다. 마음도 사회도 자연도 생태를 이룬다는 생각은 어렵게 느껴지는 개념이다.

그러나 네트워크를 생각해 보면 금방 그림의 구도를 그릴 수 있다. 생태계는 마치 네트워크처럼 직조되고 연결되어 있다. 그리고 그 가장자리나 주위에서 끊임없이 특이한 것을 생산하는 창조적인 관계망이다. 나무와 태양, 바람과 물, 나비와 꽃, 동물과 인간과 같이 연결망은 보이지 않는다. 숲에 조용히 누워 있으면 미세한 변화마저도 마음을 자극한다는 것을 알 수 있다. 숲은 조용하지만 보이

녹색은 적색의 미래다

지 않는 강렬한 흐름이 지나가는 공간이다. 그래서 숲은 생명을 창발한다. 이러한 '생태적 지혜'의 원리를 가타리는 '주체성 생산'이라는 개념으로 언급한다.

사회적 관계망에서는 욕망과 물질, 에너지가 순환된다. 부엌조차도 오페라의 공간이다. 물의 흐름, 불의 흐름, 음식물의 흐름, 쓰레기의 흐름이 지나가는 곳이다. 그 흐름이 자본주의와 다른 방향으로 움직일 수 있다. 그것은 특이한 움직임이 만들어질 때이다. 특이한 움직임은 관계망에 색다른 에너지와 힘을 전달한다. 그러면서 이전 관계망과 완전히 다른 관계망으로 만들어버린다. 네트워크에서 별난 사람들이 만나면 사람들이 흥미를 갖고 그것에 전염되는 것과 마찬가지의 원리이다.

생명 현상 전부는 특이한 것의 생산이다. 그러므로 특이함이 공동체와 네트워크에서 나타나는 순간은 생명의 들꽃이 작렬하며 발화하는 순간처럼 혁명의 순간이다. 네트워크와 공동체의 연결망은 작은 변화에도 민감하다. 그래서 분자 혁명과 같이 색다른 주체성의 움직임이 앞으로 공동체 전부의 행로를 결정한다. 아주 미세한 영역에서의 변화는 전체 네트워크와 공동체에서 전대미문의 변화를 촉발할 수 있다. 그러한 섬광과 같은 변화를 위해서 생태적 지혜를 모으자는 것이 바로 『세 가지 생태학』이 말하는 바이다. 『세 가지 생태학』은 생태 위기의 시대에 생태적 지혜를 배울 수 있는 책이다. 오랜 시간 동안 음미할 수 있는 뜨거운 녹차처럼 울림과 감동은 긴 책이다. 울림이 떨림이 되기를.

───────────────────────────────

이 글은 2011년 녹색당 창당을 전후해서 보고서 형태로 서술되었다. 당시 프랑스 녹색당의 핵 정책에서는 대대적인 변화가 있었고, 지금까지 지속적인 감축 정책이 유지되고 있다. 한국에서의 녹색당의 창당은 후쿠시마 사태와 긴밀한 관련을 갖는다. 이에 충격받은 환경 운동 세력과 시민 세력,《녹색평론》독자 모임과 소수자 집단, 동물보호 운동가,〈초록당 사람들〉이라는 세력이 한데로 뭉쳐 녹색당을 가시화한다. 녹색당 운동에서 탈핵은 매우 중요한 행동의 원인이며 근거이지만, 통합진보당 사태 이후로 좌파의 몰락은 녹색당 운동이 연대할 수 있는 세력을 잃으면서 운신의 폭을 좁히는 결과를 낳았다. 나는 녹색당 창당에서 진화까지의 과정을 보면서 대안적인 에너지 정책과 생활 운동의 가능성을 타진해 왔다. 이 보고서는 2011년 당시 발표되지는 않았지만, 프랑스 녹색당의 행보를 잘 정리하고 있다.

2장

적색과 녹색이 만나야 하는 이유는?
─프랑스 녹색당과 탈핵

좌파들의 사고에서 성장과 복지의 양대 축에 대한 대대적인 수정이 있지 않는 한
탈핵 정책에 대한 일관된 사고는 존재할 수 없다. 좌파들의 복지 논의는 대부분 성장 동력을
기반으로 하고 있으며, 그 성장을 유지시켜 주는 에너지원은 다름 아닌 핵이다.

2011년, 프랑스 녹색당과 사회당의 원전 감축 합의

2011년 11월 19일 〈MBC뉴스〉에서 프랑스 정치권에 변화의 소
용돌이가 일고 있음을 알리는 뉴스가 보도되었다. 2012년 대선의
핵심 쟁점으로 부상한 원전 감축에 대해서 프랑스 녹색당과 프랑
스 사회당이 합의를 도출했다는 것이었다. 프랑스는 원전 의존도
가 75%나 되는 원전 국가인데, 오는 2025년까지 원전 의존도를
50%로 줄이겠다는 것이 큰 골자였다. 그러나 녹색당이 문제점을
제기한 플라맹빌 지역의 2016년도에 가동할 차세대 원전 건설은
그대로 진행하겠다는 정책을 발표하여 아직 미비한 점을 남겨두고
있다. 〈유로저널〉(www.eknews.net)에 따르면, 이에 앞서 프랑스 녹

색당은 11월 6일 에바 졸리 녹색당 대선 후보를 통해서 "오는 19일 까지 프랑스 내 원자력 발전소 폐쇄와 관련한 녹색당과 사회당의 협정이 이루어지기를 기대한다." 그리고 "이 기한 이후에는 2012년 대선을 위한 어떠한 정책 연대도 이루어지지 않을 것이다."라고 최후통첩을 한 바 있다.

《시사인》 2012년 3월 15일자 기사를 보면, 이 최후 통첩에 앞서 탈원전 정책 문제를 국민투표를 통해서 해결해야 한다는 프랑스 녹색당의 압력이 있었다는 것을 알 수 있다. 프랑스 사회당의 정책이 원전 감축으로 돌아선 것도 프랑스 녹색당이 내년에 있을 대선에 가장 강력한 정책 연합의 축을 이루기 때문이다. 프랑스 사회당은 국민투표를 반대하며, 단계적 축소안을 제안하였다. 물론 사회당 내부에서는 원전을 여전히 찬성하고, 원전 감축이 미친 짓이며 수백만 유로의 투자금을 허공에 날리는 일이라는 주장이 지속적으로 힘을 발휘하고 있었다. 〈파리13구님의 이글루〉라는 블로그에서는 프랑스의 사회주의자 미셸 로카르 전 총리가 11월 13일 한 방송에 출연해서 다음과 같이 주장한 것에 대해서 보도하고 있다.

> "원자력을 공격하기를 원하는 것은 광기이다." "녹색당이 다음을 이해하기를 진정으로 바란다. 7~8년 안에 석유 생산이 정점에 달하고, 석유 자원이 이후 미친 듯이 감소하게 된다. 석탄이 더 많은 사람을 죽인다. 원자력은 알려진 것보다 덜 위험하다. 우리는 원전의 안전에 주력해야 한다."

　　　　　　　　　　　　　　녹색은 적색의 미래다

사회당 내부에서 원전을 지지하는 측과 반대하는 측 간에 논쟁과 긴장이 있었음을 각 보고서와 문건에서 확인할 수 있다. 그럼에도 불구하고 탈핵을 일관되게 주장하는 녹색당의 견제에 의해서 자연스럽게 사회당 내 원전 반대 측 생태사회주의자들이 역학관계상의 우위를 가질 수 있었다. 〈파리13구님의 이글루〉를 참고해 보면 2010년 10월 24일에 프랑스 녹색당 대선 후보 에바 졸리는 미셸 로카르와 산업적 이유와 고용 등의 이유에 의해서 원전을 찬성하는 사회주의자들에 대해서 다음과 같은 비판과 비타협적인 태도를 취한 바 있다는 것을 알 수 있다.

"원전 포기를 주장하지 않는 좌파는 미친 것이다!"

사회당 내부에서 갈등과 이견이 나타났던 이유는 58기의 원전이 가동하면서 75%의 높은 원전 에너지 의존도를 보이는 프랑스에서의 일자리 감소 문제 때문이었다. 《프레시안》 11월 17일자 뉴스를 보면 이러한 사회당 내부의 입장이 우파의 입장과 동일하다는 것을 알 수 있는데, "발레리 페크리즈 예산 장관과 프랑스 국영전력회사 EDF는 전기 요금이 50% 비싸지고 수십만 개의 일자리가 사라지며, GDP도 0.5~1% 저하될 것"이라고 지적한다. 이에 대해 녹색당 대선 후보 에바 졸리는 "거짓말이며 60만 개의 일자리가 대체 에너지 산업 분야에서 창출될 것"이라고 맞받았다.

〈한겨레〉 2012년 11월 17일자에 따르면 프랑스 내 야권 합의에 대한 세실 뒤플로 녹색당 대표의 짧은 논평이 나오는데, '원전에 대한 프랑스의 생각의 혁명'이며 "좌파와 환경주의자들이 (대선에서) 승리할 경우 프랑스 에너지 정책의 전환점이 될 것"이라고 말했다고 한다. 적녹연합에 기반한 탈핵 진영과 사르코지 정부의 원전 찬성 진영 간의 대결은 이미 프랑스 대선의 가장 큰 이슈가 되고 있다. 〈유로저널〉에 따르면 "지난 6월, 일요신문(JDD)의 의뢰로 여론조사 기관인 Ifop가 벌인 설문조사 결과를 따르면, 프랑스인의 62%는 프랑스 내 원자력 발전소를 단계적으로 폐쇄해야 한다는 견해를 밝힌 것으로 나타났다. 15%의 응답자는 이른 시일 안에 원자력 발전소 건설 계획을 철회해야 한다고 대답했으며, 설문 대상자의 22%만이 새로운 원자력 발전소 건설 계획에 찬성하는 것으로 나타났다."고 말하면서 탈핵의 문제가 사실상 프랑스 대선의 분수령이 될 것이라는 것을 보여주고 있다. 〈한겨레〉 2012년 11월 17일자에 따르면 녹색당과의 합의를 바탕으로 사회당 대선 후보 프랑수아 올란드는 53%의 지지를 얻어 34% 지지를 얻고 있는 사르코지를 크게 앞서고 있다고 보도하고 있다.

프랑스 녹색당의 역사와 탈핵 운동

《학회평론》 10호에 실린 김현경 편집자문위원의 「녹색당은 우리의 대안인가?——『생태주의, 그것은 정치적 대안인가?(L'ecologie,

la politique autrement?)』에 대한 서평」과 《문화과학》 2008년 겨울 56
호에 송태수 씨가 쓴 「유럽 녹색 정치의 발전 과정: 독일-프랑스
사례 비교를 중심으로」에 따르면, 프랑스 녹색당의 주요한 슬로건
은 처음부터 반핵이었다. 왜냐하면 프랑스 정부가 에너지 70%를
원자력으로 바꾸겠다는 정책을 일찍부터 수행했기 때문이다. 프
랑스 반핵 운동은 1968년 혁명에서부터 시작되었고, 1971년 '지구
의 친구들'을 필두로 한 정치적 생태주의 지향 그룹들이 결정된다.
1971년 프랑스 최초의 반핵 시위 이래로 환경 단체들은 마오주의
자와 대안적 좌파(PSU), 평화주의자와 연대하여 움직였다. 이 수
평적 연대망은 행동주의로 나타났고 원전 습격 시위, 단식 농성 등
으로 이어졌다. 이러한 실천 활동은 1977년 말빌(Malville) 싸움에
서 최고조를 이루었고 시위행동대에 스며든 반국가극좌주의자들
에 의해서 유혈 사태로 번져 한 명이 죽고 백 명이 부상당하는 사
태로 나타났다. 1977년 기초자치단체 선거에서 녹색당은 높은 지
지를 획득하였다. 당시 프랑스 녹색당은 근본파와 현실파로 이견
그룹이 갈렸는데, 근본파는 압력을 행사하는 사회 세력으로 남자
는 것이고, 현실파는 선거 참여를 이루자는 것이었다. 프랑스 녹색
당은 1970년대부터 이 현실파의 입장에 따라 친환경적인 입장의
후보를 지명하는 형태인 '녹색 후보자 리스트'라는 방식으로 총선
에 참여해 왔다.

1981년 사회당은 녹색당과 연합하여 적녹연정을 통해서 집권을
하였다. 미테랑 정부가 들어서고 뭔가 바뀌리라는 희망과 해체의

분위기가 있었고, 녹색 운동은 사회주의라는 하늘 아래에서 포섭되는 양상이었다. 그러나 사회당은 적녹연정의 정책적 약속을 저버리고 1980년대 들어서 핵 문제에 대해서 요구 불이행을 함으로써 녹색당 운동 지지층의 이반을 가져왔다. 결국 다시 녹색당(Les Verts) 독자 결성으로 돌아서서 사회당 연립 정부에서 벗어난다. 1980년대의 프랑스 녹색당 운동은 하나의 암흑기였다고 할 수 있다. 그린피스의 1985년 7월 시위는 녹색당에게 불리하게 작용하였으며, 1986년 체르노빌 사태에 따라 '왜 프랑스만 비난하고 소련에 대해서는 입을 다무는가?', '녹색당은 소련을 편들고 있는가?' 등의 애국주의적 여론이 녹색당 운동을 압박해 들어갔다. 또한 사회당과의 결별이 만든 정치적 고립에도 불구하고 녹색당은 아주 천천히 약진하고 있었다. 더욱이 이 시기 동안 녹색당은 내부 분열을 겪고 있었는데, 배슈테르(Waschter)를 중심으로 한 자연보호주의자들과 68 혁명을 이어받아 사회 변혁과 환경 문제를 함께 사고하던 체제 변혁 집단 간의 이견이 첨예해졌다. 1986년 직후부터 배슈테르는 주도권을 장악하여 녹색당은 좌파도 우파도 아닌 좌우 이념의 통합 입장에서 지지자들을 모았다.

프랑스 녹색당 운동 세력의 분포는 크게 3가지로 분류된다. 환경 보존 운동, 신사회 운동, 체제 변혁 운동으로 구분할 수 있다. 그것은 펠릭스 가타리의 『세 가지 생태학』이라는 삼원 구도로의 지도 그리기에도 조응한다. 그러나 배슈테르의 주도권은 녹색당 운동의 내부분열을 가져다주었다. 1988년 대선에서 미테랑 사회당

녹색은 적색의 미래다

연합 후보 외에 녹색당의 독자 후보는 필요치 않다고 주장한 라롱드는 미테랑의 환경부 장관이 되어 배슈테르에 대립하여 생태 세대(Generation ecologiste)라는 독자 정치 조직을 만들어서 움직였다. 이 생태 세대는 우파와 극우파에 대해서 모호한 입장을 갖고 있는 배슈테르에 대한 압박이었다. 1992년 생태 세대는 득표율에서 녹색당을 앞선다. 세력 관계와 정치 관계는 복잡해진다. 우파에 대해서 모호한 입장을 취하는 배슈테르, 원전 확대 정책으로 돌아선 미테랑 정부 내부로 들어간 라롱드, 이런 복잡한 상황이 녹색당의 분열을 바라보는 프랑스 국민들로 하여금 녹색당은 자기네들끼리 싸운다며 희망을 가지지 못하게 하는 요인이 되었다. 이러한 분열은 녹색당의 참신한 이미지에 흠집이 되었다. 그러나 아주 천천히 내부에서 68세대와 그 후예들이 약진하고 있다는 것이 희망이었다. 변화는 찾아왔다.

1994년 배슈테르는 유럽연합의 조약에 대한 이견으로 녹색당을 탈당하였고 자연의 중심성을 강조하는 '독립 생태주의자 운동'을 창당하였다. 그리고 프랑스 녹색당 내부에서는 세대 교체가 일어나기 시작했다. 1995년 대통령 선거에서 리피에츠 등의 68세대의 주도권 하에서 녹색당은 '적색과 녹색'을 슬로건으로 조스팽에게 비판적인 지지를 선언했다. 미테랑 정부의 원전 정책에 대해서 제동을 걸지 못했던 라롱드와 달리 조스팽 정부의 환경부 장관으로 들어간 녹색당의 부아네는 녹색 정책을 소신 있게 펼쳤다. 가장 중요한 부분은 프랑스 차세대 원자력 기술의 상징이 될 쉬페르

페닉스 원전의 보수를——이미 10조 원의 예산이 투입된 상태임에도——중단시키고 원전을 폐쇄하도록 만들었다. 2002년에 5.1% 정도의 지지율로 약진하던 프랑스 녹색당은 유럽통합 이후에 독일 녹색당과 유럽 각국의 녹색당 등과 통합적인 행보를 하기 시작하면서 몰라보게 변화하기 시작했다. 2009년《서울신문》보도에 따르면 유럽연합 선거에서 프랑스유럽녹색당은 16.28%의 득표율로 제2당인 프랑스유럽사회당(16.48%)을 바짝 추격하면서 선전하였다.

프랑스 적녹연합이 한국의 녹색당에 주는 교훈

프랑스 원전 축소에 대한 제1야당인 사회당과 제2야당인 녹색당을 움직이게 한 사건은 한국과 너무나 가까운 곳에 있는 일본의 후쿠시마 원전 사고였다. 프랑스 사회당의 모습에서도 보이지만, 원자력 에너지를 일자리, 산업 구조, 대체 에너지라는 이유로 찬성하는 사회주의자들이 등장하는 것은 비단 프랑스만의 문제가 아니다. 한국의 좌파들은 핵에너지를 찬성한 적은 없지만, 그렇다고 강력하게 반대한 적도 없는 모호한 위치에 있다. 좌파들의 사고에서 성장과 복지의 양대 축에 대한 대대적인 수정이 있지 않는 한 탈핵 정책에 대한 일관된 사고는 존재할 수 없다. 좌파들의 복지 논의는 대부분 성장 동력을 기반으로 하고 있으며, 그 성장을 유지시켜 주는 에너지원은 다름 아닌 핵이다. 자본주의가 약속하는 무한한 진보라는 이미지의 기원은 화석 연료에서 이제 핵 연료로 바뀌고 있다. 좌파가 지구의 유한성에 대한 성장의 한계를 인정하고, 무한 진보의 성장 동력이 어딘가에 있다는 환상으로부터 벗어나기 위해서는 녹색당의 역할이 매우 중요하다.

프랑스 사회당이 집권했던 미테랑 정부 시절, 에너지 자립과 주권의 강화의 입장에서 핵 정책이 무분별하게 확장되었던 것은 좌파 운동의 그림자이며, 이러한 핵과 관련된 분명한 입장을 표명하지 않는 좌파의 경우 우파의 성장주의자와 공명하는 동전의 양면으로서의 좌파일 뿐이다. 프랑스 녹색당이 좌파 정권의 핵 정책 때문에 독자 후보 정책을 사용하면서 엄청난 고립을 초래했음에도 불구하고, 그 일관된 정책 덕분에 좌파 진영을 견인할 수 있는 세력이 되었던 역사는 우리가 주목해 볼 만하다. 1980년대 프랑스 녹색당의 분열은, 좌파든 우파든 생태 원칙에 동의한다면 녹색당은 지지할 수 있다고 적녹연정의 가능성과 미리 거리를 두었던 배슈테르 진영과 현실적으로 좌파와 연합하면서도 핵 정책에 대해서 굴복하였던 라롱드 진영이라는 잘못된 이중발신음에 근거하고 있다. 녹색당 운동은 적녹연정에 대한 가능성을 포기하지 않으면서도 원칙을 지킬 수 있는 이중 긍정의 가능성을 가지고 있다.

적색 사회주의자들은 탈핵의 과제가 결국 녹색 전환이라는 거대한 산업 구조 재편을 의미한다는 점을 인정해야 한다. 현재의 정상적인 산업 구조가 그대로 유지되어야 한다는 우파와 달리, 좌파는 산업 구조가 아주 근본적으로 혁신되는 과정에 탈핵 정책이 있음을 승인해야 한다. 그렇기 때문에 현존하는 노동 정책이나 고용 정책, 복지 정책에만 머물러 있는 좌파들은 이러한 녹색 전환의 주체가 될 수 없다는 점도 분명해진다. 한국에서 전기 생산량의 40%를 차지하고 있는 원자력 의존도를 볼 때 프랑스 사회에서의 논쟁의 부분은 비단 다른 나라의 문제만은 아니라는 점을 알 수 있다. 결국 녹색당은 적색주의자들을 녹색 전환으로 견인하면서 원자력을 탄소 순환에 입각한 재생 에너지와 대체 에너지원으로 바꾸는 탈핵의 원칙을 일관되게 주장해야 한다.

이미 독일의 경우에 이러한 탈핵 아젠다에 따라 모든 시민들과 산업 주체들이 움직이고 있다. 그리고 원전이 두 번째로 많은 프랑스라는 나라에서도 정치 세력들의 역학 관계가 탈핵을 중심으로 변화하고 있다. 그것은 그만큼 탈핵이라는 과제가 시대적 사명이며, 인류의 생존을 둘러싼 가장 큰 문제라는 점 때문이다. 그렇기 때문에 한국에서의 녹색당의 건설과 독자적인 정치 세력화는 후쿠시마 이후에 벌어진 일련의 사건에서 가장 특이점으로서 존재하는 획기적인 전환의 시작을 알리는 사건이라고 할 수 있다. 한국 정부와 사회 시스템이 원전 확대 정책을 끊임없이 추진하고 있는 현 시점에서 녹색당 창당을 위한 약진의 과정은 가장 의미 있는 행동의 시발점이다.

어떤 사람은 2012년 선거의 쟁점은 복지라고 얘기했다. 환경에 대해서 얘기하면 배부른 이야기라고 치부한다. 그러나 환경의 문

녹색은 적색의 미래다

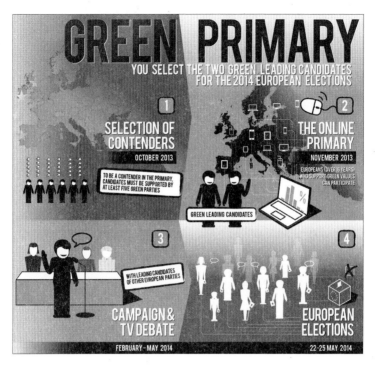

프랑스 녹색당의 2014년 유럽 의회 선거를 위한 아젠다와 실천 강령.

제는 배부른 식자의 문제가 아니라 정말 사람과 생명이 살 수 있는 사회를 만들기 위한 것이다. 탈핵은 이미 국제적인 아젠다로 떠오르고 있는 쟁점이며, 핵 에너지 기반의 산업 및 고용, 복지, 생활 형태 전반에 대한 재고가 필요한 시점이다. 한국의 녹색당은 일관된 노선으로 독자적인 창당을 이룸으로써 적색이 녹색으로부터 대안을 찾을 수 있는 의미 있는 세력이 되어야 한다. 프랑스 녹색당과 그 일련의 사건들은 우리의 기나긴 행군에 희망의 등불이 된다. 녹색당은 이미 대장정을 시작하였고, 녹색 전환을 위한 행동에 이미 나섰다. 혼자 꾸는 꿈은 미몽이지만 여럿, 다양, 복수가 꾸는 꿈은 이미 현실이다. 그래서 우리는 이미 존재하는 현실이며 특이점이다.

덧붙이는 말

2012년 프랑스 대선은 사회당의 올랑드의 승리였으며, 적녹연정의 약속에 따라 핵발전소의 감축 정책을 수행하고 있다. 녹색당에서도 국민경선을 거쳐 결선 투표에서 유럽 의회 의원인 에바 졸리가 58.2%를 득표하여 출마 선언을 했고, 사회당 올랑드를 지원했다. 프랑스 대선은 적녹연정 프로그램의 현실적 모습을 보여준다.

　　　　　　　　　　　녹색은 적색의 미래다

참고 문헌

가타리, 펠릭스, 『분자혁명』(1980), 윤수종 옮김, 푸른숲, 1998.

_____, 『세 가지 생태학』(1989), 윤수종 옮김, 동문선, 2003.

_____, 『카오스모제』(1992), 윤수종 옮김, 동문선, 2003.

_____, 『기계적 무의식』(1979), 윤수종 옮김, 푸른숲, 2003.

_____, 『정신분석과 횡단성』(1972), 윤수종 옮김, 울력, 2004.

_____, 『(가타리가 실천하는) 욕망과 혁명』, 윤수종 편역, 문화과학사, 2004.

가따리, 펠릭스/네그리, 안또니오, 『자유의 새로운 공간』(1985), 조정환 옮김, 갈
무리, 2007.

가타리, 펠릭스/롤닉크, 수에리, 『미시정치. 가타리와 함께 하는 브라질 정치기
행』(1986), 윤수종 옮김, 도서출판b, 2010.

김익현, 『피터 싱어가 들려주는 동물 해방 이야기』, 자음과모음, 2008.

김정육, 『지역사회의 사회적 가치 형성과정에서 자발적 결사체의 역할에 관한

연구: 성미산마을을 중심으로』, 서울시립대학교, 2010.

김진석,『동물의 복지와 권리』, 건국대학교출판부, 2005.

네그리, 안토니오,『맑스를 넘어선 맑스』, 윤수종 옮김, 푸른숲, 1994.

____,『디오니소스의 노동: 국가형태 비판』, 이원영 옮김, 갈무리, 1996.

____,『야만적 별종』, 윤수종 옮김, 푸른숲, 1997.

____,『제국』, 윤수종 옮김, 이학사, 2001.

데카르트, R.,『방법서설/성찰/철학의 원리/정념론』, 소두영 옮김, 동서문화사, 2007.

듀커킨, 리,『동물들의 사회생활』, 장석봉 옮김, 지호, 2002.

들레니, 데이비드,『짧은 지리학 개론 시리즈: 영역』, 황성원 옮김, 시그마프레스, 2012.

들뢰즈, 쥘,『스피노자의 철학』, 박기순 옮김, 민음사, 1999.

____,『스피노자와 표현의 문제』, 이진경/권순모 옮김, 인간사랑, 2003.

들뢰즈/가타리,『철학이란 무엇인가』(1991), 이정임 · 윤정임 옮김, 현대미학사, 1995.

____,『앙띠 오이디푸스: 자본주의와 정신분열증』(1972), 최명관 옮김, 민음사, 1994.

____,『소수집단의 문학을 위하여: 카프카론』(1975), 조한경 옮김, 문학과지성사, 1997.

____,『천개의 고원: 자본주의와 정신분열증2』(1980), 김재인 옮김, 새물결, 2001.

라이히, 빌헬름,『프로이트와의 대화』, 황재우 옮김, 종로서적, 1982.

____,『성혁명』, 윤수종 옮김, 새길, 2000.

____,『오르가즘의 기능』, 윤수종 옮김, 그린비, 2005.

____,『파시즘의 대중심리』, 황선길 옮김, 그린비, 2006.

레비, 피에르,『집단지성』, 권수경 옮김, 문학과 지성사, 1993.

녹색은 적색의 미래다

레이그릭, 진 스윙글,『탐욕과 오만의 동물실험』, 김익현, 안기홍 옮김, 다른세
　　상, 2005.

롤랜즈, 마크,『동물의 역습』, 윤영삼 옮김, 달팽이, 2004.

리프킨, 제레미,『육식의 종말』, 신현승 옮김, 시공사, 2002.

마뚜라나, 움베르또/바렐라, 프란시스코,『앎의 나무』, 최호영 옮김, 갈무리,
　　2007.

맑스, 칼,『경제학 철학 수고』, 김태경 옮김, 이론과 실천, 1987.

____,『자본론』, 김수행 옮김, 비봉, 1989.

____,『정치경제학 비판 요강 1/2/.3』, 김호균 옮김, 백의, 2000.

____,『데모크리토스와 에피쿠로스 자연철학의 차이』, 고병권 옮김, 그린비,
　　2001.

바우어, 진,『생추어리농장』, 허형은 옮김, 책세상, 2011.

박혜정,『기성시가지 커뮤니티 활성화를 위한 성미산마을 환경설계』, 서울대학
　　교 대학원, 2010.

버크먼, 리사 F.,『사회역학』, 신영전 옮김, 한울아카데미, 2003.

베이트슨, 그레고리,『마음의 생태학』, 박대식 옮김, 책세상, 2006.

베코프, 마크,『동물권리선언』, 윤성호 옮김, 미래의창, 2011.

보그, 로널드,『들뢰즈와 가타리』, 이정우 옮김, 새길, 1995..

비릴리오, 폴,『속도와 정치』, 이재원 옮김, 그린비, 2004.

____,『프랑스 5월 혁명』, 편집부 엮음, 백산서당, 1985.

서펠, 제임스,『동물, 인간의 동반자』, 윤영애 옮김, 들녘, 2003.

송지선,『대안적 마을공동체에 있어서 축제의 의미와 기능: 성미산마을축제를
　　중심으로』, 고려대학교 대학원, 2012.

스피노자,『에티카』, 강영계 옮김, 서광사, 1990.

신승철,『에코소피』, 솔, 2008.

____,『들뢰즈/가타리의 욕망론과 신체론에 대한 고찰:『천개의 고원』6장 '기관 없는 신체'를 만드는 법을 중심으로』, 동국대학교 대학원 철학과 석사학위 논문, 2003.

____,「칸트 도덕철학의 논리적 구성과 들뢰즈/가타리의 비판적 계승」, 동국대학교 동서사상연구소,『철학 · 사상 · 문화』, 2006.

싱어, 피터, 외 4인,『동물과 인간이 공존해야 하는 합당한 이유들』, 노승영 옮김, 시대의창, 2012.

싱어, 피터,『물에 빠진 아이 구하기 - 어떻게 세계의 절반을 가난으로부터 구할 것인가』, 함규진 옮김, 산책자, 2009.

____,『다윈주의 좌파 - 변하지 않는 인간의 본성은 있는가?』, 최정규 옮김, 이음, 2011.

____,『동물해방』, 김성한 옮김, 인간사랑, 1999. 6.

____, 헬가 커스 편,『생명윤리학 I 』변순용 외 3인 옮김, 인간사랑, 1995.

____, 헬가 커스 편,『생명윤리학 II 』변순용 외 3인 옮김, 인간사랑, 2006.

싱어, 피터 & 메이슨, 짐,『죽음의 밥상』, 함규진 옮김, 웅진씽크빅, 2008.

유민선,『마을공동체 형성 · 발전 과정에서 나타난 집단학습에 관한 연구: 성미산마을을 중심으로』, 서울대학교 대학원, 2011.

유창복,『도시 속 마을공동체운동의 형성과 전개에 대한 사례연구: 성미산 사람들의 '마을하기'』, 성공회대학교, 2009.

____,「새로운 소통의 시대, 성미산마을극장」,《열린전북》, Vol. 2009 No.8, 2009,

____,「나의 마을살이 10년 - 이제 마을하자!」,《진보평론》, Vol.- No. 43, 2010,

____,「서울 마을만들기 준비, 8개월을 보고합니다 - 광역 마을공동체종합지원센타의 개설에 즈음하여」, 환경철학회 2012년 겨울 토론회 발표 자료.

윤성도,「다큐멘터리 3일: 도시에서 행복하게 산다는 것, 성미산 마을 72시간[비디오녹화자료]」(KBS Media, 2009)

녹색은 적색의 미래다

윤수종, 「아우토노미아 조직론에 관한 연구」, 《현대사회과학연구》, 제8권 제1호, 전남대학교 사회과학연구소, 1997, 93~137쪽.

____, 「가따리의 삶과 사상」, 《비판》 3호, 박종철 출판사, 1998, 56~78쪽.

____, 『욕망과 혁명: 펠릭스 가타리의 혁명사상과 실천활동』, 서강대학교 출판부, 2009.

이미현, 「[성미산마을 자동차 두레] 차 나누기, 녹색 더하기」, 월간 《샘터》, Vol. 477 No.-, 2009.

이은영, 『도시 속 마을공동체에서 새로운 소통방법에 대한 모색: 성미산마을 '스토리텔링 프로젝트'』(성공회대학교, 2009)

이진경, 『노마디즘: 천의 고원을 넘나드는 유쾌한 철학적 유목』, 휴머니스트, 2002.

이찬규, 「가스통 바슐라르와 펠릭스 가타리」, 『한국프랑스학논집』, 제62권(한국프랑스학회, 2008), 141~162쪽.

이항우, 「후기구조주의 주체성론에 대한 이론적 연구: 라깡의 '주체성론'과 들뢰즈/가타리의 '욕망이론'을 중심으로」, 서울대 사회학과 석사학위 논문, 1995.

이홍택, 「커뮤니티 비즈니스의 성장과정에 대한 분석: 서울특별시 마포구 성미산 마을을 사례로」, 강원대학교 대학원, 2012.

인천민예총, 《인천문화 현장》, 2013년 통권 31호 마을 특집.

____, 현광일, 「1) 마을학교가 삶을 바꾼다」

____, 유창복, 「2) 마을공동체, 그 매력과 두려움」

____, 신승철, 「3) 마을과 단독성」

____, 박인규, 「4) 신공공관리론과 공동체」

____, 김민수. 「5) 글로벌화시대의 장소의 재개념화」

장시기, 「탈근대성의 인식론」, 《비평과이론》, 제5권 제2호, 한국비평이론학회,

2000, 249~269쪽.

전경갑, 『욕망의 통제와 탈주: 스피노자에서 들뢰즈까지』, 한길사, 2004.

정원, 「탈구조주의의 사회이론에 관한 한 연구: 푸꼬와 들뢰즈/가타리의 사회 사상과 실천론을 중심으로」, 연세대 사회학과 석사학위 논문, 1995.

정익순, 「들뢰즈 철학에 나타난 성(性)과 신체의 문제」, 《철학탐구》, 제16권, 중 앙대학교 중앙철학연구소, 2004), 179~203쪽.

조이, 멜라니, 『우리는 왜 개는 사랑하고 돼지는 먹고 소는 신을까』, 노순옥 옮 김, 모멘토, 2011.

존슨, 캐서린, 『동물과의 대화』, 권도승 옮김, 샘터, 2006.

최윤진, 『성미산마을 아카이빙 체계방안에 관한 연구』, 명지대학교 기록정보과 학전문대학원, 2011.

카제즈, 잔, 『동물에 대한 예의』, 윤은진 옮김, 책읽는수요일, 2011.

카츠아피카스, 조지, 『신좌파의 상상력』, 이재원 · 이종태 옮김, 이후, 1999.

____, 『정치의 전복』, 윤수종 옮김, 이후, 2000.

쿠체, 존 맥스웰, 『동물로 산다는 것』, 전세재 옮김, 평사리, 2006.

크레스웰, 팀, 『짧은 지리학 개론 시리즈: 장소』, 심승희 옮김, 시그마프레스, 2012.

푸코, 미셸, 『구조주의를 넘어서』, 인간사, 1990.

____, 『감시와 처벌』, 오성근 옮김, 나남, 1994.

____, 『광기의 역사』, 이규현 옮김, 나남, 2003.

플라톤, 『국가 · 정치』, 박종현 옮김, 서광사, 2003.

하버마스, 위르겐, 『의사소통행위이론 1/2』, 장춘익 옮김, 나남, 2006.

하비, 데이비드, 『파리 모더니티』, 김병화 옮김, 생각의나무, 2010.

____, 『희망의 공간: 세계화 신체 유토피아』, 최병두 옮김, 한울, 2007.

헤르조그, 할, 『우리가 먹고 사랑하고 혐오하는 동물들』, 김선영 옮김, 살림출판

녹색은 적색의 미래다

사, 2011.

홉스, 토머스, 『리바이어던』, 최공웅/최진원 옮김, 동서문화사, 2009.

홍윤기, 「현대의 욕망확대구조와 불교의 욕망이론」, 『지식기반사회와 불교생태
학』, 아카넷, 2006., 473~496쪽.

____, 「욕망의 화용론과 욕망분석」, 2010, 미발표 연구 논문.

녹색은 적색의 미래다

1판 1쇄 발행 2013년 8월 1일

지은이 | 신승철
펴낸이 | 조영남
펴낸곳 | 알렙

출판등록 | 2009년 11월 19일 제313-2010-132호
주소 | 서울시 마포구 합정동 373-4 성지빌딩 615호
전자우편 | alephbook@naver.com
전화 | 02-325-2015
팩스 | 02-325-2016

ISBN 978-89-97779-27-7 03100